全国高职高专经济管理类"十二五"规划理论与实践结合型系列教材·物流专业

校企合作优秀教材

物流采购管理实务

WULIU CAIGOU GUANLI SHIWU

编　著　吴春尚　黄　慧　方　艳　吴小梅　蒋明霞

华中科技大学出版社
http://www.hustp.com
中国·武汉

内容提要

本书是基于采购管理的工作流程，结合采购管理岗位要求、所需要掌握的采购知识和采购决策模型，系统介绍了采购组织与采购岗位设置、采购需求分析、制订采购计划、供应商的评价与选择、采购方式选择、采购价格与成本控制、采购洽商、采购合同的履行、采购绩效评估等九个方面的内容。本书内容新颖，注重实践技能训练，具有很强的实用性和操作性。

本书可以作为高职高专物流管理专业、工商企业管理专业和市场营销专业教材使用，也可以作为企业相关人员的培训教材和参考用书。

图书在版编目(CIP)数据

物流采购管理实务/吴春尚，黄慧编著. —武汉：华中科技大学出版社，2013.9（2019.12重印）
ISBN 978-7-5609-9219-8

Ⅰ.①物… Ⅱ.①吴… ②黄… Ⅲ.①物流-采购管理-高等职业教育-教材 Ⅳ.①F253.2

中国版本图书馆 CIP 数据核字(2013)第 159346 号

物流采购管理实务 吴春尚 黄 慧 编著

策划编辑：张凌云
责任编辑：狄宝珠
封面设计：龙文装帧
责任校对：刘 竣
责任监印：徐 露
出版发行：华中科技大学出版社(中国·武汉) 电话：(027)81321913
武汉市东湖新技术开发区华工科技园 邮编：430223
录 排：华中科技大学惠友文印中心
印 刷：北京虎彩文化传播有限公司
开 本：787mm×1092mm 1/16
印 张：14.25
字 数：367 千字
版 次：2019 年12月第 1 版第 7 次印刷
定 价：33.80 元

全国高职高专经济管理类“十二五”规划
理论与实践结合型系列教材·物流专业

总序

GENERAL PREFACE

进入21世纪以来，随着中国社会主义市场经济体系的建立、世界经济一体化进程的加快和科学技术的飞速发展，物流产业作为国民经济中一个新兴的产业部门，将成为本世纪的重要产业和国民经济新的增长点。目前，物流作为提升市场核心竞争力的重要内容，其现代物流理念、先进的物流技术和现代物流模式已经被引入国家、地方经济建设中；许多市场意识敏锐的企业也把物流作为提升企业核心竞争力的重要手段，将现代物流管理方法融入企业的经营管理之中。

随着市场竞争的日益激烈、用户需求的不确定性和个性化需求的增加，以及高新技术迅猛发展、产品寿命周期缩短和产品结构越来越复杂的环境，市场需要社会化、专业化、应用型人才帮助企业适应新的竞争环境。物流作为一个快速发展的行业，社会对物流专业的人才需求在逐年增加，据中国物流与采购联合会统计，物流专业人才已被列为我国12类紧缺人才之一，物流人才的年需求量为600余万人。统计显示，目前物流从业人员当中拥有大学学历以上的仅占21%，许多物流部门的管理人员都是半路出家，很少受过专业培训。今后一段时期，除储存、运输、配送、货运代理等领域的物流人才紧缺外，相关的系统化管理人才、懂得进出口贸易业务的专业操作人才、电子商务物流人才、掌握商品配送和资金周转及成本核算等相关知识和操作方法的国际性物流高级人才将更加受到追捧，物流管理专业的毕业生在物流企业、港口、海关、货运公司、商贸企业等方向就业前景良好。

为了应对国际金融危机，2009年国务院通过的《物流业调整和振兴规划》(以下简称《规划》)使物流业成为我国十大振兴产业之一，"加快物流人才培养"成为物流业振兴与发展的九大保证措施之一。《规划》指出，要加强物流人才需求预测和调查，制订科学的培养目标和规划，强化职业技能教育。《国家中长期教育改革和发展规划纲要(2010—2020年)》提出大力发展职业教育，实行工学结合、校企合作、顶岗实习的人才培养模式的改革。《教育部财政部关于进一步推进"国家示范性高等职业院校建设计划"实施工作的通知》(教高〔2010〕8号)提出要建立校企合作长效运行机制。

为了配合高等职业院校大力推行理论与实践相结合、校企合作的培养模式，结合物流行业发展的最新动态，华中科技大学出版社邀请了我国职业教育领域的专家、企业技术专家、企业人力资源专家和高职院校的骨干教师进行了有意义的探索——相关教材的编写。

华中科技大学出版社的这一探索，有以下三个特点。

第一，建立标准。标准是建立在市场的基础上，建立在物流企业需求、服务地方经济建设的基础上的，在标准的基础上作出具有中国特色的高职高专物流教材。

第二，课程设置。针对专业所对应的职业领域，邀请相关企业的技术骨干、人力资源管理者及行业著名专家和院校骨干教师，通过访谈、问卷和研讨，由企业技术骨干和人力资源管理者提出职业工作岗位对技能型人才在技能、知识和素质方面的要求，结合目前我国高职教育的现状，共同分析、讨论课程设置存在的问题，通过科学合理的调整、增删，确定课程门类及其教学内容。

第三，教学模式。针对高职教育对象的智力特点，积极探讨提高教学质量的有效途径，采用理论与实践相结合的项目式的引导模式，引入能够激发学习兴趣、贴近职业实践的工作任务，将项目教学作为提高教学质量、培养学生能力的主要教学方法，把适度、够用的理论知识按照工作过程来梳理、编排，以促进符合职业教育规律的新的教学模式的建立。

在此基础上，华中科技大学出版社组织出版了这套规划教材。我始终欣喜地关注着这套教材的规划、组织和编写。华中科技大学出版社敢于探索、积极创新的精神，应该大力提倡。我很乐意将这套教材介绍给读者，衷心希望这套教材能在相关课程的教学中发挥积极作用，并得到读者的青睐。我也相信，这套教材在被使用的过程中，通过教学实践的检验和实际问题的解决，能够不断得到改进、完善和提高。

马士华 教授

2012 年 8 月

前言

PREFACE

采购活动是现代经济活动的基本环节，无论是生产领域还是流通领域，都离不开采购活动。随着经济全球化和信息技术的发展，企业之间的竞争加剧，采购管理的作用日益突出。企业对采购管理人员的要求也发生了根本性的变化。本书正是为了更好地培养企业生产经营一线的采购管理人才而编写。

本书结合高职教育的特点和社会对物流人才的需求情况，依据职业教育“能力本位、就业导向、学生主体”的要求，打破原有的以理论为主的内容结构和课序，以基于采购工作过程得课程开发理念为指导，以职业能力培养和职业素养养成为重点，根据技术领域和职业岗位(群)的任职要求及工作内容，融合物流师职业资格标准，以采购管理过程中常用的采购方式(包括询价采购、招标采购等)为典型工作过程，以来源于企业的实际案例为载体，强调“做中学、学中做”，一本不可多得的项目化教材。本书内容新颖，图文并茂，实用性强。在每个学校情境前设有能力目标和知识目标，每个学习情境后有实训题，对所学内容进行实践环节的特别强化。

本书的主要内容包括采购组织与采购岗位设置、采购需求分析、采购计划、供应商的评价与选择、采购方式选择、采购价格与成本控制、采购洽商、采购合同的履行、采购绩效评估等九个方面的内容。本书可以作为高职高专物流管理专业、工商企业管理专业和市场营销专业教材使用，也可以作为企业相关人员的培训教材和参考用书。

本书由河源职业技术学院吴春尚、黄慧担任主编，河源职业技术学院方艳、湖南科技职业学院吴小梅、中山职业技术学院将蒋明霞担任副主编，湖南生物机电职业技术学院王彩霞、河源职业技术学院鲁夏平、叶慧娟参编。另外本书的编写还是与人人乐商业连锁集团、深圳兆航物流有限公司、深圳新邦运输服务有限公司校企合作的成果，在编写中得到了人人乐商业连锁集团王艳艳、深圳兆航物流有限公司黄华、深圳新邦运输服务有限公司领导的鼎力支持和帮助，在此表示衷心的感谢。本书得到华中科技大学出版社的领导和编辑的大力支持和同行专家的关心与帮助和指导，在此一并表示感谢。

在本书的编写过程中借鉴和参考了物流采购领域的著作、文献、案例等，在对相关的专家、作者表示诚挚的谢意。尽管我们已尽可能把所作参考的文献、著作列入书后的参考文献中，但仍有遗漏的可能，另外我们还在许多方面受到一些学者的启发，而未一一列出，在一并表示衷心的感谢。

由于编者水平有限，书中难免有错漏和不当之处，欢迎广大读者批评指正。

编　者

2013 年 7 月

目录

CONTENTS

学习情境一

采购组织与采购岗位设置

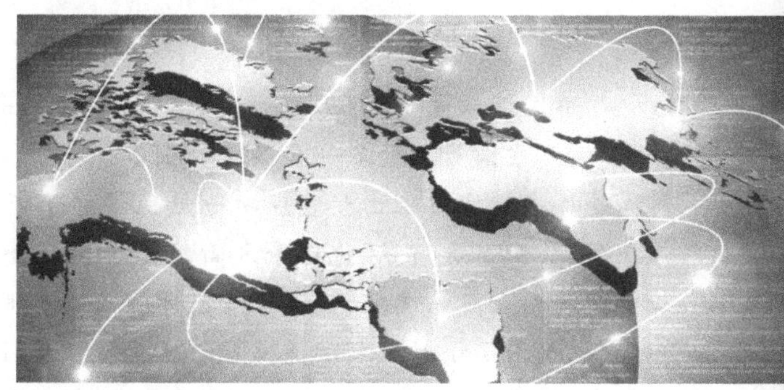

WULIU
CAIGOU
GUANLISHIWU

知识目标

(1) 了解采购组织机构的类型。
(2) 熟悉采购组织设计的一般步骤。
(3) 掌握采购岗位类型、采购相关岗位职责和能力要求。

能力目标

(1) 能进行采购组织机构的选型与设计。
(2) 能为企业设置合适的采购岗位。
(3) 能为企业编制采购岗位说明书。

中国石油的电子采购系统

中国石油是一家上中下游一体化、石油主业突出、销售网络比较完备的境内外上市股份制企业,是中国最大的石油产品生产商和供应商。作为一个大型生产企业,中国石油在管理中面临着许多挑战。但由于它成功地应用了电子商务解决方案,与全球各地的物资及设备供应商相整合,从中筛选质量、价格等方面的优秀者为合作伙伴,通过电子采购,大大降低了成本。同时,快捷的网上交易流程,提高了管理水平。举世瞩目的"西气东输"工程中的一笔6亿多元的网上采购,仅用7小时就顺利完成,直接节约资金1.2亿元。据统计,中国石油自应用电子商务以来,已经实现网上交易150亿元,平均节约采购成本5%以上。该项目已经成为"电子商务与现代物流技术示范工程"中国工业系统唯一入选的示范项目。并且,在IBM的帮助下,中国石油能源一号网已经实现了电子采购、电子销售、电子市场的全面技术整合。

问题:采购管理的职能有哪些?采购组织应如何设置管理决策模式,才能确保中国石油的供应系统与其自身的供应链管理保持一致?

任务一　采购组织设计

某企业现在的目标是将利润提高一倍。目前该企业的总销售额为1亿元,利润为500万元。其中销售额的60%用来购买产品和服务,其余的成本包括劳务费、工资及一般管理费。

表1-1　影响利润的因素比较表　　单位:百万元

	现状	销售额+17%	价格+5%	工资-50%	管理费-20%	采购成本-8%
销售额	100	117	105	60	100	100

续表

	现状	销售额＋17%	价格＋5%	工资－50%	管理费－20%	采购成本－8%
采购成本	60	70	60	60	60	55
工资	10	12	10	5	10	10
管理费	25	25	25	25	20	25
利润	5	10	10	10	10	10

【任务 1】 请你根据表 1-1 所示的信息分析影响利润的主要因素。

【任务 2】 请根据该企业的背景进行采购组织与制度设计。

(1) 从表 1-1 中我们可以很明显地看到影响利润的因素是很多的，为了使利润翻倍，每个项目都必须有相应的变化幅度。除了价格和采购外，其余各项都必须经过大幅度的变化才能使利润增加一倍。

(2) 从该企业的背景信息可以看出，利润的翻倍不仅是个财务问题，更是个管理问题。例如，单就价格这一项而言，激烈的市场竞争会使价格的上涨很难实现。同样在成本方面也会有很多的因素阻碍成本的降低，这就涉及管理中的采购组织设计与制度设计问题，这也是我们本任务所要解决的关键问题。不同的组织与制度设计会影响企业的成本和利润。

一、采购的内容与形式

(一) 采购的含义

狭义的采购即购买，是买方以对等的价格支付来换取卖方物品的行为过程，其中一定会涉及所有权转移而产生商流。广义的采购是指在以市场经济条件为前提的商品流通过程中，各企业及个人为获得商品，对商品的渠道、方式、质量、价格、时间等进行预测决策，把货币资金转化为商品资金的一个交易过程。在广义的采购中，可以用直接购买的方式占有商品，也可以通过租赁、借贷、交换等方式取得商品的所有权，具有明显的商业性。由此可知，采购就是指企业在一定的条件下从供应市场获得产品或服务资源，以保证企业生产及经营活动正常进行的一项企业经营活动。日常经营活动中所说的采购是以购买方式为主的商品采购活动。而在一个大型企业里，采购就其功能来讲并不仅仅是采购员或采购部门的事情，而是企业整体供应链的重要组成部分，属于集体或团队的工作。同时采购也是物流管理的重要组成部分。

(二) 辅助概念

1. 采购与购买

购买是指用货币换取商品的交易过程；采购比购买的概念更专业，含义更广泛，它包括购买、储运、运输、接收、检验及废料处理等一系列行为。

2. 采购与供应

供应是指供应商或卖方向买方提供产品或服务的整个过程。它与采购之间是相辅相成的关系，存在采购就表明存在需求，这时供应才有了意义，如果没有供应，也就没有采购。

3. 采购管理与供应管理

采购管理是为了达成生产或销售计划，在确保质量的前提下，适时适价从适当的供应商那里购入适量的商品所采取的一系列管理活动。采购管理是对整个企业采购活动的计划、组织、指挥、协调和控制，是一系列管理行为的活动，是面向整个企业的，除涉及本身业务之外，还涉及与设计、质保、请购、生产计划与物料控制等部门的跨部门协作。采购部门前期如何参与产品设计开发、协调质量标准及规范请购行为，是采购管理的重要任务。其使命是保证整个企业的物资供应，其拥有的权力可以调动全企业的资源。采购管理经历了供应管理、采购管理和资源管理三个阶段。

供应管理是为了保质、保量、经济、及时地供应生产经营所需要的各种物品，对采购、储存、供料等一系列过程进行计划、组织、协调和控制，确保企业经营目标实现的管理活动。在供应管理模式下，采购权力集中，有利于确保供应，但不利于库存控制，不利于对采购行为的监督和对供应商的监管。采购管理有利于加强物料计划控制，强化仓储把关职能。采购管理是以交易为导向的“战术职能”，供应管理却是以流程为导向的“战略职能”。

资源管理引进了先进的管理思想和管理模式，把采购与物流分离，强化采购部门的商务功能，即 sourcing，将采购业务 purchasing 划归物流功能。这种模式有利于采购部门集中精力搞好供应商开发、评估、管理、谈判及签约等，同供应商建立长期的战略合作伙伴关系。这样更有利于开展横向联系，提高处理效率。

二、采购制度

采购制度是指企业采购工作的管理方式，一般分为中央集权式的“集中制”、地方分权式的“分散制”和兼具分权与集权的“混合制”三种方式。当然，管理方式的选择与该企业的规模、地理条件、产品种类等皆有密切关系。企业规模越小，分支机构分布越邻近，产品种类越相似，采用集中制的机会越大；反之，则采用分散制或混合制。

（一）集中制采购制度

所谓集中制采购制度，是指由企业的采购部门全权负责企业的采购工作。即企业生产中所需物资的采购任务，都由一个部门负责，其他部门（包括分厂、分公司）均无采购职权。集中制采购制度的流程见图 1-1。

1. 集中制采购制度的优点

集中制采购制度的优点主要有以下几点：第一，可以降低企业采购费用，集中采购可以使采购批量化，增加在谈判中的主动权，比较容易获得价格折让和良好的服务；第二，有利于实现采购作业与采购流程的规范化和标准化管理；第三，有利于对采购工作实施有效控制与管理；第四，可以统一组织供应、合理配置资源、最大限度地降低库存，从而减少库存成本。

2. 集中制采购制度的缺点

集中制采购制度也存在不足，主要有以下几点：第一，采购流程过长，时效性差，难以适应零星、地域性及紧急采购状况；第二，非共同性物料集中采购，企业难以获得批量折扣；第三，采购

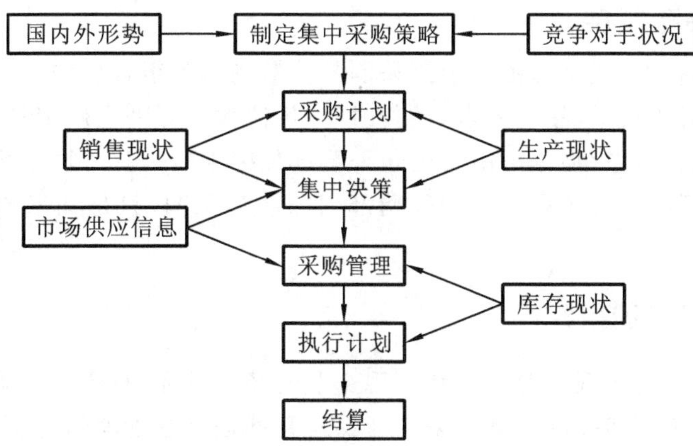

图 1-1　集中制采购制度的流程

与使用单位分离，缺乏有效激励，采购绩效会降低。

3. 集中制采购制度的适用条件

集中制采购制度主要适用于以下三种情况：第一，企业物资需求数量小，集中采购能够解决企业的供应问题；第二，企业供应与需要共处一地，便于集中组织供应与管理；第三，为了管理与控制，有必要进行集中采购。例如，连锁店的采购配送中心实行的就是集中采购制度。

（二）分散制采购制度

所谓分散制采购制度，就是指按照需要由各单位自行设立采购部门负责采购管理工作，以满足生产部门的需要。分散制采购制度恰好完善与补充了集中制采购制度的不足；增强了基层工作者的责任心和积极性；更有利于采购各环节的有效协调配合且手续简单、过程短、直接快速；同时占用资金和占用库存空间较小。但是这种采购制度权力分散，不利于采购成本的降低，易出现暗箱操作的情况，一旦管理失控，还会造成供应中断，加大采购成本，影响生产活动的正常进行。这种采购制度主要适用于大型生产企业或大型流通企业，如实行事业部制的企业，可在每一事业部设立独立的采购供应部门。分散制采购制度的流程见图 1-2。

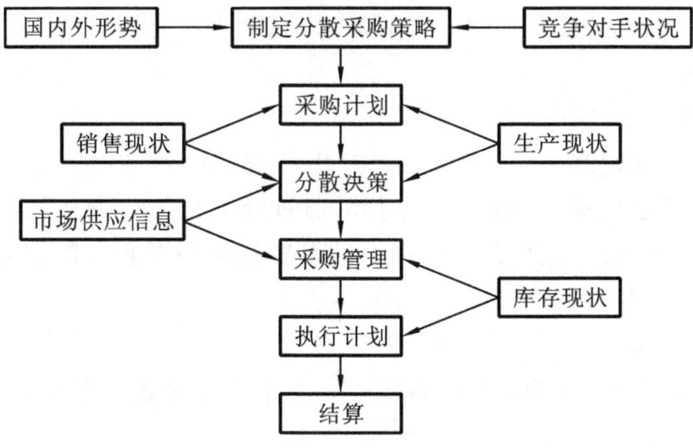

图 1-2　分散制采购制度的流程

(三)混合制采购制度

所谓混合制采购制度,就是指由集中制采购与分散制采购组合成的一种新型采购制度。在实践中,根据采购物资的数量、品质要求,供货时间,价值大小等因素确定具体的采购方式,需求量大且价值高的物品、进口货物等可由总公司采购部集中采购;需求量小、价值低的物品及临时性需要采购的物资,可由分公司和分厂的采购部门分散去采购,只是在采购中要向总公司反馈相关采购信息。

三、采购与供应管理组织

采购与供应管理是为实现企业利益和实现企业的经营目标,对企业的采购与供应活动和过程进行的计划、组织、协调和控制活动。采购与供应管理是企业管理的重要职能,也是企业专业管理的重要领域之一。

采购与供应管理不但要面向企业全体采购员,而且也要面向企业组织的其他人员(进行有关采购供应的协调配合工作),一般由企业的采购科(部、处)长、供应科(部、处)长或企业副总来承担,其使命就是要保证整个企业的物资供应;另一方面,它也是联系整个资源市场的纽带。

(一)采购与供应管理组织的设计原则

采购与供应管理组织,是采购与供应管理最基本的组成部分,为了搞好企业复杂繁多的采购与供应管理工作,需要有一个合理的管理机制和一个精干的管理组织机构,更需要一些能干的管理人员和操作人员。

采购与供应组织是为了实现给定的采购供应任务而组建起来的人员岗位职务责任体系的一个管理执行机构,该组织的设置应当遵循下列几个原则。

1. 能够与企业的性质、规模相适应

对于规模小的企业来说,只需要设计一个比较简单的采购供应部门来负责整个企业的原材料及设备的采购,但是,对于规模比较大的企业,像大型的企业集团或跨国性的企业,常常设有集团采购部或中央采购中心,同时各个子企业一般分别设有管理采购工作的分支机构。

2. 能够确保合理分工

在采购与供应组织内部,按照不同人员的能力、职责进行合理分工,各负其责,以便提高采购与供应的运作效率。

3. 能够与企业的管理水平相适应

如果企业的管理水平很高,已经引入 MRP(物料需求计划)系统,那么企业的采购需求计划、订单开具、发货跟单都应按照 MRP 系统要求通过计算机进行操作控制。对于管理水平较低的企业,例如手工作坊式的企业,其采购部门的设置就应根据企业的管理水平进行相应的设计,与管理水平高的企业必然有着很大的不同。

4. 能够便于统一指挥

在采购与组织中,每一个采购人员应该接受一个采购主管指派的职权和职责,并且对其上级负责。

5. 能够实现有效的管理幅度

管理幅度是指每一管理者直接管理下属的人数。在建立采购与供应组织时,应合理确定管理的层次及每个层次的人员安排。

6. 能够保证权责相符

有效的采购与供应组织必须权责相互制衡。有责无权，责任难以落实；有权无责，就会滥用职权。因此，应该实现责权的对立与统一。

（二）常用的三种组织机构

企业管理的组织形式没有固定的、统一的模式，经常随着企业的性质、企业的规模和企业的生产特点的不同而有所改变。同一企业在不同时期也会有不同的形式。组织机构的确定首先是为了管理的方便。就生产企业来说，主要有以下三种组织结构。

1. 直线制的组织结构

直线制的组织结构是最早、最简单的一种组织结构。企业组织形式是由一个上级主管直接管理多个下级的一种组织结构形式，其示意图如图 1-3 所示。

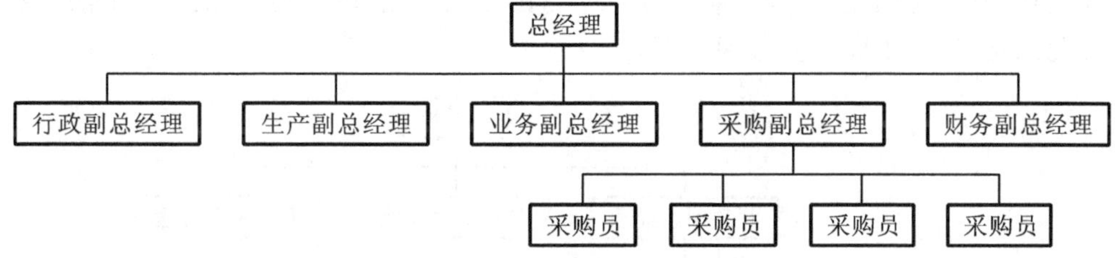

图 1-3　直线制的组织结构示意图

直线制采购组织形式的优点如下：指挥与被指挥的关系简单，权力集中，责权分明，联系简捷，指挥和命令统一，决策速度快，容易维持管理秩序；有利于加强管理工作控制和责任的力度，实现有效的交流沟通，使管理符合实际，能够实现个性化管理。

该组织形式的缺点如下：由于采购主管对下级的所有业务都要进行指挥和监督，因此，采购主管必须具备多方面的采购知识和技能，是一个“万能管理者”。这种要求在实行多种经营的现代大企业中是很难得到满足的。因此，这种结构只适合于中小型企业的采购管理。

2. 直线职能制的组织结构

这种组织结构是在直线制的基础上，加上相应的职能管理部门，共同参与采购决策，并承担管理的职能。在该组织形式中，只有直线机构的行政领导才有权对下级机构发布命令，职能部门是直线指挥人员的参谋，一般无权对下级机构直接下达命令或进行指挥，只能对下级机构实行业务指导。直线职能制组织结构的优点如下：能够集中领导，统一指挥，便于调配人、财、物力；职责清楚，有利于提高办事效率；秩序井然，使整个企业有较高的稳定性。其示意图见图 1-4。

该组织形式的缺点如下：各职能部门和直线指挥部门之间容易产生矛盾，加大了最高领导的协调工作量；难以培养熟悉企业内部全面业务的管理人才；信息传递路线较长，整个组织系统的适应性较差，对复杂情况不能及时做出反应。

直线职能制组织结构虽然存在一些不足，但它具有较大的优越性，因此它是我国目前广泛采用的基本组织结构形式。

3. 采购事业部制

采购事业部制又称为分权结构或部门化结构，首创于美国通用汽车公司，由通用汽车公司原总裁斯隆研究设计。它是将企业的各种活动，按产品、地区或顾客分类，分别设置事业部，并

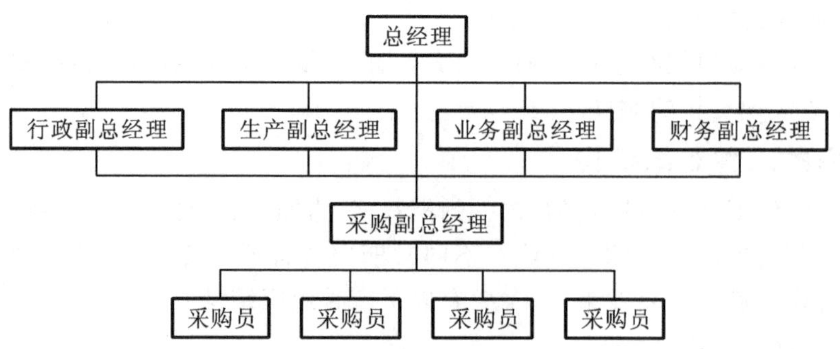

图 1-4 直线职能制的组织结构示意图

赋予事业部的最高负责人以经营该部的最高权限。这种采购组织是一种集中化与分散化相结合的组织机构，其示意图见图 1-5。各事业部实行的是集中化采购，而从总公司的角度看则实行的是分散化采购，即将采购权分散到各部。

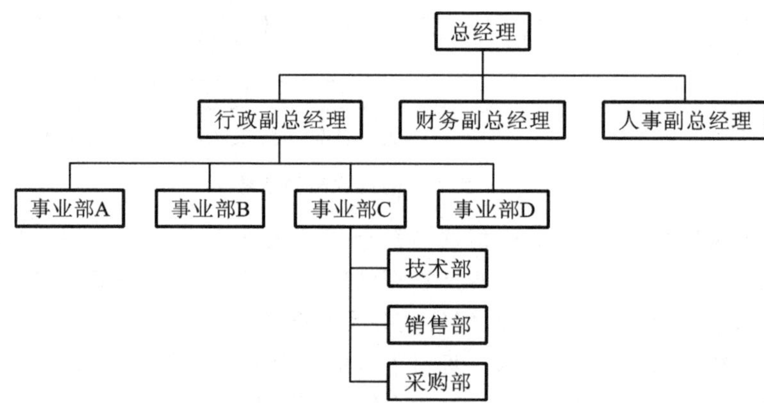

图 1-5 采购事业部制的组织结构示意图

采购事业部制组织形式有以下几个特点。

(1) 构成事业部的产品、地区、顾客，具有各自独立的市场。

(2) 每个事业部都有一个利润中心。

(3) 具有全企业综合经营的一部分管理权限。简单地说，事业部具有三个基本要素，即相对独立的市场、相对独立的利益和相对独立的自主权。

采购事业部制组织形式具有以下几个优点。

(1) 有利于实现企业内部的协作，提高劳动效率。

(2) 最高管理部门可以摆脱日常行政事务，成为坚强有力的决策机构。同时，各事业部自成体系、独立经营、独立核算，在分权范围内可以发挥灵活性和主动性。

(3) 各事业部之间有比较、有竞争，通过比较和竞争可促进企业发展。

采购事业部制组织形式也存在以下几个缺点。

(1) 由于机构重复，造成管理人员浪费。

(2) 由于各事业部独立经营，使事业部间人员互换困难，相互支援能力较差。

(3) 各事业部经理往往忽略企业的整体利益，仅从本部门利益出发考虑问题。

采购事业部制组织结构适用于采购规模大而品种多、需求复杂、市场多变的企业。

企业采购管理组织的岗位设置要依据采购管理的职能、任务和管理机制。岗位的设置不是一成不变的，既要遵循精简、科学、合理的原则，又要根据本企业管理的实际情况进行设置。

四、采购分类

(一) 按采购范围可分为国内采购和国际采购

1. 国内采购

国内采购是指企业以货币向国内供应商采购所需物品的一种行为。它主要针对国内供应商在国内市场的采购，而非指采购的物品都一定由国内生产。这种采购方式有明显的优势。首先排除了沟通障碍。由于供应商与购买商有着相同的文化背景、道德观念和商业组织等，有利于维持良好的商业关系。其次，国内采购不存在贸易运输及定价等问题，节省了在国际贸易中所发生的相关费用。最后，国内采购一般时间较短。

2. 国际采购

国际采购又称全球采购，主要是指采购商向国外供应商采购物资的过程，即通过对世界各地对共同产品项目、流程、技术需求的资讯，与供应商加以整合协调，国内采购企业直接向国外厂商采购所需物资的一种跨国交易行为。其优势在于以下两点：第一，国际采购扩大了供应商的范围，而众多跨国公司对品质的严格要求使得采购方有机会得到符合要求标准品质的物资；第二，国际采购中有竞争力的供应商通常能提供比国内供应商低得多的价格，这就降低了采购成本，满足每个采购商的要求。

这两种采购方式各有所长，在实际应用中可以优势互补。

(二) 按采购时间跨度可分为长期合同采购和短期合同采购

1. 长期合同采购

长期合同采购采购时需要签订长期的采购合同，通常为多次交易，且交易关系较稳定。

2. 短期合同采购

短期合同采购是指通过合同实现一次交易，交易关系不稳定。

(三) 按采购主体可分为个人采购、企业采购和政府采购

1. 个人采购

个人采购是消费者个人为满足自身需要而发生的购买消费品的行为，一般购买对象以生活资料为主，一般特点为购买量少、次数频繁。

2. 企业采购

企业采购是为满足企业生产经营所需而发生的购买行为，一般特点为购买量大、次数较少、专业化程度高。

3. 政府采购

政府采购即政府出资为政府的活动需要而发生的采购行为，一般不以盈利为目的。政府采购的资金来源于国家的公共资源，因此政府采购职能就是一个透明度高的受管制过程，受到法律、规则和条例、司法或行政决定，以及政策和程序的限定和控制。

政府采购有八大特点：一是资金来源的公共性；二是采购主体的特定性；三是采购活动的非营利性；四是政府采购的社会性；五是采购对象的广泛性；六是采购行为的行政性；七是采购运

作的规范性;八是政府采购的影响力非常大。

(四)按采购物的特点可分为有形采购和无形采购

1. 有形采购

有形采购输出的结果是有形的物品,如原材料、机械设备、办公用品等。

2. 无形采购

无形采购输出的结果是无形的物品或服务。

五、采购作业流程

采购流程会因采购的来源——国内采购、国外采购,采购的方式——议价、比价、招标,以及采购的对象——物料、工程发包等不同而在作业细节上有若干差异。但对于基本的流程则每个企业都大同小异。

采购的关键步骤可以概括为以下十步。

1. 确认需求,做好计划

任何采购都产生于企业中某个部门确切的需求,因此在进行采购之前,采购部门应先确定整个企业采购物料的种类、采购多少、何时采购、由谁确定等。

2. 需求说明,明确流程

如果采购部门不了解使用部门到底需要些什么,采购部门就不可能进行采购。因此在确认需求之后,就必须对需要采购的商品或服务有一个准确的描述,也即对需求的细节,如品质、包装、售后服务、运输及检验方式等,加以明确说明,以便使来源选择及价格谈判等能顺利进行。

3. 选择、评估供应商,明确供应源

供应商选择是采购职能中重要的一环,它涉及高质量物料或服务的确定和评价。这一环节主要是根据需求说明在原有供应商中选择成绩良好的厂商,通知其报价,或者以登报公告等方式公开征求合适的供应商。

4. 确定适宜的价格,以便从源头上控制成本

确定可能的供应商后,应进行价格谈判,确定合适的采购价格。

5. 订单安排,确定双方的权利与义务

在价格谈妥后,应办理订货签约手续。订单和合约均属于具有法律效力的书面文件,对买卖双方的要求、权利及义务必须予以说明。

6. 订单追踪与稽核,保持履约的连续性

在签约订货后,为使供应厂商能够按期、按质、按量交货,应依据合约规定,及时督促厂商按规定交运,并予以严格检验后入库。

7. 货物的验收,杜绝差错

在签订合同后,采购企业应按照合同上的规定对供应商所提交的产品进行验收,凡厂商所交货品与合约规定不符而验收不合格者,应依据合约规定退货。同时应立即办理重购,并予以结案。

8. 核对发票,以便资金结算

厂商交货验收合格后,随即开具发票。供应商要求付清货款时,采购部门应先核对发票的

内容，核对无误后，财务部门才能办理付款。

9. 结案，清查各项内容的准确性

对验收合格的产品进行付款，或者对验收不合格的产品进行退货，采购部门都必须办理结案手续，清查各项书面资料有无缺失、绩效好坏等，报高级管理层或权责部门核阅批示。

10. 记录与档案维护，进行有效信息管理

凡经结案批示后的采购业务，应列入档案登记并进行分类编号，予以保管，以备参阅或事后发生问题时进行备查。

图 1-6 所示为某公司的采购作业流程图。

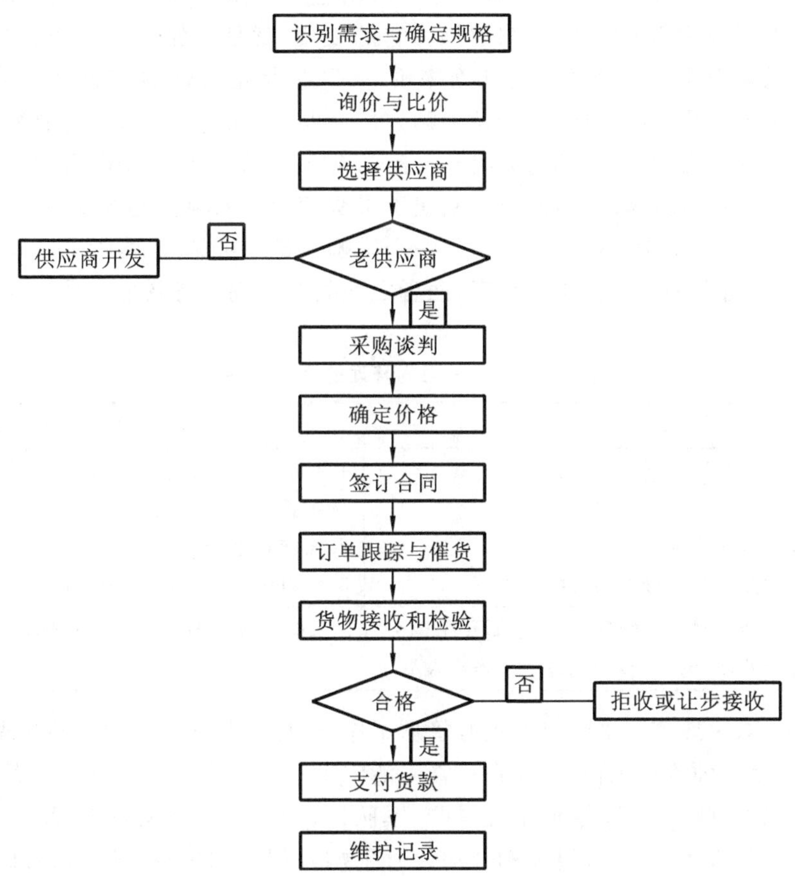

图 1-6 某公司的采购作业流程图

六、采购管理

采购管理是企业管理工作中的一个重要环节，为满足企业生存和发展的需要，适时、适当、适量的物资供应为企业的运营创造了前提条件。但很多人都把采购管理和采购混为一谈，认为采购管理和采购是一回事，这种观点显然是不对的。这说明还有很多人对采购管理工作认识不清楚，把采购管理工作与采购工作等同起来。问题的重要性在于，如果不能认清什么是采购管理，就不可能很清楚地认清采购管理工作的内容、职能和意义，也就不能认清采购管理在企业中的地位和作用，也就不可能搞好企业的采购管理工作。

（一）采购管理的概念

所谓采购管理（purchasing management）是指为保障整个企业物资供应而对企业采购进货活动进行的管理活动，是整个物流活动的重要组成活动。它着眼于组织内部、组织和其供应商之间构建和持续改进采购过程。因此，采购管理有内部和外部两个方面。

（二）采购管理与采购的区别与联系

采购管理是对整个企业采购活动进行计划、组织、指挥、协调和控制的过程，是一项管理活动，是面向整个企业的。它不但面向企业的全体采购员，而且也面向企业组织的其他人员（进行有关采购的协调配合工作的人员）。采购管理一般由企业的采购科（部、处）长、供应科（部、处）长或企业副总（以下统称为采购科长）来承担。它的使命，就是要保证整个企业的物资供应；它的权力，可以调动整个企业的资源。而相对来说，采购只是指具体的采购业务活动，是作业活动，一般是由采购人员承担的工作，只涉及采购人员个人。它的使命，就是完成采购科长布置的具体采购任务；它的权力，只能调动采购科长分配的有限资源。可见，采购管理与采购是有区别的。但是，采购本身也有具体的管理工作，它属于采购管理。采购管理本身，又可以直接管到具体的采购业务的每一个步骤、每一个环节、每一个采购人员。可见，采购管理与采购又是有联系的。所以采购管理与采购不完全是一回事，两者之间既有区别又有联系。采购与采购管理的区别与联系见表1-2。

表1-2　采购与采购管理的区别与联系

	采　购	采 购 管 理
区别	1. 具体的采购活动，是作业活动	1. 是对整个企业采购活动的计划、组织、指挥、协调和控制的过程，是管理活动
	2. 只涉及采购员个人	2. 面向整个企业
	3. 只能调动采购科长分配的有限资源	3. 可以调动整个企业的资源
联系	采购本身也有具体的管理工作，它属于采购管理。采购管理本身，又可以直接管到具体的采购业务的每一个步骤、每一个环节、每一个采购人员	

虽然个人采购、一般家庭采购当中也有管理工作，但那是非常简单的采购管理工作，人们习惯上不把它看成是一种管理工作，因此在日常生活中也没有采购管理的概念。而一般的集团采购，特别像企业采购、政府采购、事业单位采购、军队采购等，由于采购量大、品种多、牵涉面广、事情复杂、管理工作必不可少，都毫无例外地设有采购管理组织机构，进行认真的采购管理，而且企业越大，采购管理工作就越重要。

（三）采购管理的目标

采购管理的总目标是保证企业的物资供应，在确保质量的前提下，能够以适当的价格，在企业所需的恰当时间内从适当的供应商那里采购到适当数量的物资和服务。具体要做到十个适当：适当的原料、适当的质量、适当的数量、适当的条件、适当的时间、适当的地点、适当的来源、适当的服务、适当的价格、送给适当的客户。采购管理的具体目标有以下几点。

1. 确保供应的连续性，使之不断链

采购管理对采购时间有严格的要求，一方面要保证供应不间断，库存合理；另一方面又不能因为过早采购而出现库存积压，增加库存成本。

2. 节省存货费用，有效控制源头成本

采购数量决策也是采购管理的一个重要目标。在采购中要避免超量采购和少量采购。如果采购超量，容易出现库存积压；如果采购量少又会导致供应中断，增加采购次数，使得采购成本增加。因此，为确保供应不中断的办法就是保有大量库存，但库存必然要占用资金，显然会减慢流动资金的周转速度。保有库存成本一般要占库存商品价值的20％～50％，这意味着直接减少库存就相对节省了存货费用。

3. 保证产品质量，从源头进行全面质量管理

采购的目的无非是满足生产的需要。因此，为了保证企业产品的质量，首先就应该保证上游采购材料的质量能够达到企业生产的质量标准，否则最终产品或服务就达不到预期的要求。而且质量保证必须适量，因为如果产品质量过高，就会增加采购成本，同时造成功能过剩；如果所购材料质量太差，就不能满足企业生产对原材料品质的要求，最终影响产品质量，甚至危及人身财产安全。

4. 节省采购成本，从工厂成本核心开始控制

采购价格的高低直接影响其采购成本。在采购中做到以适当的价格来完成采购任务是采购管理的主要目标之一。因为企业的采购活动消耗资金量最大，对利润的影响是非常明显的。所以，在保证质量和送达服务的前提下，应尽量降低采购成本。

（四）采购管理的作用

（1）采购管理有利于提升产品生产和销售的最终质量。在供应链环境下，企业如何选择合格的供应商，获取及时、价廉及质优的资源已经成为企业发展的“瓶颈”。采购作为生产销售的上游环节，采购物料的数量、技术、质量、包装等只有符合生产与用户的需求，才能保证生产的顺利进行，提升企业的市场竞争力；反之就会导致购销之间的矛盾升级，造成物料的积压或短缺，从而导致用户投诉，丧失市场。从供应的角度来说，采购管理是整体供应链管理中的“上游控制”主导力量，其成功与否直接关系到整个链上的最终产品和服务质量。

（2）通过采购管理可以及时了解资源市场中资源的发展趋势及其动态信息，随时调整企业的产品策略，为企业生产决策提供强有力的支持。

（3）采购管理有利于与供应商建立一种良好的合作伙伴关系，为企业的物资采购和产品生产提供一种宽松、高效的外部环境条件。这也符合供应链管理的核心理念。

（五）采购管理的内容

为实现企业的采购目标，充分发挥采购管理的主导地位，企业应该重视和加强采购管理。企业采购管理的主要内容如下。

（1）分析和确定组织内部各部门的需求，分析、联系资源市场。

（2）制订订货计划，包括选择供应商、制定订货策略和制定进货策略。

（3）实施订货计划，包括商务谈判、签订订货合同、进货实施、验收入库、支付、善后处理。

（4）采购监控，包括定期检查合同执行情况，对出现的问题及时调整，保证合同顺利执行。

企业物资采购管理的主要内容见图1-7。

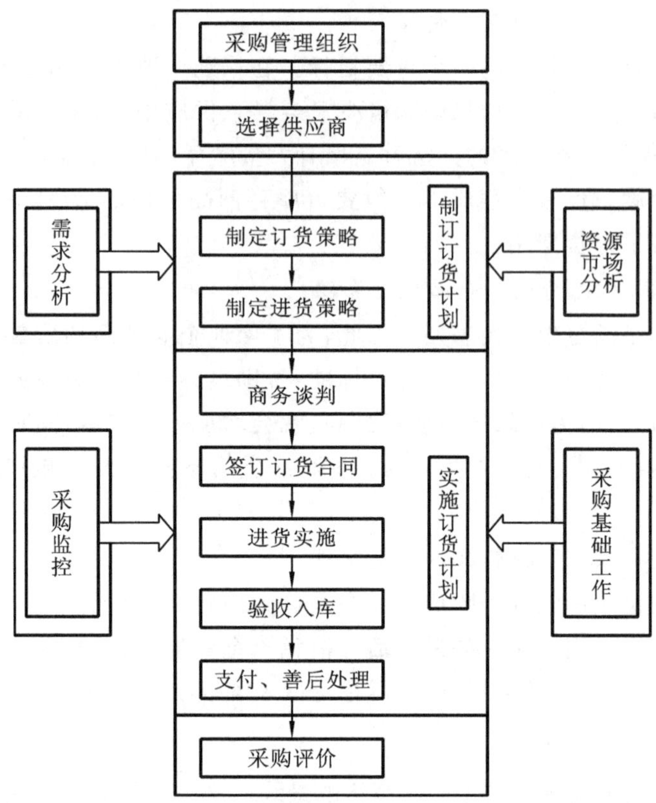

图 1-7 企业物资采购管理的主要内容示意图

课后实训

根据调研公司的资料进行采购管理的组织设计

【实训目标】

通过对调研公司的资料及公司目标深入思考和分析，提高理论联系实际的能力。

【实训操作步骤】

(1) 在老师的指导下，进行分组，每组 5～7 人，并设组长 1 人。

(2) 在组长的组织下选定要去的公司并提前调研。

(3) 讨论如何根据采购管理的目标设计采购组织，并画出组织结构图。

(4) 老师点评，确定其可行性。

(5) 整理资料，写出结果报告，总结学习体会。

【实训要求】

(1) 明确每组学生的分工。

(2) 把相同问题放到不同小组的不同案例中讨论。

(3) 教师随时解决在实训过程中遇到的各种问题，并组织学生进行经验交流。

(4) 教师全程监控。

【考核标准与方法】

(1) 有公司背景资料，问题明确。(20 分)

(2) 实训结果。(40 分)

(3) 实训报告撰写。(20 分)

(4) 实训过程表现。(20 分)

各组在展示过程中,展示内容要简洁明了,组织结构设计图要准确,并能说明其绘制依据。

任务二　采购岗位设置

西门子公司的全球化采购策略

西门子公司是一家有着150多年历史、横跨数个产业的航空母舰式公司,仅仅西门子信息与移动通信一家公司,2001年的采购额就达到了20亿欧元。西门子信息与移动公司的供应商浩如烟海,分布在全球的各个角落。西门子信息与移动公司全球采购中国部门的德籍副总裁柯逸华告诉记者,全球集约化采购是西门子公司进行采购管理、节约采购成本的关键,西门子信息与移动公司的采购系统是西门子公司整个全球采购网的一部分。试问:对于这样的大公司我们应该如何进行采购岗位设置才能确保各个子公司之间的协同作战?如何做到精益采购?又如何从采购环节中节省成本?

【任务1】 请根据西门子公司的具体情况进行分析,阐述采购岗位与精益采购之间的关系。

【任务2】 请你根据以上信息分析采购岗位设置要考虑的主要因素。

要清楚采购岗位与精益采购之间的关系,首先必须了解采购部门与采购需求之间的关系;其次还要弄清全球化采购策略下公司自身的核心竞争力优势;最后就看通过怎样的岗位设置来实现协调全球的采购需求目标。

根据西门子公司的全球化采购策略不难看出,他们公司内部需要进行很好的协同来完成采购工作,采购岗位设置本身涉及诸多要素,如系统性要素、采购部门的职责定位、采购岗位的服务定位、岗位结构的优化配置及各采购岗位的素质要求等均属考虑范围。企业采购管理组织的岗位要依据采购管理的职能、任务和管理机制设置。岗位的设置不是一成不变的,既要遵循精简、科学、合理的原则,还要根据本企业管理的实际情况来进行设置。

一、采购部门的建立

1. 采购部门的建立方式

所谓采购部门的建立,也称为采购内部组织的部门化,也就是将采购部门应负责的各项功能整合起来,并以分工方式建立不同的部门来加以执行。一般来讲,规模较大的采购组织是按照其职能来建立部门的。

图1-8所示为某金属制造企业组织表。采购科负责执行购买，并与供应商议价；稽催科负责使供应商如期交货并确保品质；管理科负责采购文件和报告的准备工作，以及电脑的系统工程工作；研究科则负责收集、分类及分析采购决策的资料。

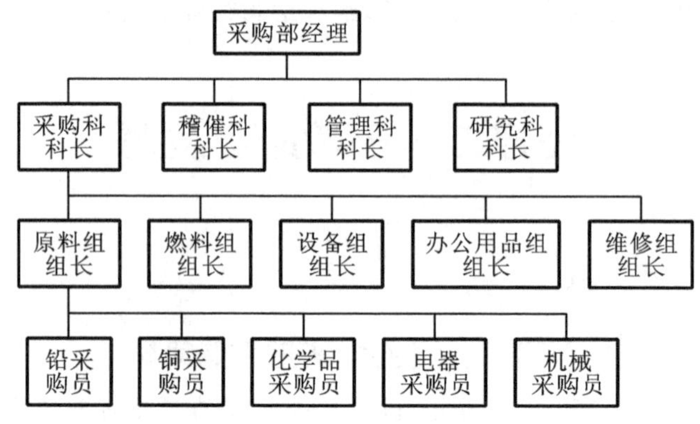

图1-8 某金属制造企业组织表

不过，一般的中小型规模的采购组织，通常缺乏稽查、管理、研究的功能，或者因为这三种功能并不明显就没有分别设置部门，最多将其部分功能合并为管理科或并入采购科。因此，对于采购部门的建立，我们分别就执行购买功能的采购组织来说明。

1）按物品类别建立

图1-8所示的采购科，按物品类别分别设立原料、燃料、设备、办公用品、维修五组，而原料可以再细分为铅、铜、化学品、电器及机械，交由不同的采购人员来负责。

此种采购部门的建立方式，可使采购人员对其经办的项目更加专业，比较能够达到"熟能生巧"及"触类旁通"的效果，这也是最常使用的采购部门的建立方式，对于物品种类繁多的企业与机构最为适合。

2）按采购地区建立

依照物品的采购来源分别设立部门，此种建立方式主要是由于国内、国外采购的手续及交易对象有显著差异，因而对于采购人员的工作条件也有不同的要求。

由于国内、国外采购作业方式的不同，因此分设采购部门有利于管理。不过，上级主管必须就所购买的物品比较国内、国外采购的优劣，判定采购事务交给哪一部门承办，才能事半功倍。否则，国外采购归业务处管辖，国内采购归工厂管辖，"井水不犯河水"，国内、国外采购就无法比较成本、品质等优劣，也就无法获得国际供应的好处。

3）按采购物品的价值或重要性建立

把采购次数少但价值高的物品，交给采购部门主管负责处理；反之，将采购次数频繁，但价值不高的物品，交给基层采购人员办理，参见表1-3。

表1-3 按物品价值分工的采购组织

物　品	价　值	次　数	承　办　人
A	70%	10%	经理
B	20%	20%	科长
C	10%	70%	科员

按照物品价值建立部门的方式，主要是保障主管对重大的采购项目能够集中精力加以处理，达到降低成本及确保来源的目的。此外，让主管有更多的时间对采购部门的人员与工作绩效加以管理。

另外，可以依据产品对企业的重要性，将策略性项目（利润影响程度高、供应风险程度大）的决定权交给主管（如主管采购的副总经理），将瓶颈项目（利润影响程度低、供应风险程度大）交给中级主管（如经理）办理，将杠杆项目（利润影响程度高、供应风险程度小）交给基层主管（如采购科长）办理，将非紧要关项目（利润影响程度低、供应风险程度小）交给采购人员办理，参见表1-4。

表 1-4　按采购物品重要性分工的采购组织

项目类型	利润影响程度	供应风险程度	采购承办人
策略性项目	高	大	副总经理
瓶颈项目	低	大	经理
杠杆项目	高	小	科长
非紧要项目	低	小	科员

4）按采购过程建立

这种方式指依照采购过程，把询价、比价、议价、决定等工作分别交由不同人员办理，产生内部牵制作用。

图 1-9 所示为某单位采购组织表，内购科分别设置访价组负责招标，议价组负责订约，结报组负责付款；外购科的访价与议价功能委托驻外采购单位负责，故只承担签约、履约及综合业务（包括外购法令的修订、申诉处理、进度管制等）。

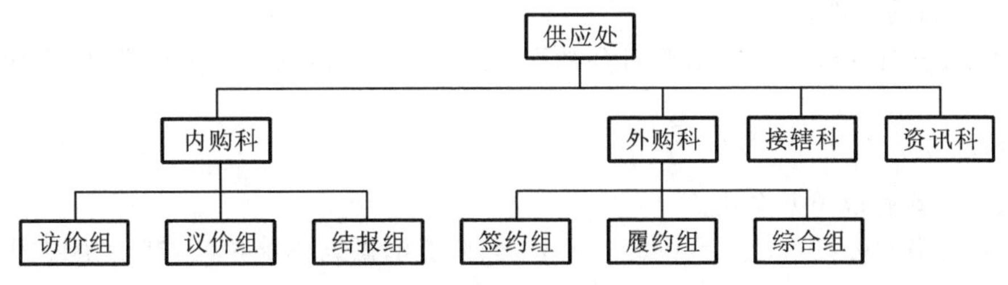

图 1-9　某单位采购组织表

这种以采购过程进行分工并建立部门的方式，以采购量及价值巨大、事务浩繁，而且作业过程复杂，交货期较长，以及采购人员众多的企业与机构为宜。

5）混合式建立

在许多稍微具有规模的企业或机构中，通常会兼有以采购物品、地区、价值等为基础来建立采购部门的内部组织。图 1-10 所示为某人造纤维企业采购组织表，先以地区划分为外购处及内购处，分设科长掌管，然后再按物品类别，交由不同的采购人员承办。同时，也以价值为基础，另外设立原料处，由副总经理兼任科长来掌管。因主要原料约占整个部门采购金额的 70%，故由采购经理直接洽商决定，交收原料处人员办理有关交易的手续。

2. 采购部门组织方式优劣的比较

以上采购部门内部组织的方式，除了第四种以采购过程为基础，也就是以功能编组的方式

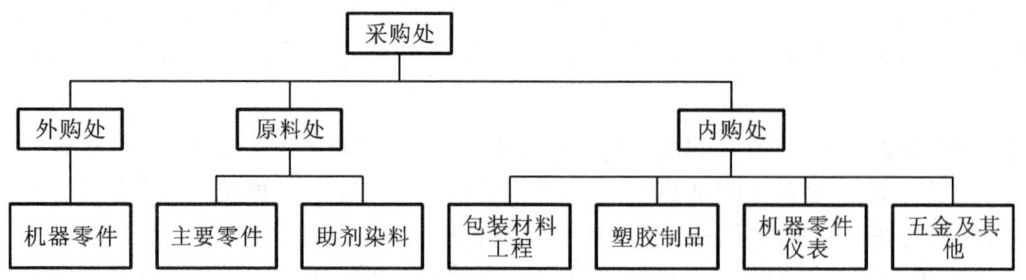

图 1-10　某人造纤维企业采购组织表

来建立部门(即分段作业的组织方式,每位采购人员只承担一个采购事务的部分过程,并承担局部责任)外,其余第一、二、三种分别按物品类别、采购地区、采购物品的价值为基础来建立部门,采购人员担任一个采购事务的全部过程与有关作业,包括开发来源、询价、订购、付款等功能,并承担一切责任,这就是一贯作业的组织方式。

1) 一贯作业

这种组织方式有以下几个优点。

(1) 一位采购人员可以综合管理全部采购过程,权责比较分明。

(2) 符合规模经济的原则。

(3) 采购人员与供应商的关系良好。

(4) 由于采购人员对供应商有取舍的权力,因此可以增强及时交货及改善品质管理效能。

其缺点有以下几个。

(1) 一位采购人员负责全部过程的各项作业,工作相当复杂,无法做到非常专业精通。

(2) 采购事务从头到尾,由一个采购人员全权负责,使得采购人员的权力过大,容易发生徇私舞弊、贪污受贿的事件。

(3) 采购人员常常因为某一采购事务的羁绊,而无法进行其他的采购事务,致使采购完成效率低下。

2) 分段作业

这种组织方式有以下几个优点。

(1) 每位采购人员只负责过程中的一部分,因此能够做到熟能生巧,减少错误的发生,提高办事效率。

(2) 一方面是分工合作,另一方面则是内部牵制,除非全体人员同心协力,否则容易串通舞弊。

(3) 采购过程每一阶段均由专业人员负责,可以大大提升采购作业的品质。

其缺点有以下几个。

(1) 采购过程由不同人员分段处理,收发转接手续较多,延误时效。

(2) 各自为政,无人负责,而且采购与使用之间接手人员太多,会大量增加联系上的困难。

(3) 因为对任何采购事务均无完整的决定权,因此采购人员的工作满足感比较低。

二、采购岗位设置及职责分析

1. 采购部门的职能

采购部门的职能一般有以下几点。

(1) 分析原材料市场品质、价格等行情。

(2) 寻找物料供应来源,对每项物料的供货渠道加以调查和掌握。

(3) 与供应商洽谈,建立供应商资料。

(4) 要求报价,进行议价,有能力的可以进行估价,并做出比较。

(5) 采购所需的物料。

(6) 查证进厂物料的数量与品质。

(7) 对供应厂商的价格、品质、交期、交量等做出评估。

(8) 掌握主要物料的市场价格起伏状况,了解市场走势,加以分析并控制成本。

(9) 依采购合约或协议控制实时调度交货期。

(10) 呆料与废料的预防与处理。

2. 岗位的设置

要想采购工作顺利进行,就要在企业内部建立一个高效率的、团结协作的采购团体,不同的团队发挥不同的采购职能。企业采购组织的岗位如下。

(1) 采购主管。

(2) 采购主管助理。

(3) 采购工程师。

(4) 采购员。

(5) 采购文员。

3. 各岗位的工作职责

1) 采购主管的工作职责

(1) 拟定采购部门的工作方针与目标。

(2) 负责主要原料与物料的采购。

(3) 编制年度采购计划与预算。

(4) 签订审核订购单与合约。

(5) 采购制度的建立与改善。

2) 采购主管助理的工作职责

(1) 协助主管进行材料采购渠道的搜集。

(2) 协助采购主管制订计划。

(3) 市场行情的调查分析与统计。

(4) 供应站评估数据的统计与分析。

(5) 采购人员的培训工作。

(6) 采购有关文件的编写工作。

3) 采购工程师的工作职责

(1) 主要原材料的估价。

(2) 供应商材料样板的品质初步确认。

(3) 材料样板的初期制作与更改。

(4) 替代材料的搜集。

(5) 采购部门有关技术、品质文件的拟制。

(6) 与技术、品质部门就有关技术、品质问题的沟通与协调。

(7) 与供应商就有关技术、品质问题的沟通与协调。

4. 采购员的工作职责

(1) 经办一般性物料的采购。

(2) 查访厂商。

(3) 材料市场行情的调查。

(4) 查证进料的品质和数量。

(5) 进料品质和数量异常的处理。

(6) 与供应商谈判价格、付款方式、交货日期。

(7) 确认交货日期。

(8) 一般索赔案件的处理。

(9) 处理退货。

(10) 搜集价格情报及替代品。

5. 采购文员的工作职责

(1) 各种采购单据和报表的收集、整理与统计。

(2) 采购品质记录的保管与维护。

(3) 采购事务的传达。

三、采购人员的素质

采购人员是企业采购工作的主体,因此,采购人员的素质高低,会直接影响企业采购的效率和质量,应加强采购人员的培训,设置科学合理的岗位,使人尽其才,以保证采购任务的完成。一般来说,企业采购人员应具备以下一些素质。

1. 强烈的敬业精神

采购工作是一项很辛苦的工作,采购人员既要了解各种材料和物品的市场行情,又要经常奔波于各个厂家之间,对材料进行质量和价格的比较。所有这些都需要采购人员有强烈的事业心和高度的责任感,有一股勇于进取、积极向上的劲头,有为企业奉献的精神。

2. 敏锐的观察能力

市场是复杂多变的,材料和物品的价格也经常波动。一个有敏锐观察能力的采购人员,能眼观六方,耳听八方,及时发现和抓住市场机会,提高采购的成功率。

3. 良好的交际能力

采购人员要经常和供应商打交道,就价格、付款方式、交货日期等与其进行协商。这些都要求采购人员有良好的交际能力和较强的语言表达能力。

4. 丰富的知识

采购人员不仅要与静止的物体进行接触,还要与活生生的人打交道,这就要求采购人员要具有丰富的知识。知识面的宽阔与否一定程度上决定了采购人员的采购能力高低,所以,采购人员应有旺盛的求知欲,善于学习并掌握多方面的知识,这样工作起来才会游刃有余。典型采购人员的素质要求见表1-5。

表 1-5　典型采购人员的素质要求

素质要求 \ 职位		集团采购总经理	事业部采购总经理	工厂采购总经理	战略采购员	前期采购员	后期采购员	供应商品质工程师	电子专业采购员
知识要求	采购管理	高	高	高	高	高	低	高	高
	采购物品相关知识	低	高	高	高	高	低	高	高
	财务管理	高	高	高	一般	一般	低	低	一般
	相关法律	高	高	高	一般	一般	低	低	一般
	语言	专业	专业	专业	专业	专业	专业	专业	专业
	信息系统	一般	一般	一般	一般	一般	一般	一般	一般
能力要求	价值分析能力	高	高	高	一般	一般	低	高	高
	逻辑思维能力	高	高	一般	一般	一般	低	高	一般
	决策能力	高	高	高	一般	一般	低	一般	低
	预测能力	高	高	高	一般	一般	低	一般	一般
	个人魅力	高	高	高	一般	一般	一般	一般	低
	灵活性与敏捷性	一般	一般	高	一般	一般	低	一般	低
	团队精神	一般	一般	高	一般	一般	低	一般	低
	沟通交流技巧	高	高	一般	一般	一般	低	一般	一般
	市场能力	高	高	一般	一般	一般	低	低	低
	供应商关系处理能力	高	高	一般	一般	一般	一般	高	低

一个优秀的采购人员应该具备下列几方面的知识。

1）采购知识和实务

采购人员必须全面了解采购的各个环节和过程，懂得 ISO 9000 的认证体系知识。了解材料的性能和用途。

2）供应商管理的知识

采购人员应掌握供应企业的历史背景、在同行业中的地位、生产能力、材料品种、技术水平、设备状况、销售策略、交换方式、付款条件、服务项目等情况。

3）市场知识

采购人员应熟悉市场变化的一般规律，掌握影响价格的主要因素，了解材料的供需量及分布情况。还要对相关产品材料市场有一定了解。

4）法律知识

采购人员要经常签订供货合同，还要处理一般的索赔案件，这些都要求采购人员具有相关的法律知识。

5）高尚的品德

采购人员处理的“订购单”就是金钱，而采购人员本身就是财富的代表。拥有采购权的业务人员经常会被各种各样的供应商包围。无论是通过人际关系向采购人员打感情战，还是利用红包、回扣等物质条件进行利诱，采购人员都必须保持廉洁，不能牺牲企业的利益来换取个人财富的增加，君子爱财，取之有道，违背法律道德的做法终将害人害己。另外，在和供应商打交道的过程中，采购人员往往居主动地位，拥有局面的控制权，但是采购人员对供应商要保持公平互惠的原则，甚至要做到不耻下问、虚心求教，不可趾高气扬、傲慢无礼。

6）熟练操作计算机，熟悉 MRP 系统

采购人员必须具备与工作性质相适应的素质和能力，要通过专业化的工作和能力训练达到甚至超过与企业和市场所要求与之相适应的水平。采购人员的管理和培养作为企业管理与发展的一个重要组成部分，是保障采购能力形成与培养采购团队建设与发展的基本内容，因此采购人员的正确配岗对企业的发展也就显得尤为重要。

课后实训

三江公司采购人员角色及训练

三江公司认为，成功的采购人员应同时能够扮演以下的角色及具备相应的能力：①谈判者；②最佳供应商的选择能力；③与工程人员共事的能力；④人际关系处理能力；⑤法律专家；⑥生意人；⑦具有远见；⑧清楚地了解企业顾客的需求；⑨整体成本的考察；⑩后勤运送专家。

同时，为了使公司的采购员都有效地扮演上述角色并拥有上述能力，该公司安排其采购员接受相应的训练课程。例如，要想成为一名成功的谈判者，就要接受谈判技巧的训练；要有选择供应商的能力，就需要接受基本采购知识及 ISO 9000 相关认证的训练等。除了训练外，该公司的采购员培训计划还包括了采购人员的自我评估、采购技能鉴定与管理能力的培养等内容。通过自我评估的模式，采购人员可以了解其现有采购能力的优缺点，并根据其优缺点来设计改进计划。采购技能鉴定即借助外界的资格考试来取得技能的认证。最后，管理能力的提升则是对具有潜力的采购人员施以管理能力的训练，使他们在不久的将来可以进入管理层，成为经理级人才。

实训要求：

根据资料分析说明采购人员应具备的知识和能力。

学习情境二

采购需求分析

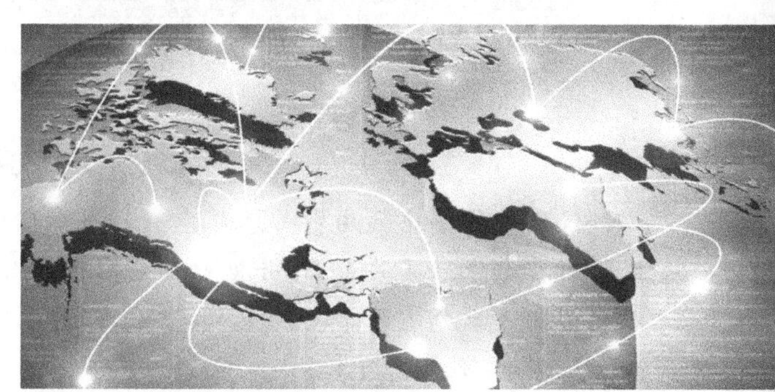

WULIU
CAIGOU
GUANLISHIWU

知识目标

(1) 了解独立需求的概念、定性分析方法、定量分析方法。

(2) 熟悉 MRP 物料需求分析法。

(3) 掌握定量分析方法。

能力目标

(1) 能用定性预测方法对未来的采购需求进行估计。

(2) 能用定量预测方法对未来的采购需求进行分析。

(3) 能对独立物料采购需求进行分析和预测。

案例引导

沃尔玛全球采购政策

沃尔玛的全球采购中心总部中有一个部门专门负责检测国际贸易领域和全球供应商的新变化对其全球采购的影响,并据以确定和调整公司的全球采购政策。沃尔玛的采购政策大致可以分为以下三个方面。

1. 永远不要买得太多

沃尔玛提出,减少单品的采购数量,能够方便管理,更主要的是可以节省营运成本。沃尔玛的通讯卫星、GPS及高效的物流系统使得它可以以最快的速度更新其库存,真正做到零库存管理,也使“永远不要买得太多”的策略得到有力的保证。

2. 价廉物美

“沃尔玛采购的第一个要求是价廉物美”。在沃尔玛看来,供应商都应该弄清楚自己的产品跟其他同类产品有什么区别,以及自己的产品中究竟哪个是最好的。供应商最好尽可能生产出一种商品专门提供给沃尔玛。沃尔玛最希望以会员价给顾客提供尽可能多的在其他地方买不到的产品。

3. 突出商品采购的重点

沃尔玛一直积极地在全球寻找最畅销的、新颖有创意的、令人动心并能创造“价值”的商品,造成一种令人高兴、动心的购物效果,从而吸引更多的顾客。

沃尔玛的商品采购的价格决策和品项政策密不可分,它以全面压价的方式从供应商那里争取利润以实现天天低价;沃尔玛还跟供应商建立起直接的伙伴关系以排斥中间商,直接向制造商订货,消除中间商的佣金,在保证商品质量的同时实现利润最大化。

优秀的供应商是零售企业的重要资源,它对零售企业的成长具有重大影响。对沃尔玛来说,选择了合适的供应商,才有可能采购到合格的商品,因此,在全球采购战略中,沃尔玛挑选供应商的条件和标准都是一样的。

沃尔玛对全球供应商的选择条件是非常严格的,要成为它的供应商,必须满足以下九大条件。

(1) 所提供的商品必须质量优良,符合国家以及各地方政府的各项标准和要求。

(2) 所提供的商品价格必须是市场最低价。

(3) 文化认同:尊重个人、服务客户、追求完美。

(4) 首次洽谈或新品必须带样品。

(5) 有销售记录的增值税发票复印件。

(6) 能够满足大批订单的需求。在接到沃尔玛订单后,如有供应短缺的问题,应立即通知。连续三次不能满足沃尔玛订单将取消与该供应商的合作关系。

(7) 供应商应提供以下的折扣:①年度佣金:商品销售总额的1.5%;②仓库佣金:商品销售总额的15%~3%;③新店赞助费:新店开张时首单商品免费赞助;④新品进场费:新品进场首单免费。

(8) 供应商不得向采购人员提供任何形式的馈赠,如有发现,将做严肃处理。

(9) 沃尔玛鼓励供应商采取电子化手段与其联系。

沃尔玛在确定资源需求方面看重的是供应商提供的商品的质量及价格必须符合高品质的要求,又要求最低价格,以此来实现其天天低价。

(案例来源:选自《沃尔玛全球采购的案例分析》,中国物流与采购联合会,http://www.chinawuliu.com.cn/cflp/newss/content1/201011/772_34077.html)

任务一 独立需求物流采购需求分析

表2-1所示为某超市3—9月份可乐的需求情况,为了满足顾客对可乐的正常需求,超市需要提前采购一批可乐。请大家讨论,应该如何确定采购需求,才能达到最优效果?

表2-1 某超市3—9月份可乐的需求情况

月份	3	4	5	6	7	8	9
数量/箱	200	236	264	286	340	400	386

【任务】 请你根据以上信息确定10月份该超市对可乐的采购需求量。

很明显,要计算出10月份的可乐需求量,首先要考虑3—9月份的需求与10月份的需求有什么关系,应该选择哪种方法来依据3—9月份的可乐需求数据计算出10月份的可乐需求,这也是本任务需要解决的问题。

一、独立需求与相关需求

进行采购,首先要分析需求者需要什么、需要多少、什么时候需要,明确应当采购什么、采购多少、什么时候采购,以及怎样采购的问题,从而确定一份可靠、科学、合理的采购任务清单,这个环节的工作,就叫做采购需求分析。

需求分析是采购工作的第一步,是制订采购计划的基础和前提。

在某些情况情况下,需求分析是很简单的。例如,在单次、单一品种需求的情况下,需要什么、需要多少、什么时候需要的问题非常明确,不需要进行复杂的需求分析就很清楚。

在较复杂的采购情况下,需求分析就变得十分的必要。例如,一个汽车制造企业,有上万个零部件,有很多的车间、很多的工序,每个车间、每个工序生产这些零部件,都需要不同品种和不同数量的原材料、工具、设备等用品,在各个不同时间需求各个不同的品种。这么多的零部件,什么时候需要什么材料、需要多少,哪些品种要单独采购,哪些品种要联合采购,哪些品种先采购、哪些品种后采购、采购多少,这些问题不进行认真的分析研究,就不可能进行科学的采购工作。

为了更好地分析物料采购需求,通常将采购需求分析的情况分为独立需求和相关需求。

独立需求是指需求变化独立于人们的主观控制能力之外,因而其数量与出现的概率是随机的、不确定的、模糊的。当对某项物料的需求与对其他物料的需求无关时,则称这种需求为独立需求。独立需求物料的需求量是由外部市场决定的,与其他物料不存在直接的对应关系,表现出对这种库存需求的独立性,例如对成品或维修件的需求就是独立需求。

相关需求(也称非独立需求)是指根据物料之间的结构组成关系由独立需求的物料所产生的需求,例如,半成品、零部件、原材料等的需求。相关需求物料的需求量与其他物料有直接的匹配关系,当其他某种物料的需求确定以后,就可以通过一定的数学关系推算得出。

二、独立需求计算的相关方法

常见的进行独立需求的分析方法包括定性预测法和定量预测法。

1. 定性预测法

定性预测是指预测者依靠熟悉业务知识、具有丰富经验和综合分析能力的人员与专家,根据已掌握的历史资料和直观材料,运用个人的经验和分析判断能力,对事物的未来发展做出性质和程度上的判断,然后,再通过一定形式综合各方面的意见,作为预测未来的主要依据。

采购预测中常见的定性预测法主要有以下几种。

1) 用料部门(需求人员)调查法

用料部门调查法就是对需要用料的部门或者个人挨个进行调查,让用料部门或个人写出需要的采购量(可以通过让用料部门事先填写请购单的方式进行),然后进行汇总,进而确定总的采购量的方法。

使用该调查方法时,需要注意以下几个事项。

(1) 需求者的回答意愿,即需求者是否愿意明确表达出其对产品的需求情况。

(2) 消费者的回答能力,即需求者能否准确说出其对产品的需求情况。

(3) 虽然需求者调查法能够比较准确地获得实际的需求数量,但是需求者调查法要对每个需求的需求情况进行调查,如果需求人员较多的话,成本比较高,因此要注意调查的成本与收益的比较。

需求者意向调查法适用对象是耐用消费品及工业用品,其适用范围具体如下。

(1) 购买者的购买意向明确清晰。

(2) 这种意向会转化为顾客购买行为。

(3) 购买者愿意把其意向告诉调查者。

(4) 购买者愿意吐露他们的意向。

(5) 购买者有能力实行他们原来的意向。

采用这种预测法,一般准确率较高,但不太适合长期预测。因为时间长,市场变化因素大。所以,预测结果可用其他方法预测对比进行修正,使预测结果更为准确。

2) 经验判断法

经验判断法是一种定性分析和定量分析相结合的预测方法。它是根据企业各层次有关人员的经验来判断而确定需求预测数的一种方法。一般在缺乏历史资料的情况下,依靠有关人员的经验和对市场形势发展的直觉判断进行预测。

这种预测方法有以下一些特点。

(1) 比较简单明了,容易进行。

(2) 不同层次、不同人员的综合分析判断,包括多因素、多层次、多方面的人员,分析判断销售数的可靠性较大,风险性较少,因此,实际价值较大。

(3) 不论是大型企业还是中、小企业;是工业品经营还是副食品经营都可以应用。

(4) 对商品销售量、销售额和花色、规格都可以进行预测,能够比较切合实际地反映当地需求,有利于商品适销对路,提高经营管理水平。

在实际应用中,该方法也存在以下一些主要缺点。

(1) 销售人员可能对宏观经济形势及公司的总体规划缺乏了解。

(2) 销售人员受知识、能力或兴趣的影响,其判断总会有某种偏差,有时受情绪的影响,也可能估计过于乐观或过于悲观。

(3) 有些销售人员为了能超额完成下年度的销售配额指标,获得奖励或升迁的机会,可能会故意压低预测数字。

例 2-1 经验判断法的应用实例

表 2-2 是某企业三位销售人员对下个月 A 产品销售情况的预测。

表 2-2 某企业三位销售人员对下个月 A 产品销售情况的预测

销售员(用料员)	预测项目	销售量/件	出现概率	销售量×概率
甲	最高销售量	1 000	0.3	
	最可能销售量	800	0.5	
	最低销售量	500	0.2	
	期望值			
乙	最高销售量	1 000	0.2	
	最可能销售量	700	0.5	
	最低销售量	400	0.3	
	期望值			
丙	最高销售量	900	0.2	
	最可能销售量	600	0.6	
	最低销售量	400	0.2	
	期望值			

根据三位销售人员的预测，我们可以通过计算得到表 2-3 所示的结果。

表 2-3 销售人员预测计算表

推销员	预测项目	销售量/件	出现概率	销售量×概率
甲	最高销售量	1 000	0.3	300
	最可能销售量	800	0.5	400
	最低销售量	500	0.2	100
	期望值			800
乙	最高销售量	1 000	0.2	200
	最可能销售量	700	0.5	350
	最低销售量	400	0.3	120
	期望值			670
丙	最高销售量	900	0.2	180
	最可能销售量	600	0.6	360
	最低销售量	400	0.2	80
	期望值			620

如果企业对三位销售人员意见的信赖程度是一样的，那么可以计算得到下个月 A 产品的平预计需求量为

$$\frac{800+670+620}{3}=696.7(\text{单位})$$

3）德尔菲法

德尔菲法是采用背对背的通信方式征询专家小组成员的预测意见，经过几轮征询，使专家小组的预测意见趋于集中，最后做出符合市场未来发挥在那趋势的预测结论。德尔菲法又名专家意见法，是依据系统的程序，采用匿名发表意见的方式，即团队成员之间不得互相讨论，不发生横向联系，只能与调查人员联系，反复填写问卷，收集问卷填写人的共识及搜集各方意见，可用来构造团队沟通流程，应对复杂任务难题的管理技术。他是美国蓝德公司于 1964 年首先用于预测领域的。

德尔菲法是为克服专家会议法的缺点而产生的一种专家预测方法。在预测过程中，专家彼此互不相识、互不往来，克服了在专家会议法中经常发生的专家们不能充分发表意见、权威人物的意见左右其他人的意见等弊病。各位专家能真正充分地发表自己的预测意见。

德尔菲法的具体实施步骤如下。

(1) 组成专家小组。按照课题所需要的知识范围，确定专家。专家人数的多少，可根据预测课题的大小和涉及面的宽窄而定，一般不超过 20 人。

(2) 向所有专家提出所要预测的问题及有关要求，并附上有关这个问题的所有背景材料，同时请专家提出还需要什么材料。然后，由专家做书面答复。

(3) 各个专家根据他们所收到的材料，提出自己的预测意见，并说明自己是怎样利用这些材料并提出预测值的。

(4) 将各位专家第一次判断意见汇总，列成图表，进行对比，再分发给各位专家，让专家比较自己同他人的不同意见，修改自己的意见和判断。也可以把各位专家的意见加以整理，或者请身份更高的其他专家加以评论，然后把这些意见再分送给各位专家，以便他们参考后修改自

己的意见。

(5) 将所有专家的修改意见收集起来，汇总，再次分发给各位专家，以便做第二次修改。逐轮收集意见并为专家反馈信息是德尔菲法的主要环节。收集意见和信息反馈一般要经过三四轮。在向专家进行反馈的时候，只给出各种意见，但并不说明发表各种意见的专家的具体姓名。这一过程重复进行，直到每一个专家不再改变自己的意见为止。

(6) 对专家的意见进行综合处理。德尔菲法同常见的召集专家开会、通过集体讨论、得出一致预测意见的专家会议法既有联系又有区别。

德尔菲法能发挥专家会议法的优点：①能充分发挥各位专家的作用，集思广益，准确性高；②能把各位专家意见的分歧点表达出来，取各家之长，避各家之短。

同时，德尔菲法又能避免专家会议法的缺点：①权威人士的意见影响他人的意见；②有些专家碍于情面，不愿意发表与其他人不同的意见；③出于自尊心而不愿意修改自己原来不全面的意见。德尔菲法的主要缺点是过程比较复杂，花费时间较长。

在使用德尔菲法时需要注意以下两点。

(1) 并不是所有被预测的事件都要经过多轮修正。可能有的事件在第二步就达到统一，而不必再进行下一步的修正。

(2) 在第四步结束后，专家对各事件的预测也不一定都达到统一。不统一也可以用中位数和上下四分点来作结论。事实上，总会有许多事件的预测结果都是不统一的。

德尔菲法的主要特点如下。

(1) 匿名。以匿名的方式，逐轮征求一组专家各自的预测意见，最后由主持者进行综合分析，确定市场预测值的方法。

(2) 反馈性。多次逐轮征求意见，每一次征询之后，预测主持者都要将该轮情况进行汇总、整理，作为反馈材料发给每一位专家。

(3) 量化性。对最后一轮专家意见运用适当的数学方法进行数量化处理。一般采用平均数、中位数、极差。

选择合适的专家是做好德尔菲预测的关键环节。

例 2-2 德尔菲法的应用举例

某企业对某种产品某年的需求趋势难以确定，因而聘请 12 位专家采用德尔菲法进行预测。具体预测情况见表 2-4。

表 2-4 某企业 12 位专家采用德尔菲法第一次预测的数据

	1	2	3	4	5	6	7	8	9	10	11	12
1	50	60	55	12	55	25	22	30	30	32	22	32
2	50	50	50	33	45	35	30	34	34	35	28	35
3	50	50	50	42	50	35	34	35	34	37	36	37

德尔菲法的应用过程如下。

(1) 第一轮的中位数和极差数。

首先，排列第一轮专家意见的数列为 12、22、22、25、30、30、32、32、50、55、55、60。

其次，计算中位数位置。

$$中位数位置=\frac{n+1}{2}=\frac{12+1}{2}=6.5$$

即中位数为 30 和 32 的平均数——31。

最后，计算极差数：60－12＝48。

第一轮将专家的意见收集统计后发现专家们的意见差异很大，难以得到有效的使用结果，因此需要将归纳整理后的数据返给各位专家，然后要求专家们参考他人的意见对自己的预测重新考虑，得到新的预测结果。

(2) 第二轮的中位数和极差数。

首先，排列第二轮专家意见的数列为 28、30、33、34、34、35、35、35、45、50、50、50。

其次，计算中位数位置。

$$中位数位置=\frac{n+1}{2}=\frac{12+1}{2}=6.5$$

即中位数为 35 和 35 的平均数——35。

最后，计算极差数：50－28＝22。

专家们完成第一次预测并得到第一次预测的汇总结果以后，大部分专家在第二次预测中都做了不同程度的修正，因此需要将归纳整理后的数据返给各位专家，得到第三轮的统计结果。

(3) 第三轮的中位数和极差数。

首先，排列第三轮专家意见的数列为 34、34、35、35、36、37、37、42、50、50、50、50。

其次，计算中位数位置。

$$中位数位置=\frac{n+1}{2}=\frac{12+1}{2}=6.5$$

即中位数为 37 和 37 的平均数——37。

最后，计算极差数：50－34＝16。

通过专家三轮预测及对专家意见归纳整理后，得到表 2-5。

表 2-5　某企业 12 位专家采用德尔菲法的统计数据

	1	2	3	4	5	6	7	8	9	10	11	12	中位数	极差数
1	50	60	55	12	55	25	22	30	30	32	22	32	31	48
2	50	50	50	33	45	35	30	34	34	35	28	35	35	22
3	50	50	50	42	50	35	34	35	34	37	36	37	37	16

专家在进行第三轮预测后大部分专家的预测意见均没有修改，说明专家的预测基本稳定，根据统计得到的中位数和极差数，经过三轮预测，专家的意见趋于一致。因此可以根据专家的意见得到对未来需求的预测值。

2. 定量预测法

定量预测是使用一历史数据或因素变量来预测需求的数学模型。定量预测法是根据已掌握的比较完备的历史统计数据，运用一定的数学方法进行科学的加工整理，借以揭示有关变量之间的规律性联系，用于预测和推测未来发展变化情况的一类预测方法。定量预测法也称为统计预测法，其主要特点是利用统计资料和数学模型来进行预测。然而，这并不意味着定量方法完全排除主观因素，相反主观判断在定量方法中仍起着重要的作用，只不过与定性方法相比，各种主观因素所起的作用小一些罢了。定量预测法可以分为两种：一类是时间序列法；另一类是因果关系法。这里主要介绍时间序列法。

时间序列法主要包括简单移动平均法、移动加权平均预测法、指数平滑预测法。

移动平均法是用一组最近的实际数据值来预测未来一期或几期内公司产品的采购量、公司产能等的一种常用方法，移动平均法适用于即期预测。当产品需求既不快速增长也不快速下降，且不存在季节性因素时，移动平均法能有效地消除预测中的随机波动，是非常有用的。

1）简单移动平均法

简单移动平均法是指对由移动期数的连续移动所形成的各组数据，使用算术平均法计算各组数据的移动平均值，并将其作为下一期预测值。简单移动平均法的各元素的权重都相等。简单移动平均法的计算公式如下：

$$\text{移动平均数} = \frac{\sum \text{前 } n \text{ 期需求总和}}{n}$$

例 2-3　简单移动平均法应用实例

表 2-6 所示为某公司 1—12 月的需求数据，假设步长为 3，如果已知前三个月的需求数据，即可以采用简单移动平均法求出下一个月的预计需求量。

表 2-6　某企业 1—12 月的需求数据采用移动平均法预测的结果

月　份	实际需求量	合　计	均　量	下月预测量
1	10			
2	12			
3	13	35	11.7	
4	16	41	13.7	11.7
5	19	48	16.0	13.7
6	23	58	19.3	16.0
7	36	68	22.7	19.3
8	30	79	26.3	22.7
9	28	84	28.0	26.3
10	18	76	25.3	28.0
11	16	62	20.7	25.3
12	14	48	16.0	20.7

2）移动加权平均预测法

移动加权平均预测法是时间序列预测法的一种。它是利用与预测关系密切的近期资料的加权平均进行预测的方法。移动加权平均法计算简便，实用性强，缺点是没有考虑相关因素对预测值的影响。移动加权平均给固定跨越期限内的每个变量值以相等的权重。其原理是：历史各期产品需求的数据信息对预测未来期内的需求量的作用是不一样的。除了以 n 为周期的周期性变化外，远离目标期的变量值的影响力相对较低，故应给予较低的权重。

移动加权平均预测法的计算公式如下：

$$移动平均数 = \frac{\sum(第\ n\ 期权数) \times (第\ n\ 期需求)}{\sum 权数}$$

在运用移动加权平均预测法时，权重的选择是一个应该注意的问题。经验法和试算法是选择权重的最简单的方法。一般而言，最近期的数据最能预示未来的情况，因而权重应大些。例如，根据前一个月的利润和生产能力的数据比起根据前几个月的数据能更好地估测下个月的利润和生产能力。但是，如果数据是季节性的，则权重也应是季节性的。

例 2-4 移动加权平均预测法应用实例

某企业 A 材料 3—8 月各月份实际需求量分别为 1 200 吨、1 000 吨、1 100 吨、1 300 吨、1 200吨、1 080 吨，权重分别为 1、2、3、4、5、6，请用移动加权平均法分析 9 月份 A 材料的需求量。

$$\bar{x} = \frac{\sum x_i w}{w} = \frac{1200 \times 1 + \cdots + 1080 \times 6}{21}\ 吨 \approx 1151\ 吨$$

3）指数平滑预测法

指数平滑预测法指以某种指标的本期实际数和本期预测数为基础，引入一个简化的加权因子，即平滑系数，以求得平均数的一种预测方法。它是移动加权平均预测法的一种变化。平滑系数必须大于 0 且小于 1，如 0.1、0.4、0.6 等。它借助于所求得的上一期的实际值和上一期的预测值的加权和，并通过依次向前递推，进而考虑了所有期的历史数据。

计算公式如下：

$$F_t + 1 = aA_t + (1 - a)F_t$$

式中，F_t+1 为 $t+1$ 期（下期）的指数平滑预测值；F_t 为 t 期（当前期）的指数平滑预测值；A_t 为 t 期（当前期）的实际值；a 为平滑系数（$0 \leqslant a \leqslant 1$），其实际意义为当前期实际值的权重。

一般来说，下期预测数常介于本期实际数与本期预测数之间。平滑系数的大小，可根据过去的预测数与实际数比较而定。差额大，则平滑系数应取大一些；反之，则取小一些。平滑系数愈大，则近期倾向性变动影响愈大；反之，则近期的倾向性变动影响愈小，愈平滑。这种预测法简便易行，只要具备本期实际数、本期预测数和平滑系数三项资料，就可预测下期数。

一般情况下，实际需求稳定，可选用较小的平滑系数来减弱短期变化或随机变化的影响；实际需求波动较大，应选择较大的平滑系数以便跟踪这一变化。

平滑系数大小对预测值与实际值之间差异的响应速度如图 2-1 所示。

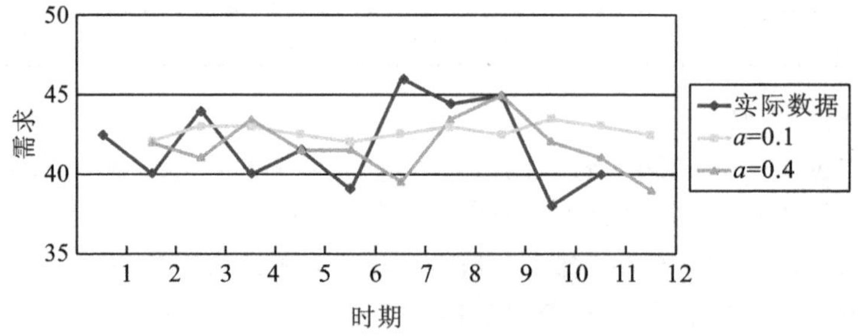

图 2-1 平滑系数大小对预测值与实际值之间差异的响应速度

例 2-5 指数平滑预测法应用实例

在 1 月份，某汽车销售公司预计 2 月份桑塔纳汽车需求量为 142 辆，实际需求量为 153 辆，请用指数平滑法来预测 3 月份的需求量。$a=0.20$。

$$F_t + 1 = aA_t + (1-a)F_t$$

$$3\text{ 月份需求量}=0.20\times153+(1-0.20)\times142\text{ 辆}=144.2\text{ 辆}$$

即 3 月份对桑塔纳汽车的需求量为 145 辆。

3. 回归模型预测法

回归模型预测法是一种数理统计方法。它是根据实际资料的发展趋势，从事物变化的因果关系中进行预测的方法。客观事物或经济活动中有许多因素常常存在一定的关系。具有相关关系的各个变量间没有确定的函数关系，不能由一个(或几个)变量数值精确地求出另一个变量的数值，但通过大量的数据分析可以发现其变化的规律性，找出其变量间比较确定的关系，这种关系称作回归关系。回归分析根据其预测对象和影响因素之间的关系可分为线性回归和非线性回归。线性回归根据其自变量多少又可划分为一元线性回归、二元线性回归和多元线性回归。

在一元回归分析预测法中，自变量只有一个，而在多元回归分析预测法中，自变量有两个以上。依据自变量和因变量之间的相关关系不同，可分为线性回归预测法和非线性回归预测法。本书主要介绍一元线性回归法。

1) 回归分析预测法的步骤

(1) 根据预测目标，确定自变量和因变量。明确预测的具体目标，也就确定了因变量。如预测具体目标是下一年度的销售量，那么销售量 Y 就是因变量。通过市场调查和查阅资料，寻找与预测目标的相关影响因素，即自变量，并从中选出主要的影响因素。

(2) 建立回归预测模型。依据自变量和因变量的历史统计资料进行计算，在此基础上建立回归分析方程，即回归分析预测模型。

(3) 进行相关分析。回归分析是对具有因果关系的影响因素(自变量)和预测对象(因变量)所进行的数理统计分析处理。只有当变量与因变量确实存在某种关系时，建立的回归方程才有意义。因此，作为自变量的因素与作为因变量的预测对象是否有关，相关程度如何，以及判断这种相关程度的把握性有多大，就成为进行回归分析必须要解决的问题。进行相关分析，一般要求出相关系数，以相关系数的大小来判断自变量和因变量的相关程度。

(4) 检验回归预测模型，计算预测误差。回归预测模型是否可用于实际预测，取决于对回归预测模型的检验和对预测误差的计算。回归方程只有通过各种检验，且预测误差较小，才能将回归方程作为预测模型进行预测。

(5) 计算并确定预测值。利用回归预测模型计算预测值，并对预测值进行综合分析，确定最后的预测值。

2) 一元线性回归模型

计算公式如下：

$$y = a + bx$$

式中：y——预测变量，即因变量；

x——独立变量，即自变量；

b——直线斜率；

a——直线截距($x=0$ 时 y 的值)。

根据历史数据及一元线性回归模型，得

$$a=\frac{\sum y-b\sum x}{n},\quad b=\frac{n(\sum xy)-(\sum x)(\sum y)}{n(\sum x^2)-(\sum x)^2}$$

其中，n 为历史数据的个数。

相关系数的平方 r^2 说明了一个回归直线在多大程度上与已知数据相吻合。r^2 的取值在 0～1 之间。r^2 越接近 1，吻合程度越高。$r^2 \geqslant 0.80$，预测结果较可信；$r^2 \leqslant 0.25$，预测结果不可信；$0.25 < r^2 < 0.80$，预测结果可信度一般。

3）应用回归预测法时应注意的问题

应用回归预测法时应首先确定变量之间是否存在相关关系。如果变量之间不存在相关关系，对这些变量应用回归预测法就会得出错误的结果。

正确应用回归预测法时应注意以下几点。

(1) 用定性分析判断现象之间的依存关系。

(2) 避免回归预测的任意外推。

(3) 应用合适的数据资料。

例 2-6 应用实例

表 2-7 所示为某商品广告支出与当月产品需求量的回归预测分析表，请计算 6 月份的需求预测情况。

表 2-7 某商品广告支出与当月产品需求量的回归预测分析表

月份	需求量 y/万个	广告支出 x/万元	$x\times y$	x^2	y^2
1	264	2.5	660.0	6.25	69 696
2	116	1.3	150.8	1.69	13 456
3	165	1.4	231.0	1.96	27 225
4	101	1.0	101.0	1.00	10 201
5	209	2.0	418.0	4.00	43 681
Total	855	8.2	1560.8	14.90	164 259

根据公式可以计算得到：

$$a=-8.14,\quad b=109.23,\quad y=-8.14+109.23x,\quad r=0.98,\quad r^2=0.96$$

已知 6 月份广告支出 $x=1.75$，则 6 月份销售量预测为 $y=183$。

课后实训

(1) 某企业 A 材料的 4—8 月份的需求量分别为 500 吨、530 吨、570 吨、540 吨、550 吨，请根据资料利用回归分析法预测 2009 年 9 月份的 A 材料的需求量。

(2) 若已知食堂超市 3—9 月份可乐的销售量，见表 2-8，请选择一种最合适的方法对 10 月份食堂超市可乐的需求量进行预测。

表 2-8 食堂超市 3—9 月份可乐的销售情况表

月份	3	4	5	6	7	8	9
数量/箱	200	236	264	286	340	0	386

任务二　相关需求物料采购需求分析

生产木制百叶窗和书架的某厂商收到两份百叶窗订单：一份要 400 个百叶窗；另一份要 150 个百叶窗。在当前时间进度安排中，400 单位的订单应于第四周开始时运送，150 单位的订单则于第八周开始时运送。每个百叶窗包括 4 个木制板条部分和 2 个框架。木制部分是工厂自制的，制作过程耗时 1 周。框架需要订购，生产提前期是 2 周。组装百叶窗需要 1 周。第 1 周(即初始时)的已在途的订货数量是 70 个木制部分。为使送货满足如上条件，需要计划发出订单的订货规模与订货时间。

【任务 1】　配套批量订货(即订货批量等于净需求量)，请计算计划发出订单的订货规模与订货时间。

【任务 2】　订货批量为 320 单位框架与 70 单位木制部分的进货批量订货，请计算计划发出订单的订货规模与订货时间。

任务分析

要准确计算出订单的发出时间和发出规模，首先要了解物料之间的需要情况。任务中的物料需求是物料之间相关的需求，物料相关需求的计算方法主要是采用的物料需求计划来计算的。因此要完成本任务首先必须了解物料需求计划的基本原理，了解什么是物料清单、什么是主生产计划，掌握如何根据物料清单和主生产计划来进行物料需求的推导和应用。

知识链接

一、物料相关需求

物料相关需求是指根据物料之间的结构组成关系由独立需求的物料所产生的需求，例如，半成品、零部件、原材料等的需求。物料的相关需求计算主要使用物料需求计划还来完成。

二、物料需求计划

1. 物料需求计划基本概念

物料需求计划(material equipment planning，MRP)是被设计并用于制造业库存管理信息处理的系统，它解决了如何实现制造业库存管理目标——在正确的时间按正确的数量得到所需的物料这一难题。MRP 是当今众所周知的 ERP 的雏形，MRP 与 ERP 的库存管理思想又源于求解制造业基本方程。

物料需求计划是以物料计划人员或存货管理人员为核心的物料需求计划体系，它的涵盖范围仅仅为物料管理这一块。它是一个基于计算机的信息系统，为非独立需求存货(细项需求来自特定产品制造计划，如原材料、组件、部件)的订货与时间进度安排而设计。它既是一种存货控制方法，也是一种时间进度安排方法。

MRP 主要回答物料需求中的三个问题：需要什么？什么时候需要？需要多少？因此，MRP 的基本任务如下。

(1) 从最终产品的生产计划（独立需求）导出相关物料（原材料、零部件等）的需求量和需求时间（相关需求）。

(2) 根据物料的需求时间和生产（订货）周期来确定其开始生产（订货）的时间。

2. 物料需求计划的基本原理

MRP 的基本内容是编制零件的生产计划和采购计划。然而，要正确编制零件计划，首先必须落实产品的生产进度计划，用 MRPⅡ 的术语就是主生产计划（master production schedule，MPS），这是 MRP 展开的依据。MRP 还需要知道产品的零件结构，即物料清单（bill of material，BOM），才能把主生产计划展开成零件计划；同时，必须知道库存数量才能准确计算出零件的采购数量。因此，基本 MRP 的依据有以下三方面：①主生产计划（MPS）；②物料清单（BOM）；③库存信息，图 2-2 所示为 MRP 的基本模型。

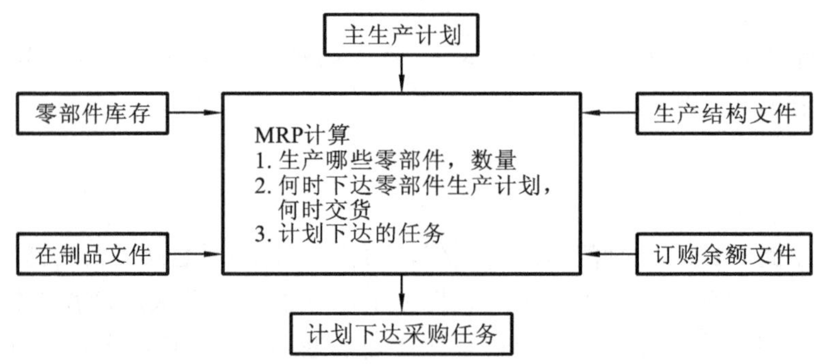

图 2-2　MRP 的基本模型

MRP 方法先用总进度计划列明最终产品的需求量，再用组件、部件、原材料的物料清单抵消生产提前期，确定各时期需求。在此，我们经过剖析物料清单得出的数量是总需求，它尚未考虑持有库存量与在途订货量等因素。而厂商根据总进度计划生成的，必须予以实际满足的需求叫做净需求。决定净需求是 MRP 的核心。总需求减去存货持有量，再加上安全存货，就可得

$$t\ 期间净需求 = t\ 期间总需求 - t\ 期间计划存货 + 安全存货$$

MRP 简单处理过程：先通过产品结构文件将主生产计划中对产品的需求进行分解，生产对部件、零件及材料的主需求量计划，进而利用主需求量、库存情况、计划期内各零部件的构成，以及在制品情况进行计算，以确定在产品结构各层次上零部件的净需求量，最终确定零部件的订购计划。

3. MRP 的基本构成

MRP 系统的运作主要依赖于三种信息：主生产计划、产品结构与物料清单、库存信息。通过这三种信息根据产品的生产量，自动计算出构成这些产品的零部件与材料的需求情况，并能根据产品的生产进度日程和材料及外购件的采购日程，当计划执行情况发生变化的时候，能够根据新情况区分出轻重缓急，调整生产优先次序，重新编制出符合新情况的采购作业计划。

1) 主生产计划

主生产计划是确定每一具体的最终产品在每一具体时间段内生产数量的计划。这里的最

终产品是指对于企业来说最终完成、要出厂的完成品，它要具体到产品的品种、型号。这里的具体时间段，通常以周为单位，在有些情况下，也可以是日、旬、月。主生产计划详细规定生产什么、什么时段应该生产什么，它是独立需求计划。主生产计划根据客户合同和市场预测，把经营计划或生产大纲中的产品系列具体化，使之成为展开物料需求计划的主要依据，起到了从综合计划向具体计划过渡的承上启下作用。

2）产品结构与物料清单

MRP 系统要正确计算出物料需求的时间和数量，特别是相关需求物料的数量和时间，首先要使系统能够知道企业所制造的产品结构和所有要使用到的物料。产品结构列出构成成品或装配件的所有部件、组件、零件等的组成、装配关系和数量要求。它是 MRP 产品拆零的基础。举例来说，图 2-3 所示为一个大大简化了的自行车的产品结构图，它大体反映了自行车的构成情况。

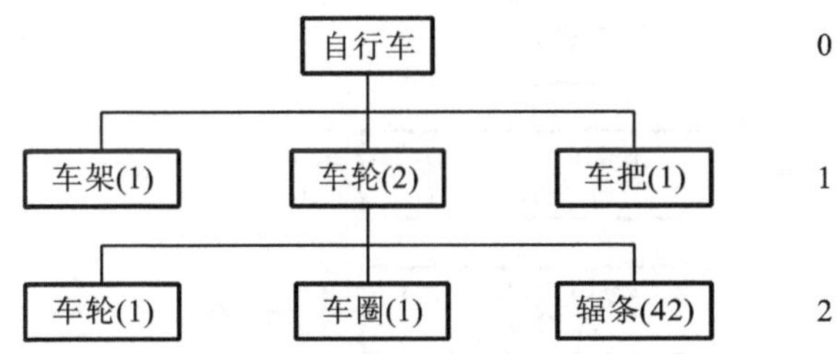

图 2-3 自行车的产品结构图

当然，这并不是我们最终所要的物料清单。为了便于计算机识别，必须把产品结构图转换成规范的数据格式，这种用规范的数据格式来描述产品结构的文件就是物料清单。它必须说明组件（部件）中各种物料需求的数量和相互之间的组成结构关系。表 2-9 所示为一张与自行车产品结构相对应的物料清单。

表 2-9 自行车产品的物料清单

层次	物料号	物料名称	单位	数量	类型	成品率	ABC 码	生效日期	失效日期	提前期
0	GB950	自行车	辆	1	M	1.0	A	950101	971231	2
1	GB120	车架	件	1	M	1.0	A	950101	971231	3
1	GL120	车轮	个	2	M	1.0	A	000000	999999	2
2	LG300	轮圈	件	1	B	1.0	A	950101	971231	5
2	GB890	轮胎	套	1	B	1.0	B	000000	999999	7
2	GBA30	辐条	根	42	B	0.9	B	950101	971231	4
1	113000	车把	套	2	B	1.0	A	000000	999999	4

注：类型中“M”为自制件，“B”为外购件。

3）库存信息

库存信息是保存企业所有产品、零部件、在制品、原材料等存在状态的数据库。在 MRP 系统中，将产品、零部件、在制品、原材料甚至工装工具等统称为“物料”或“项目”。为便于计算机识别，必须对物料进行编码。物料编码是 MRP 系统识别物料的唯一标志。

（1）当前库存量。企业仓库中实际存放的可用库存量。

（2）计划入库量。计划入库量是根据正在执行中的采购订单或生产订单，在未来某个时间周期内项目的入库量。在这些项目入库的那个周期内，将其视为库存可用量。

（3）提前期。提前期是指执行某项任务由开始到完成所消耗的时间周期。对于采购部件来说，是从向供应商提出对某个项目的订货，到进货入库所消耗的时间；对于制造或装配件来说，则是从工作单到制造或装配完毕所消耗的时间。

（4）订购批量。订购批量是指在某个时间周期向供应商订购（或要求生产部门生产）某项目的数量。

（5）安全库存量。安全库存量是为了预防需求或供应方面不可预测的波动，在仓库中经常应保持的最低库存数量。

4. 物流需求计划的工作逻辑

MRP 的运算逻辑图如图 2-4 所示。

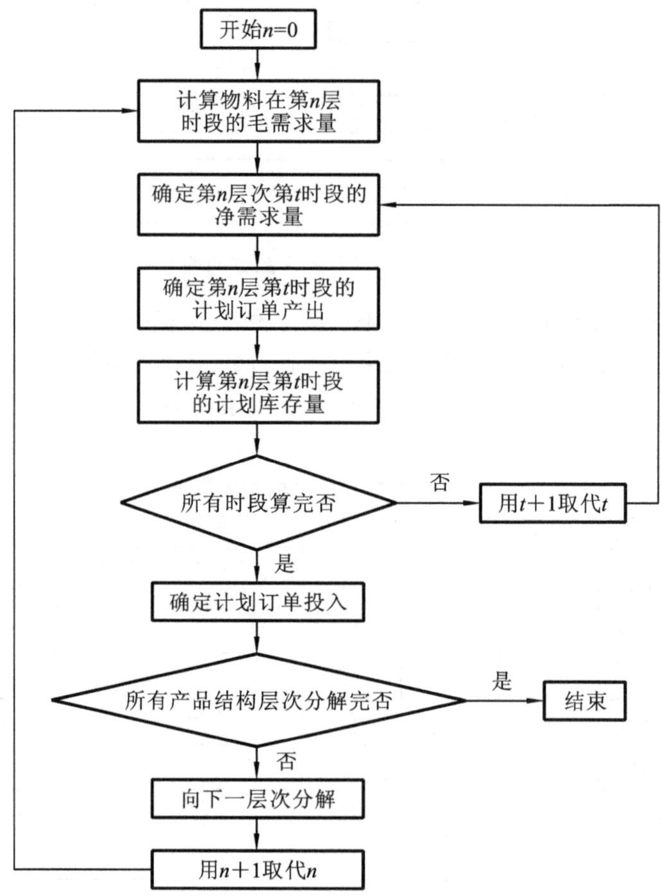

图 2-4　MRP 的运算逻辑图

MRP 的计算是根据工艺路线的原理，按照主生产计划规定的产品数量及期限要求，利用产品结构、零部件和在制品库存情况、各生产阶段（或订购）的提前期、安全库存等信息反工艺顺序地推算出各个零部件的数量与到货期限。它采用计算机辅助计算，具有以下三个主要特点。

（1）根据产品计划，可以自动连锁地推算出制造这些产品所需的各部件、零件的生产任务。

(2) 可以进行动态模拟。不仅可以计算出零部件的需求数量，而且可以同时计算出其生产期限要求；不仅可以算出下一周期的计划要求，而且可以推算出今后多个周期的要求。

(3) 运算速度快，便于计划的调整和修正。

下面结合实例来说明 MRP 的运作逻辑中的各计算步骤。

(1) 结合时间周期算出所有 n 层项目(产品、零部件、配套毛坯)的毛需求量。计算由 0 层开始算起。0 层的毛需求量由主生产计划确定，其余各层次的毛需求量由其上层(父项)的计划订单下达(若采购则计划订单发出，下同)。

例 2-7 假设在第 8 周要生产 100 件 M 产品，M 产品是由 B、C、D、E 四个零部件组成的，图 2-5 所示为 M 产品结构图。

在图 2-5 中，LT 为零部件提前期，设当前库存和计划入库量均为 0，试确定每个部件的毛需求量、计划订单和下达时间。

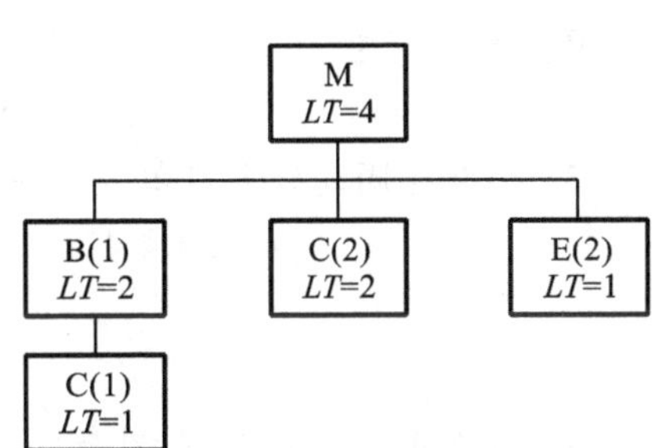

图 2-5 实例产品 M 结构图

各零部件的毛需求量可根据产品结构算出。

B 的毛需求量：1×产品 M 的需求量＝1×100 件＝100 件

C 的毛需求量：2×产品 M 的需求量＋1×部件 B 的毛需求量＝(2×100＋1×100)件＝300 件

E 的毛需求量：2×产品 M 的毛需求量＝2×100 件＝200 件

利用 MRP 举证计算过程见表 2-10。

表 2-10 第 8 周产出 100 件 M 产品的矩阵图

提前时间/周			1	2	3	4	5	6	7	8
4		毛需求量								100
		计划订单下达								
提前时间/周			1	2	3	4	5	6	7	8
2	B	毛需求量				0				
		计划订单下达		100						
提前时间/周			1	2	3	4	5	6	7	8
1	C	毛需求量		100		200				
		计划订单下达	100		200					
提前时间/周			1	2	3	4	5	6	7	8
2	E	毛需求量				200				
		计划订单下达		200						

(2) 确定 N 层次 t 周期的需求量 $N(t)$。

t 周期的净需求量＝t 周期毛需求量－t 周期计划入库量＋$(t-1)$周期计划库存量

即 $$N(t)=G(t)-S(t)-H(t-1)$$

若 $N(t)\leqslant 0$，取 $N(t)=0$。

式中，计划入库一项为已经订购(包括生产订货与采购)在周期入库的数量。计划库存数由库存数减去库存量及安全库存求得。

(3) 根据净需求量确定 N 层次 t 周期计划订单入库 $P(t)$。$P(t)$是目前尚未下达而计划将要下达的订单，等于同一时间周期的净需求量。计划订单入库量常用批量值 Q 来做修正。在本例中采用 $N(t)\geqslant Q$ 时，$P(t)=N(t)$；当 $0<N(t)<Q$ 时，$P(t)=Q$；$N(t)=0$ 时，$P(t)=0$。

(4) 计算所有 N 层零部件在 t 周期的计划库存量。计划库存量为计划周期的机会可用库存。

t 周期的计划需求量$=t$ 周期计划入库量$-t$ 周期计划订单入库量$+(t-1)$周期计划库存量$-t$ 周期毛需求量

用字母表示为

$$H(t)=S(t)+P(t)+H(t-1)-G(t)$$

(5) 根据在周期计划订单入库，确定$(t-L)$周期计划订单下达。

$(t-L)$周期计划订单下达量$=t$ 周期计划订单入库量

即

$$R(t-L)=P(t)$$

式中，L 为提前期。

一个在企业生产的布局，在 t 周期的计划下达订单，也就是在 t 周期开始组装，它的下层零部件必须在该周期提供。因此由上层部件的机会订单下达，可确定同一周期下一层零部件的毛需求量，由下层零部件毛需求量开始重复(1)～(5)步骤，直至最低层零件。

三、MRP 的应用实例

利用以下信息，给出一个完整的 MRP 物料计划。生产木制百叶窗和书架的某厂商收到两份百叶窗订单：一份要 100 个；另一份要 150 个百叶窗。在当前时间进度安排中，400 单位的订单应于第四周开始时运送，150 单位的订单则于第八周开始时运送。每个百叶窗包括 4 个木制板条部分和 2 个框架。木制部分是工厂自制的，制作过程耗时 1 周。框架需要订购，生产提前期是 2 周。组装百叶窗需要 1 周。木制部分现有 70 单位的库存。为使送货满足如下条件，请用 MRP 计算要完成该批订单的物料需求情况。

百叶窗的主生产计划、物流清单、产品结构图分别如表 2-11、表 2-12、图 2-6 所示。

表 2-11　百叶窗主生产计划

周数	1	2	3	4	5	6	7	8
生产数量				400				150

表 2-12　百叶窗物料清单(BOM)

层次	物料名称	数量	类型
0	百叶窗	1	M
1	框架	2	B
2	木制部分	4	M

产品和部件的库存信息及提前期如表 2-13 所示。

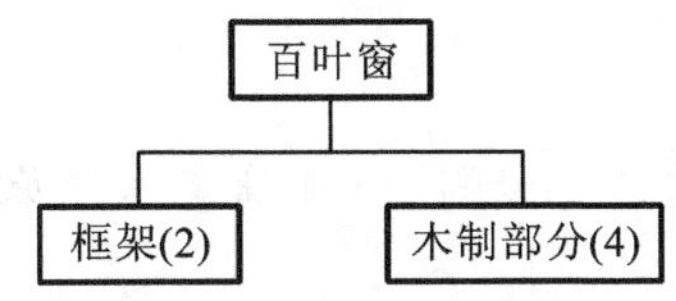

图 2-6　百叶窗产品结构图

表 2-13　各物料的提前期、现有库存和安全库存

物料名称	提前期	现有库存	安全库存	废品率
百叶窗	1	0	0	0
框架	2	0	0	0
木质部分	1	70	0	0

根据 MRP 原理计算完成该批订单的物料需求情况过程如表 2-14 所示。

表 2-14　百叶窗、框架和木制部分的需求计划

周数		1	2	3	4	5	6	7	8
生产数量					400				150
百叶窗 提前期 =1周	毛需求量				100				150
	现有库存				0				0
	净需求量				100				150
	计划生产量				100				150
	生产计划下达			100				150	
		×2				×2			
框架 提前期 =1周	毛需求量			200				300	
	现有库存			0				0	
	净需求量			200				300	
	计划生产量			200				300	
	生产计划下达	200				300			
		×4				×4			
木制部分 提前期 =1周	毛需求量			400				600	
	现有库存			70				0	
	净需求量			330				600	
	计划生产量			330				600	
	生产计划下达		330				600		

要注意的是，在物料需求计划制订出来之后就会参考能力需求计划来决定是否可行，如果可行那么就生成真正的执行物料计划，如果不可行那就要重新制订该计划。

课后实训

（1）以下是原材料××采购的部分资料，请你确定××原材料的采购需求，即下单时间和数量，并填写完整表 2-15。

物料号：10000　　　　现有库存量：8

物料名称：××　　　　安全库存量：5

提前期：1 周　　　　批量：10

表 2-15　××原材料的采购需求

时段（周）	当期	6/10	6/17	6/24	7/01	7/08	7/15
毛需求量		12	8		5	7	6
计划接收量		10					
预计库存量	8						
净需求量							
计划订购量							
计划下单量							

注：①在计算预计库存量时，假定计划产出量已确认为计划接收量；

②净需求量考虑了补充安全库存量；

③表格中为 0 的项，直接留空就可以。

（2）某工厂有 A、B、E、F 四种产品。图 2-7 所示为产品结构图，表 2-16 所示为产品市场需求情况，表 2-17 所示为各产品的库存量、生产（订购）批量和周期，请根据下面的相关信息编写物料需求计划。

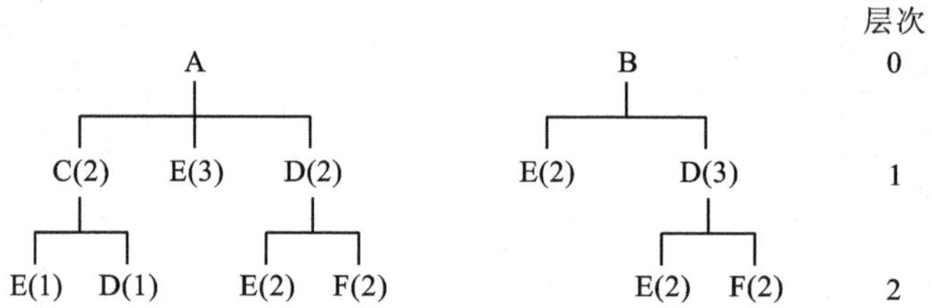

图 2-7　产品结构图

表 2-16　各产品的市场需求量

产品＼时间	1	2	3	4	5	6	7	8	9	10	11	12
A									300	450		500
B									200		300	
E			50	50	50	50	50	50	50	50	50	50
F					200					300		

表 2-17　各产品的库存量、生产(订购)批量和周期

项目＼产品	A	B	C	D	E	F
现有库存量	20	30	15	10	30	50
安全库存量		10			10	20
生产(订购)批量					500	200
预计入库量	90(3)*	30(4)*	95(4)*	195(2)*		200(2)*
生产(订购)周期	2	3	1	2	2	3

* 表示第三周有 90 件入库。

学习情境三

制订采购计划

WULIU
CAIGOU
GUANLISHIWU

(1) 了解影响采购计划的主要因素。

(2) 熟悉采购计划的主要环节、采购计划的编制原则。

(3) 掌握采购计划的编制方法。

能力目标

(1) 能编制企业物料采购计划。

(2) 能编制企业采购预算。

药企如何编制药品采购计划?

编制药品采购计划的依据是本单位的临床用药需求,本单位临床用药目录内的品种均应纳入药品采购计划。药品采购计划还应当具有前瞻性,充分考虑采购周期内可能发生的新的临床用药需求。一般情况下,应将本单位临床用药目录没有包括,但采购周期内可能会用于临床的医疗保险基本用药和新药纳入采购计划。

《采购工作规范》第十一条规定医疗机构在提交采购计划的同时,应提交采购计划内所有药品的相关历史资料。这是招标人应当履行的职责。《采购工作规范》第十二条禁止医疗机构提供虚假的药品采购历史资料。

医疗机构提供的药品采购历史资料,一般应包括该品种上年同期的全部实际采购记录,包括规格、数量、价款等。如果同一通用名称的药品同时采购了多种不同商品名称的品种,则应分别按商品名称提供规格、数量和价款。

经办机构在编制药品需求一览表时,需要把不同商品名称品种的历史采购记录按通用名称汇总后公布(对医疗机构有品牌要求的品种除外)。但在提供参考标的时,仍要按照商品名称进行统计汇总。

真实的药品采购历史资料对集中招标采购活动至关重要,其主要作用如下。

一、投标的重要依据

投标人确定投标报价的主要依据是药品需求一览表中公布的上年度实际采购数量和通用合同条款前附表中的价款结算办法。药品需求一览表中的品种和参考采购数量是经办机构统计汇总各单位提供的历史资料的结果。如果资料不真实,将会导致投标人做出不正确的投标报价。

二、评标的重要依据

评标专家判断投标报价是否合理,必须依据招标人上年同期的实际采购入价。如果医疗机构提供的历史资料完整、准确,经办机构就应当统计每一品种的最低购入价、最高购入价和加权平均购入价,作为参考标的供评标专家在评标和价格谈判时使用。在集中招标采购试点阶段,不少集中招标采购项目的评标结果公布后,医疗机构发现有些药品的成交价明显高于分散采购时的购入价,而评标专家在评标或价格谈判时并未发现这一问题。造成这种不正常现象的主要原因，就是评标专家未能掌握完整、准确的历史资料。

三、保证按时供货的重要依据

如果医疗机构分阶段签订药品购销合同，则药品需求一览表中公布的参考采购量就是中标人备货的参考依据。参考采购量填报的过大或过小，都会给购销双方带来麻烦。

（案例来源：全国药品网 http://www.3156.cn/news/201008/52472.shtml）

任务一 制订采购计划

天津S自行车有限公司（以下简称S公司）是专业从事自行车和电动自行车开发、设计和制造的企业。公司坐落于天津大港经济技术开发区，占地400余亩（1亩≈666.7平方米），建筑面积6万余平方米，拥有世界一流的技术，拥有设备600余台、员工1200余人。面对日益激烈的国际化竞争，S公司坚守"诚实守信，品质第一，客户至尊，服务社会"的企业文化，誓将S公司发展成为行业的领军企业。目前公司产品类别包括轻便车、山地车、跑车、折叠车、运动车等200余种，产品远销日本、韩国、欧洲、美国、中国台湾及东南亚等地。

根据销售部门预测，下一年度第一季度B型山地车的需求情况如表3-1所示，B型山地车产品结构树如图3-1所示，物料清单如表3-2所示，B型山地车和各物料的库存文件信息如表3-3所示。

表3-1 B型山地车销售预测

时段/周	1	2	3	4	5	6	7	8	9	10	11	12
需求量/千辆		10				20	10	30		15		30

表3-2 B型山地车物料清单

层次	物料名称	单位	数量	类型	提前期
0	自行车	辆	1	M	1
1	车架	件	1	M	2
1	车轮	个	2	M	1
2	轮圈	件	1	B	2
2	轮胎	套	1	B	3
2	辐条	根	42	B	1
1	车把	套	1	M	2

表3-3 B型山地车和各物料的期初库存文件信息

物料	自行车	车架	车把	车轮	轮胎	轮圈	辐条
库存	10	5	6	4	3	10	0

【任务】 假设该企业生产力能力足够大，是采取MRP采购，且要求期末产品和物料均无

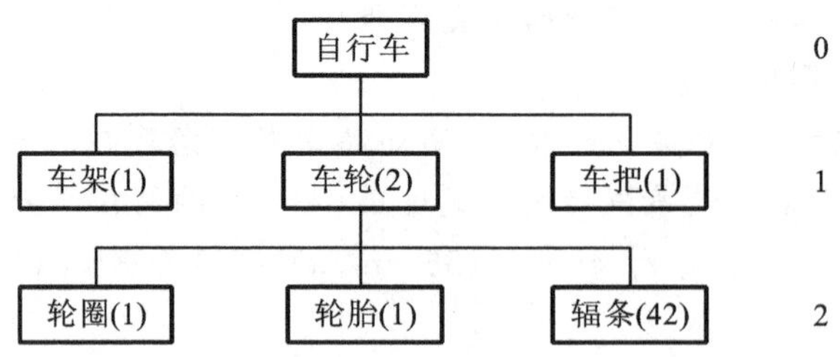

图 3-1　B 型山地车产品结构树

库存。请你根据以上信息制订三种外购物料的物资采购计划。

制订采购计划首先要明确什么是采购计划，采购计划需要解决哪些问题，影响采购计划制订的要素有哪些，然后再根据这些影响因素进行采购计划的制订。制订一份完整的采购计划通常分三步：①采购需求分析，就是要确定外购件的需求时间和需求数量；②编制请购单；③制订采购计划。因此要完成该采购计划，首先要掌握各种采购需求的确定方法，才能最后完成采购计划。

一、采购计划概述

1. 采购计划的概念

采购计划是企业管理人员在了解市场供求情况，认识企业生产经营活动过程和掌握物料消耗规律的基础上对计划期内物料采购管理活动所做的预见性的安排和部署。采购计划主要解决采购中存在的六个问题，即 4W1Q1H：采购什么（what）、采购多少（quantity）、什么时间交货（when）、什么地方交货（where）、向谁采购（who）、怎样运输（how）。

2. 编制采购计划的目的

编制采购计划是确保生产所需资源供应，规避价格风险，降低采购成本的重要环节。一般而言，制造业的生产经营活动包括购入原材料、零部件后，经过加工制造或经过组合装配成为产品，再通过销售过程获取利润。其中如何获取足够数量的原材料、零部件，即是采购计划的重点所在。采购计划应该达到以下目的。

(1) 根据企业生产经营发展状况、销售预测和资源供需变化情况，搞好战略采购，确保资源安全性和稳定性。

(2) 预估材料需用数量与时间，防止供应中断，影响产销活动。

(3) 避免材料积压，过多占用资金。

(4) 配合企业生产计划、物料需求及资金调度。

(5) 搞好采购方式、采购批量、采购周期的决策，达到确保供应、降低采购物流成本的目的。

3. 采购计划的内容

采购计划涉及的事项包括是否采购、怎样采购、采购什么、采购多少及何时采购等问题。合理的采购计划可以使企业的采购管理有条不紊地顺利实现。一项完善的采购计划包括采购工作的相关内容、对采购环境的分析及行动计划等(见表 3-4)。

表 3-4　采购计划的主要内容

部　　分	目　　的
计划概要	对拟议的采购计划给予扼要的综述,便于管理机构快速浏览
目前采购状况	提供有关物料、市场、竞争以及宏观环境的相关背景资料
机会与问题分析	确定主要的机会、威胁、优势、劣势和采购面临的问题
计划目标	确定计划的采购成本、市场份额和利润等应完成的目标
采购战略	提供将用于实现计划目标的主要手段
行动计划	谁去做?什么时候去做?费用多少?
过程控制	确定如何监控采购计划的实施过程

4. 采购计划制订的影响因素

采购计划的制订不是随意的,而是在充分分析企业内外环境的基础上进行的。因此制订采购计划的第一步是确定影响计划和预算编制的主要因素,然后决定计划和预算工作从何处着手。在实际工作中,影响采购计划的主要因素有采购环境、年度销售计划和年度生产计划、用料清单、存量管制卡、物料标准成本的设定、生产效率、采购预算与价格预期、供应商供货能力及质量状况等。

1) 采购环境

采购活动不是发生在真空里,而是发生在一个充满大量不可控因素的环境中。这些因素包括外界的不可控因素,如国内外经济发展状况、法律法规、技术发展、竞争者状况等,以及内部的不可控因素,如财务状况、技术水准、厂房设备、原料零件供应情况、人力资源及企业声誉等。这些因素的变化都会对企业的采购计划产生一定影响。以纺织企业的棉花采购为例,由于受供求关系、国际市场变化及棉花收获的季节性等因素影响,其市场价格往往波动大,这就造成了棉花采购成本的差价大。为了节省成本,棉花的采购除了要按照订单要求满足必要的生产外,还要根据棉花市场的价格波动情况,选择恰当的采购时机进行收购。这就要求采购人员能够意识到环境的变化,并能利用这些变化。

2) 年度销售计划和年度生产计划

一般而言,生产计划根源于销售计划,若销售计划量大于实际销售量,会造成产品积压;反之,若销售计划量小于实际销售量,会造成缺货,丧失创造利润的机会。因此,如果生产计划因销售人员对市场的需求预测不准而频繁变化,将会导致采购计划变动,供应商供货得不到保证,影响生产的正常进行。

3) 用料清单(bill of material,BOM)

BOM 是定义产品结构的技术文件,因此,它又称为产品结构表。在某些工业领域,可能称之为“配方”。在 MRP 或 ERP 系统中,物料一词有着广泛的含义,它是原材料、配套件、协作件、半成品、在制品和易耗品等与生产有关的物资的统称。产品 BOM 一般由产品工艺技术部门确定和修改。

BOM 的具体作用如下:①计算机识别物料的基础依据;②编制计划的依据;③配套和领料的依据;④计算物料消耗的依据;⑤核算成本的依据;⑥采购作业的依据;⑦产品报价的依据。

因此，采购计划的准确性必须依赖于最新、最准确的用料清单。

4）存量管制卡

存量管制卡(见表 3-5)记载是否正确，是影响采购计划准确性的因素之一。这包括实际物料与账目是否一致，以及物料存量是否全为优良品。若存量管制卡上的数量或规格与仓库实际情况不符，如存量管制卡上的数量大于仓库实际数量，就可能导致采购人员误认为库存数量足够而漏下订单。

表 3-5 存量管制卡

<table>
<tr><td>料号</td><td colspan="2"></td><td colspan="2">请购点</td><td colspan="2"></td><td colspan="2">安全库存</td><td colspan="4"></td></tr>
<tr><td>存放</td><td colspan="2"></td><td colspan="2">一次请购量</td><td colspan="2"></td><td colspan="2">采购提前期</td><td colspan="4"></td></tr>
<tr><td rowspan="2">凭证号码</td><td rowspan="2">摘要</td><td colspan="2">入库</td><td colspan="2">出库</td><td rowspan="2">库存</td><td colspan="6">订购量</td></tr>
<tr><td>收</td><td>欠收</td><td>发</td><td>欠发</td><td>订购量</td><td>订购单号</td><td>订购日</td><td>交货日</td><td>交货量</td><td>备注</td></tr>
<tr><td></td><td></td><td></td><td></td><td></td><td></td><td></td><td></td><td></td><td></td><td></td><td></td><td></td></tr>
<tr><td></td><td></td><td></td><td></td><td></td><td></td><td></td><td></td><td></td><td></td><td></td><td></td><td></td></tr>
<tr><td></td><td></td><td></td><td></td><td></td><td></td><td></td><td></td><td></td><td></td><td></td><td></td><td></td></tr>
<tr><td></td><td></td><td></td><td></td><td></td><td></td><td></td><td></td><td></td><td></td><td></td><td></td><td></td></tr>
<tr><td></td><td></td><td></td><td></td><td></td><td></td><td></td><td></td><td></td><td></td><td></td><td></td><td></td></tr>
<tr><td></td><td></td><td></td><td></td><td></td><td></td><td></td><td></td><td></td><td></td><td></td><td></td><td></td></tr>
<tr><td></td><td></td><td></td><td></td><td></td><td></td><td></td><td></td><td></td><td></td><td></td><td></td><td></td></tr>
</table>

5）物料标准成本的设定

在编制采购预算时，由于对计划采购物料的价格预测较难，一般以标准成本代替物料价格。标准成本是指在正常或高效率的运转情况下制造产品的成本，而不是指实际发生的成本。标准成本可用于控制成本。评价管理人员工作的好坏，把实际已经做的和应该做的进行比较，标准成本便为这种对比提供了基础。因此，标准成本与实际购入价格的差额，即是采购预算正确性的评估指标。

6）生产效率

生产效率的高低将使预计的物料需求量与实际的耗用量产生误差。产品的生产效率降低，会导致原物料的单位耗用量提高，而使采购计划中的数量不能满足生产所需。过低的产出率也会导致物料损耗超出正常需用量。因此，当生产效率有降低趋势时，采购计划必须将此额外的耗用率计算进去，才不会发生缺货现象。

由于影响采购计划的因素较多，采购计划拟订之后，必须与产销部门保持经常的联系，并针对现实情况做出必要的调整与修订，才能实现维持正常产销活动的目标。

7）采购预算与价格预期

采购预算是制订采购计划的重要依据，在编制采购预算时，常需对物料价格涨跌幅度、市场供求状况、汇率变动等因素进行预测，以此作为调整预算考虑的因素。

市场价格波动也会影响采购计划的制订。在资源价格下降，供过于求时，为规避价格风险，采购量应适当加以控制；而在价格上涨，资源供不应求时，为防止缺货，一般需要建立一定的战略储备。

总之，影响采购计划的因素很多，采购计划拟订之后，应听取生产计划、物料控制及销售等部门意见，并针对现实的状况做出必要的调整与修订，才能使采购业务与生产活动同步。

8）供应商供货能力及质量状况

在资源紧缺的情况下，供应商因原料价格上涨或产能等因素，直接影响正常供货；同时，因供应商供货质量问题也会影响生产所需物料的供应。因此，在制订采购计划时应充分考虑这些因素，配备后备供应商或调整采购计划。采购计划表如表 3-6 所示。

表 3-6　采购计划表

料号	品名规格	适用产品	上旬		中旬		下旬		库存量	订购量
			工单号	用量	工单号	用量	工单号	用量		

制表：

二、编制请购单

1. 请购单的含义

采购请购是指企业内部向采购部门提出采购申请，或者采购部门汇总企业内部采购需求提出采购清单。

请购单(requisition form 或 buying requisition)指某人或者某部门根据生产需要确定一种或几种物料，并按照规定的格式填写一份要求获得这些物料的单子的整个过程。所填的单据称为请购单。请购常常是源于买方的基层单位，其中也可以包含该物料或设备的到货期限。

请购是采购业务处理的起点，用于描述和生成采购的需求，如采购什么货物、采购多少、何时使用、谁来使用等内容；同时，也可为采购订单提供建议内容，如建议供应商、建议订货日期等。

2. 请购单的形成及编制部门

请购作业可以分为两种情况：一种是有来源单据的，如根据 MRP 计划自动生成请购单，或者根据库存补货点自动生成请购单，又或者根据销售订单生成请购单等，这些单据有个特点，就是都有前置单据；另一种是没有来源单据的，如不包含在物料清单表中的物料请购、超额材料的请购等。

请购单的编制部门一般有生产部门、仓储部门、研发部门、总务部、销售部门等。

3. 请购单的编制流程

请购单的编制主要包括以下六个步骤。

1）划分各部门职责

采购部：主要负责运输用品、办公劳保用品、生产及辅助材料等采购和委外加工业务处理。

采购主管:主要负责采购计划的编制、×万元以下的订单的审核及×万元以上订单的审核,急需物资的跟催。采购员负责订单的计算、下达和物料的跟催。

仓储部收料组:主要负责有行物料的数量验收。

质量管理部:生产及辅助材料质量验收。

工程部:主要负责仪器设备品质验收。

2）编制请购单

由于用途不同,请购单常有数联,并以不同的颜色区分以便于分发传递,一般情况下,请购单分为五联:第一联为准购单,由采购单位留存;第二联为验收单,由会计部门留存;第三联为验收单副联,由计算机中心留存;第四联为采购通知单,由求购单位留存;第五联为验收物料联,由用料单位留存。

3）开立请购单

请购单由物料使用部门开出,源于使用部门的需求。一个企业内部的需求一般来自生产和使用部门,而一些办公设备的需求来自办公室负责人或公司主管,有的来自销售部门、广告部门或实验室。请购人员依照存量管理基准和用料预算,参考库存情况开立请购单,并注明材料名称、规格、数量、需求日期和注意事项。一般一张请购单只填写一项物料的需求情况,这样便于物料管理。对于不同的请购需求,也可开立不同的请购单。

采购商品如果属于同一供应商的统购材料,请购部门应使用请购单附表,以一单多品方式提出请购。

请购紧急用品时,由请购部门于“请购单说明栏”中注明原因,并加盖“紧急采购章”,以急件卷宗递送。

易耗用品由物料管理部门依据耗用和库存情况,填制请购单,按月提出请购。

招待用品和办公用品等可免开请购单,应以“总务用品申请单”委托总务部门办理,可规定其核准权限。

4）审批

请购单填写完毕之后要依据请购物料的规格、数量、金额的不同,按照规定的流程递交不同层次的主管部门,通常是物料管理部门、生产管理部门或专门的项目负责部门等,予以审批。

例如:不同类别(原材料、固定资产、总务性用品)的请购单由不同的主管核准,不同大小的请购金额要由不同的管理层次的主管核准。以原材料为例:请购金额预估在 1 万元以下者,由科长审核;请购金额预估在 1 万元至 10 万元者,由经理审核;请购金额预估在 10 万元以上者,由总经理审核。

5）采购部门汇总

依照请购权限呈核并编号(由各部门依事业部等类别编订)后,呈送采购部门。

采购部门按照请购部门或供应商将请购单进行汇总,并制定详细的购货订单说明书发给供应商,尽快办理询价、议价,并将议价结果记录于请购单,然后将请购单的第二联呈准,必要时先送请购单位签注意见。

6）办理订购

请购单呈核后送回采购单位向供应方办理订购,应与供应方签订买卖合约书一式四份:第一份正本存采购单位;第二份正本存于供应方;第三份副本存请购单位;第四份副本及暂存款申请书第二联送会计整理定金用,如不需支付定金,第四份副本免填。

表 3-7 所示为××公司的临时采购申请单。

表 3-7　临时采购申请单

采购单编号：　　　　　　　申购部门：　　　　　　　接单日期：

	品名	规格	推荐品牌和供应商	数量	单位	估计单价	需用日期
采购项目							

如有问题请与　　　　　　　　　　　　　　　　联系。电话：

业务主管领导签字	财务部经理签字	采购部经理签字
年　月　日	年　月　日	年　月　日

说明：本申请单一式两份，原件送采购部，申请者保留副本。

三、制订采购计划

目前公认的制订采购计划的主要环节有制订采购认证计划和制订采购订单计划两个方面。其中制订采购认证计划包括认证计划、评估认证需求、计算认证容量、制订认证计划四个方面；制订采购订单计划包括准备订单计划、评估订单需求、计算订单容量、制定订单四个方面。

1. 采购认证计划

采购认证是指企业采购人员对采购环境进行考察并建立采购环境的过程。需要与供应商合作开发项目的采购方有必要进行采购认证。

1）准备采购认证计划

准备采购认证计划是采购计划的第一步，也是非常重要的一步。关于准备采购认证计划可以从以下四个方面进行详细的阐述，其采购认证的过程如图 3-2 所示。

(1) 接收开发批量需求。开发批量需求是能够启动整个供应程序流动的牵引项，要想制订比较准确的认证计划，首先要做的就是要非常熟悉开发需求计划。目前开发批量需求通常有两种情形：一种是在以前或是目前的采购环境中就能够挖掘到的物料供应，例如，若是以前所接触的供应商的供应范围比较大，就可以从这些供应商的供应范围中找到企业需要的批量物料需求；另一种情形就是企业需要采购的是新物料，在原来形成的采购环境中不能提供，需要企业的

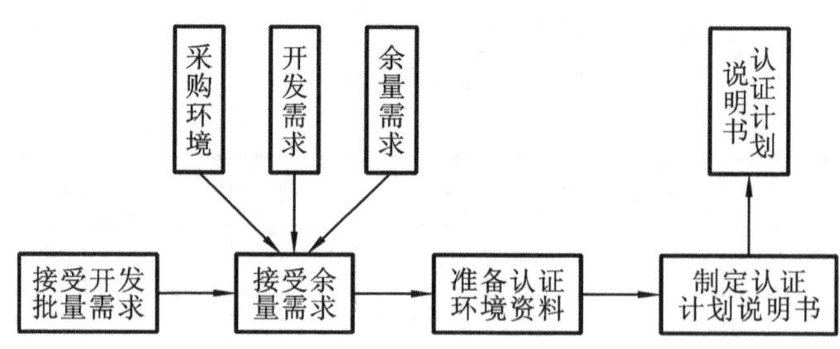

图 3-2　准备采购认证的过程

采购部门寻找新物料的供应商。

(2) 接收余量需求。随着企业规模的扩大,需求也会变得越来越大,旧的采购环境容量不足以支持企业的物料需求;或者是因为采购环境有了下降的趋势从而导致物料的采购环境容量逐渐缩小,这样就无法满足采购的需求。以上这两种情况都会产生余量需求,这就需要对采购环境进行扩容。采购环境容量的信息一般是由认证人员和订单人员来提供。

(3) 准备认证环境资料。通常来讲,采购环境的内容包括认证环境和订单环境两个部分。有些供应商的认证容量比较大,但是其订单容量比较小;有些供应商的情况恰恰相反,其认证容量比较小,但是订单容量比较大。产生这些情况的原因是认证过程本身是对供应商样品的小批量试制过程,这个过程需要强有力的技术力量支持,有时甚至需要与供应商一起开发。但是订单过程是供应商规模化的生产过程,其突出表现就是自动化机器流水作业及稳定的生产,技术工艺已经固化在生产流程之中,所以订单容量的技术支持难度比起认证容量的技术支持难度要小得多。因此,可以看出认证容量和订单容量是两个完全不同的概念,企业对认证环境进行分析的时候一定要分清这两个概念。

(4) 制定认证计划说明书。制定认证计划说明书也就是把认证计划所需要的材料准备好,主要内容包括认证计划说明书(物料项目名称、需求数量、认证周期等),同时附有开发批量需求计划、余量需求计划、认证环境资料等。

2) 评估认证需求

评估认证需求是采购计划的第二个步骤,其主要内容包括三个方面:分析开发批量需求、分析余量需求、确定认证需求。

(1) 分析开发批量需求。要做好开发批量需求的分析不仅需要分析量上的需求,而且要掌握物料的技术特征等信息。开发批量需求的样式是多种多样的,按照需求的环节可以分为研发物料开发认证需求和生产批量物料认证需求;按照采购环境可以分为环境内物料需求和环境外物料需求;按照供应情况可以分为可直接供应物料和需要定做物料;按照国界可分为国内供应物料和国外供应物料等。对于如此复杂的情况,计划人员应该对开发物料需求做详细的分析,必要时还应该与开发人员、认证人员一起研究开发物料的技术特征,按照已有的采购环境及认证计划经验进行分类。从以上可以看出,认证计划人员需要兼备计划知识、开发知识、认证知识等,具有从战略高度分析问题的能力。

(2) 分析余量需求。分析余量需求要求首先对余量需求进行分类,前面已经说明了余量认证的产生来源:一是市场销售需求的扩大;二是采购环境订单容量的萎缩。这两种情况都导致了目前采购环境的订单容量难以满足用户的需求,因此需要增加采购环境容量。对于因市场需求原因造成的,可以通过市场及生产需求计划得到各种物料的需求量及时间;对于因供应商萎缩造成的，可以通过分析得到现实采购环境的总体订单容量与原订容量之间的差额，这两种情况的余量相加即可得到总的需求容量。

(3) 确定认证需求。要确定认证需求可以根据开发批量需求及余量需求的分析结果来确定。认证需求是指通过认证手段，获得具有一定订单容量的采购环境。

3) 计算认证容量

计算认证容量是采购计划的第三个步骤，它主要包括四方面的内容：分析项目认证资料、计算总体认证容量、计算承接认证量、确定剩余认证容量。

(1) 分析项目认证资料。分析项目认证资料是计划人员的一项重要事务，不同的认证项目其过程及周期也是千差万别的。机械、电子、软件、设备、生活日用品等物料项目，它们的加工过程非常复杂。作为从事某行业的实体来说，需要认证的物料项目可能是上千种物料中的某几种，熟练分析几种物料的认证资料是可能的，但是对于规模比较大的企业，分析上千种甚至上万种物料其难度则要大得多。

(2) 计算总体认证容量。在采购环境中，供应商订单容量与认证容量是两个不同的概念，有时可以互相借用，但绝不是等同的。一般在认证供应商时，要求供应商提供一定的资源用于支持认证操作，或者一些供应商只做认证项目。总之，在供应商认证合同中，应说明认证容量与订单容量的比例，防止供应商只做批量订单，而不愿意做样件认证。计算采购环境的总体认证容量的方法是把采购环境中所有供应商的认证容量叠加，但对有些供应商的认证容量需要加以适当的系数。

(3) 计算承接认证量。供应商的承接认证量等于当前供应商正在履行认证的合同量。一般认为认证容量的计算是一个相当复杂的过程，各种各样的物料项目的认证周期也是不一样的，一般是要求计算某一时间段的承接认证量。最恰当、最及时的处理方法是借助电子信息系统，模拟显示供应商已承接的认证量，以便认证计划决策使用。

(4) 确定剩余认证容量。某一物料所有供应商群体的剩余认证容量的总和，称为该物料的认证容量，可以用下面的公式简单地进行说明。

物料认证容量＝物料供应商群体总体认证容量－承接认证量

这种计算过程也可以被电子化，一般 MRP 系统不支持这种算法，因而可以单独创建系统。认证容量是一个近似值，仅作为参考，认证计划人员对此不可过高估计，但它能指导认证过程的操作。

采购环境中的认证容量不仅是采购环境的指标，而且也是企业不断创新、维持持续发展的动力源。源源不断的新产品问世是认证容量价值的体现，也由此能生产出各种各样的产品新部件。

4) 制订认证计划

制订认证计划是采购计划的第四个步骤，它的主要内容包括对比需求与容量、综合平衡、确定余量认证计划、制订认证计划四个方面的内容。

(1) 对比需求与容量。认证需求与供应商对应的认证容量之间一般都会存在差异，如果认证需求小于认证容量，则没有必要进行综合平衡，直接按照认证需求制订认证计划；如果认证需求量大大超出供应商容量，出现这种情况就要进行认证综合平衡，对于剩余认证需求需要制订采购环境之外的认证计划。

(2) 综合平衡。综合平衡就是指从全局出发，综合考虑生产、认证容量、物料生命周期等要素，判断认证需求的可行性，通过调节认证计划来尽可能地满足认证需求，并计算认证容量不能满足的剩余认证需求，这部分剩余认证需求需要到企业采购环境之外的社会供应群体之中寻找容量。

(3) 确定余量认证计划。确定余量认证计划是指对于采购环境不能满足的剩余认证需求，应提交采购认证人员分析并提出对策，与之一起确认采购环境之外的供应商认证计划。采购环境之外的社会供应群体如果没有与企业签订合同，那么制订认证计划时要特别小心，并由具有丰富经验的认证计划人员和认证人员联合操作。

(4) 制订认证计划。制订认证计划是认证计划的主要目的，是衔接认证计划和订单计划的桥梁。只有制订好认证计划，才能根据该认证计划做好订单计划。下面给出认证物料数量及开始认证时间的确定方法。

认证物料数量＝开发样件需求数量＋检验测试需求数量＋样品数量＋机动数量

开始认证时间＝要求认证结束时间－认证周期－缓冲时间

2. 采购订单计划

1) 准备订单计划

准备订单计划主要分为四个方面的内容：接收市场需求、接收生产需求、准备订单环境资料、制定订单计划说明书。

(1) 接收市场需求。首先要弄明白什么是市场需求，市场需求是启动生产供应程序流动的牵引项，要想制订比较准确的订单计划，首先必须熟知市场需求计划或市场销售计划。市场需求的进一步分解便得到生产需求计划。企业的年度销售计划一般在上年的年末制订，并报送至各个相关部门，同时下发到销售部门、计划部门、采购部门，以便指导全年的供应链运转；根据年度计划制订季度、月度的市场销售需求计划。

(2) 接收生产需求。生产需求对采购来说可以称为生产物料需求。生产物料需求是根据生产计划产生的，通常生产物料需求计划是订单计划的主要来源。为了便于理解生产物料需求，采购计划人员需要深入了解生产计划及工艺常识。在 MRP 系统之中，物料需求计划是主生产计划的细化，它主要来源于主生产计划、独立需求的预测、物料清单文件、库存文件。编制物料需求计划的主要步骤具体如下。

①确定毛需求。

②确定净需求。

③对订单下达日期及订单数量进行计划。

(3) 准备订单环境资料。准备订单环境资料是准备订单计划中一个非常重要的内容。订单环境是在订单物料的认证计划完毕之后形成的，订单环境的资料主要包括以下几方面。

①订单物料的供应商消息。

②订单比例信息(对有多家供应商的物料来说，每一个供应商分摊的下单比例称为订单比例，该比例由认证人员产生并给予维护)。

③最小包装信息。

④订单周期，它是指从下单到交货的时间间隔，一般以天为单位。

订单环境一般使用信息系统管理。订单人员根据生产需求的物料项目，从信息系统中查询了解该物料的采购环境参数及其描述。

(4) 制定订单计划说明书。制定订单计划说明书也就是准备好订单计划所需要的资料，主要内容包括以下两个方面。

①订单计划说明书，如物料名称、需求数量、到货日期等。

②附有市场需求计划、生产需求计划、订单环境资料等。

2）评估订单需求

评估订单需求是采购计划中非常重要的一个环节，只有准确地评估订单需求，才能为计算订单容量提供参考依据，以便制订出好的订单计划。它主要包括三个方面的内容：分析市场需求、分析生产需求、确定订单需求。

（1）分析市场需求。市场需求和生产需求是评估订单需求的两个重要方面。订单计划不仅仅来源于生产计划，一方面，订单计划首先要考虑的是企业的生产需求，生产需求的大小直接决定了订单需求的大小；另一方面，制订订单计划还得兼顾企业的市场战略及潜在的市场需求等。此外，制订订单计划还需要分析市场要货计划的可信度。必须仔细分析市场签订合同的数量与还没有签订合同的数量（包括没有及时交货的合同）的一系列数据，同时研究其变化趋势，全面考虑要货计划的规范性和严谨性，还要参照相关的历史要货数据，找出问题所在。只有这样，才能对市场需求有一个全面的了解，才能制订出一个满足企业远期发展与近期实际需求相结合的订单计划。

（2）分析生产需求。分析生产需求是评估订单需求首先要做的工作。要分析生产需求，首先就需要研究生产需求的产生过程，然后再分析生产需求量和要货时间，这里不再做详细的阐述，仅通过一个企业的简单例子做一下说明。某企业根据生产计划，对零部件的清单进行检查，得到零部件的毛需求量。在第一周，现有的库存量是 80 件，毛需求量是 40 件，那么剩下的现有库存量为

$$(80-40)\text{件}=40\text{件}$$

则到第三周时，库存为 40 件，此时预计入库 120 件，毛需求量 70 件，那么新的现有库存为

$$(40+120-70)\text{件}=90\text{件}$$

每周都有不同的毛需求量和入库量，于是就产生了不同的生产需求，对企业不同时期产生的不同生产需求进行分析是很有必要的。

（3）确定订单需求。根据对市场需求和对生产需求的分析结果，就可以确定订单需求。通常来讲，订单需求的内容是通过订单操作手段，在未来指定的时间内，将指定数量的合格物料采购入库。

3）计算订单容量

计算订单容量是采购计划中的重要组成部分。只有准确地计算好订单容量，才能对比需求和容量，经过综合平衡，最后制订出正确的订单计划。计算订单容量主要有四个方面的内容：分析项目供应资料、计算总体订单容量、计算承接订单容量、确定剩余订单容量。

（1）分析项目供应资料。众所周知，在采购过程中物料和项目是整个采购工作的操作对象。对于采购工作来讲，在目前的采购环境中，所要采购物料的供应商信息是非常重要的一项信息资料。如果没有供应商供应物料，那么无论是生产需求还是紧急的市场需求，一切都无从谈起。可见，有供应商的物料供应是满足生产需求和满足紧急市场需求的必要条件。例如，某企业想设计一家练歌房的隔音系统，隔音玻璃棉是完成该系统的关键材料，经过项目认证人员的考察，该种材料被垄断在少数供应商的手中，在这种情况下，企业的计划人员就应充分利用好这些情报，在下达订单计划时就会有的放矢。

(2) 计算总体订单容量。总体订单容量是多方面内容的组合。一般包括两方面内容：一是可供给的物料数量；二是可供给物料的交货时间。举一个例子来说明这两方面的结合情况：A供应商在12月31日之前可供应5万个特种按钮(A型3万个，B型2万个)，B供应商在12月31日之前可供应8万个特种按钮(A型4万个，B型4万个)，那么12月31日之前A型按钮和B型按钮两种按钮的总体订单容量为13万个，其中A型按钮的总体订单容量为7万个，B型按钮的总体订单容量为6万个。

(3) 计算承接订单容量。承接订单容量是指某供应商在指定的时间内已经签下的订单量，但是，承接订单容量的计算过程较为复杂。下面仍以一个例子来说明：A供应商在12月31日之前可以供给5万个特种按钮(A型3万个，B型2万个)，若是已经承接A型特种按钮2万个，B型2万个，那么对A型和B型物料已承接的订单量就比较清楚，即2万个(A型)＋2万个(B型)＝4万个。

(4) 确定剩余订单容量。剩余订单容量是指某物料所有供应商群体的剩余订单容量的总和，可以用下面的公式表示。

物料剩余订单容量＝物料供应商群体总体订单容量－已承接订单量

4) 制订订单计划

制订订单计划是采购计划的最后一个环节，也是最重要的环节。它主要包括三个方面的内容：对比需求与容量、综合平衡、确认余量认证计划。

订单计划做好之后就可以按照计划进行采购工作。一份订单包含的内容有下单数量和下单时间两个方面。

下单数量＝生产需求量－计划入库量－现有库存量＋安全库存量

下单时间＝要求到货时间－认证周期－订单周期－缓冲时间

课后实训

大智有限公司是深圳一家生产家用电器的中型企业，假设现在是年初，企业需要采购和计划采购各类物品，因此需要各部门填写请购单，作为制订采购计划的依据。

大智公司生产的产品主要有甲、乙、丙三种产品，现在据销售部门预测三月份甲产品的销量为2万件，正好是生产部门的最大产能，现在生产部门需要填制物料请购单，以满足二月份企业的生产需要进而满足销售部门的销售需求。其中，原材料D是由企业在省外的一家分公司自制。目前，企业库存中原料B的库存为1 000件，原料C、D的库存则为0，E原料有2 000件的库存。甲产品的产品结构信息如图3-3所示，请你根据以上情况编制请购单。

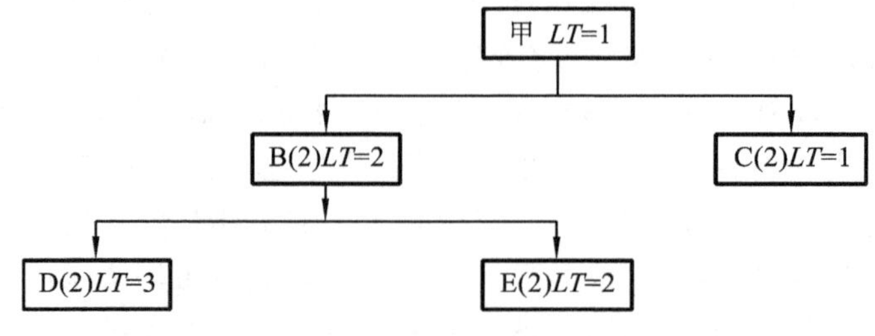

图3-3 甲产品的产品结构图

任务二　编制采购预算

任务引入

某公司生产甲产品，预计今年各季度的产量分别为410件、510件、590件和510件。该产品只需一种材料，每件产品的材料消耗定额为5千克，材料的计划单价为4元。每季末材料存货量为下季材料生产需用量的30%，去年年末的材料存货量为600千克。预计今年第一季度材料生产需用量为3 000千克。另外，各季度的购料款，当季支付60%，其余40%下季付讫。去年年末的应付购料款为4 000元。

任务：请根据上述资料，为该公司编制今年各季度的直接材料采购预算。

任务分析

要进行采购预算，首先必须了解什么是采购预算，编制采购预算有哪些方法和编制流程，以及编制预算所需注意的问题，然后根据实际情况进行采购预算的编制。

知识链接

1. 采购预算的概念

采购预算是指采购部门在一定计划期间(年度、季度或月度)编制的材料采购的用款计划，是一种用数量来表示的计划，是将企业未来一定时期内经营决策的目标通过有关数据系统地反映出来，是经营决策具体化、数量化的表现。

采购部门中主要有四个领域受到预算控制：原材料，维护、修理和运作(MRO)供应，资产预算及采购运作预算。

1) 原材料

原材料预算的主要目的是确定用于生产既定数量的成品或者提供既定水平的服务的原材料的数量和成本。原材料预算的时间通常是1年或更短。预算的金额是基于生产或销售的预期水平及来年原材料的估计价格来确定的，这就意味着实际有可能偏离预算，这使得在很多组织中详细的年度原材料预算不是很切合实际。因此，很多组织采用灵活的预算(灵活的预算要反映条件的变化，比如产出的增加或减少，灵活的预算的优点是能对变化做出快速的反应，可以用灵活的预算进行原材料预算，从而反映计划产量和实际产量的变化)来调整实际的生产和实际的价格。

准备充分的原材料预算为企业提供如下一些作用。

(1) 使得采购部门能够设立采购计划以确保需要原材料时能够及时得到补充。

(2) 用以确定随时备用的原材料和成品部件的最大价值和最小价值。

(3) 建立一个财务部门确定与评估采购支出需求的基础。

原材料预算有以下一些作用。

(1) 为供应商提供产量计划信息和消耗速度计划信息。

（2）为生产和材料补充的速度制订恰当的计划。

（3）削减运输成本。

（4）帮助提前购买。

另外，原材料预算还可以提前通知供应商一个估计的需求数量和进度，从而改进采购谈判。

2）MRO供应

维护、修理和运作（MRO）供应包含在运作过程中，但它们并没有成为生产运作中的一部分。MRO项目主要有办公用品、润滑油、机器修理和门卫。MRO项目的数目可能很大，对每一项都做出预算并不可行。MRO预算通常由以往的比例来确定，然后根据库存和一般价格水平中的预期变化来调整。

3）资产预算

固定资产的采购通常是支出较大的部分。好的采购活动和谈判能为组织节省很多资金。通过研究可能的来源及与关键供应商建立密切的关系，可以建立既能对需求做出积极响应又能刚好满足所需要花费的预算。固定资产采购的评估不仅要根据初始成本，还要根据包括维护、能源消耗及备用部件成本等在内的生命周期总成本来进行。由于这些支出具有长期性，通常用净现值法进行预算和做出决策。

4）采购运作预算

采购运作预算包括采购职能业务中发生的所有费用。通常，这项预算根据预期的业务和行政的工作量来制定，这些费用包括工资、空间成本、供热费、电费、电话费、邮政费、办公设施费、办公用品费、技术费、差旅与娱乐费、教育费及商业出版物的费用。采购职能的业务预算应该反映组织的目标和目的，例如，如果组织的目的是减少间接费用，那么业务预算中的间接费预算就应该反映这一点。

采购预算的作用有以下几个方面。

（1）保障企业战略计划和作业计划的执行，确保企业组织目标一致。通过编制采购业务预算，企业采购部门和其他职能部门在计划期间的工作分别定出了目标，也明确了部门和个人的责、权、利，使个人目标与企业经济效益挂钩，促使企业采购部门的员工努力去完成采购目标，保证企业战略计划和作业计划的实现。

（2）协调企业各部门之间的合作经营。通过采购业务预算使得企业各个职能部门工作有机的结合成一个整体，各职能部门通过执行预算，明确各自所处的地位与作用，协调各自的工作步伐，从全局出发，统筹兼顾、全面安排，争取全局计划的最优化。例如，采购预算一定要以生产预算为根据，而生产预算又必须以销售预算为根据，不能各自为政。

（3）在企业各部门之间合理安排有限的资源，保证资源分配的效率。由于企业所拥有的资源是有限的，通过编制采购预算和其他业务预算，能充分考虑各部门的资源需求，合理安排资源，保证资源能够得到充分利用，实现以最少的投入，取得尽可能多的经济效益。

（4）对企业物流成本进行控制、监督。企业通过各部门认真编写的切实可行的预算计划，并用其控制各自的各项活动，避免不必要的支出，降低物流成本，保证预定目标的顺利完成。

2. 采购预算的编制原则

1）实事求是编制采购预算

编制采购预算要本着实事求是的原则，一般以企业所确定的经验目标为前提，不盲目哄抬目标值。不能为了贪图低价，盲目扩大采购量，以避免库存积压。

2）积极稳妥、留有余地编制采购预算

不要盲目抬高预算指标，也不要消极压低指标。既要保证采购预算指标的先进性，又要保证采购预算指标的可操作性，充分发挥采购预算指标的指导和控制作用。另外，为了适应市场的千变万化，采购预算应留有余地，具有一定的发展空间，以避免发生意外时处于被动地位，影响企业的生产经营。

3）比质比价编制采购预算

企业在编制采购预算时，应广泛收集采购物料的质量、价格等市场信息，掌握主要采购物料信息的变化情况，根据市场信息比质比价确定采购物料。除仅有唯一供货单位或企业生产经营有特殊要求外，企业主要物料的采购应当选择两个以上的供货单位，从质量、价格、信誉等方面择优安排采购。企业主要物料的采购及有特殊要求的物料采购，应当审查供应商资格；对于已经确定的供应商，企业应该及时掌握其质量、价格、信誉等变化情况。企业对于大宗原材料的采购、基建或技改项目主要物料，以及其他金额较大的物资的采购等，如果具备招标采购条件的，应该尽量进行招标采购。

3．采购预算的种类

采购预算的种类不同，所起的作用也不同。根据时间的长短，可以将预算分为长期预算和短期预算。长期预算是指时间跨度超过1年的预算，主要涉及固定资产的投资问题，是一种规划性质的资本支出预算。长期预算对企业战略计划的执行有着重要意义，其编制质量的好坏将直接影响到企业的长期目标是否能够实现，影响到今后企业较长时间内的发展。企业的短期预算是指企业在1年内对经营财务等方面所进行的总体规划的数量说明。短期预算是一种执行预算，对作业计划的实现影响重大。

根据预算所涉及的范围，可以将预算分为全面预算和分类预算。全面预算又称为总预算，是短期预算的一种，涉及企业的产品或服务的收入、费用、现金收支等各方面的问题。总预算由分预算综合而成，它的特点和具体范围将随着部门和单元特性的不同而有所变化。分预算种类多种多样，有基于具体活动的过程预算，有各分部门的预算（对于分部门来说，这一预算又是总预算，因此分预算与总预算的划分是相对的）。分预算和总预算是相互关联的。

总预算根据其内容的不同分为财务预算、决策预算和业务预算三类。财务预算是指企业在计划期内有关现金收支、经营成果及财务状况的预算，主要包括现金预算、预计损益表、预计资产负债表等；决策预算是指企业为长期投资决策项目或一次性业务所编制的专门预算，其编制只是为了帮助管理者做出决策；业务预算则是指计划期间日常发生的各种经营性活动的预算，包括销售预算、成本预算、管理费用预算等。采购预算是业务预算的一种，它的编制将直接影响到企业的直接材料预算、制造费用预算等。

4．采购预算的编制过程

采购预算的编制同其他类型预算的编制一样，也包含以下几个步骤。

（1）审查企业及部门的战略目标。预算的最终目的是保证企业目标的实现，企业在编制部门预算前首先要审视本部门和企业的目标，以确保它们之间的相互协调。

（2）制订明确的工作计划。管理者必须了解本部门的业务活动，明确它的特性和范围，制订出详细的计划表，从而确定该部门实施这些活动所带来的产出。

（3）确定所需要的资源。有了详细的工作计划表，管理者可以对支出做出切合实际的估计，从而确定为实现目标所需要的人力、物力和财力资源。

(4) 提出准确的预算数字。管理者提出的数字应当保证其最大准确性。可以通过以往的经验做出准确判断，也可以借助数学工具和统计资料通过科学分析提出准确方案。

(5) 汇总。汇总各部门、各分单元的预算，最初的预算总是来自每个分单元，而后层层提交、汇总，最后形成总预算。

(6) 提交预算。采购预算通常是由采购部门与其他部门共同编制的，采购预算编制后要提交企业财务部门及相关管理部门，为企业资金筹集和管理决策提供支持。

5. 预算编制的方法

编制预算的方法有很多，主要有滚动预算、弹性预算、概率预算和零基预算等，本章主要介绍这四种预算方法。

1) 滚动预算

滚动预算又称连续预算或永续预算，是指在编制预算时，将预算期与会计年度脱离开，随着预算的执行不断延伸补充预算，逐期向后滚动，使预算期始终保持为一个固定期间的一种预算编制方法。

滚动预算是将原定的预算结果不断地进行更新和修改，但是这种不断地更新和修改正是滚动预算要做的事情，也是它优于普通年度预算之处。这是因为，预算有两个大的作用——考核和计划。作为考核，沿用正式的预算是正常的，但作为计划和资源配置的重要工具，预算是前一年制订的，到实际执行时，情况可能已经变化，原来的假设可能已不适用，所以要有最新的预测来指导经营决策，滚动预算起的就是这个作用。但滚动预算一般不太会作为更新的考核指标，以确保在目标设置上预算的权威性。所以滚动预算做的事不是不断地修改目标，而是不断地修改预测的结果，以指导最新的决策。滚动预算的编制原理图如图 3-4 所示。

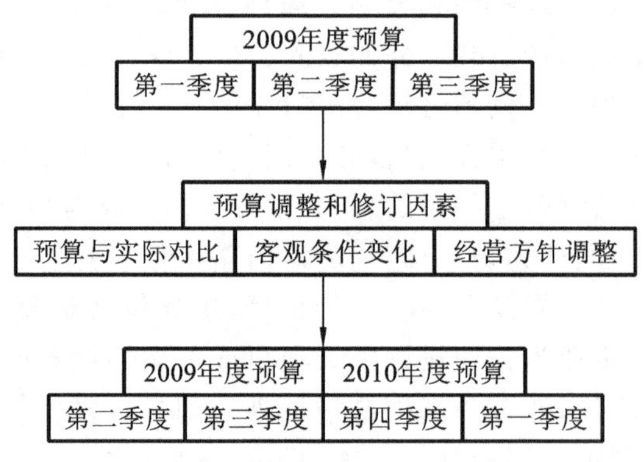

图 3-4 滚动预算的编制原理图

滚动预算的主要优点有以下几点。

(1) 能保持预算的完整性、继续性，从动态预算中把握企业的未来。

(2) 能使各级管理人员对未来一定时期的生产经营活动作周详的考虑和全盘规划，保证企业的各项工作有条不紊地进行。

(3) 由于预算能随时间的推进不断加以调整和修订，能使预算与实际情况更相适应，有利于充分发挥预算的指导和控制作用。

(4) 有利于管理人员对预算资料作经常性的分析研究，并根据当前的执行情况及时加以修订，保证企业的经营管理工作稳定而有秩序地进行。

采用滚动预算便于企业管理当局把握企业的未来，我们主张编制滚动预算，理由如下。

(1) 滚动预算符合人们的认识规律。企业的生产经营活动是复杂多变的，在编制预算时，虽然人们对预算期内影响企业生产经营活动的各方面因素进行了预测和分析，达成了一定的共识，但是随着时间的推移，企业将会产生各种难以预料的变化，这无疑会影响预算的准确性，甚至会导致某些预算不合时宜。再者人们对未来客观事物的认识也有一个由粗到细、由抽象到具体的过程，而滚动预算能帮助我们克服预算的盲目性，避免预算与实际有较大的出入。

(2) 滚动预算有助于提高预算的准确性。滚动预算的预算期间具有动态固定特性，说它具有固定特性是因为滚动预算始终要保持一个固定的预算期间，通常为 1 年或者长于 1 年的一个经营周期；说它有动态特性，是因为每经过 1 个月，就根据已经掌握了的新的情况对后几个月的预算进行调整和修正，并在原来的预算期末随即补充 1 个月的预算。由此可见，滚动预算是在预算实施过程中，不断地修正、调整和延续预算。随着时间的推移，原来较粗的预算就逐渐由粗变细，同时，又补充新的较粗的预算，如此往复，不断滚动，预算的准确性也就不断地得到了提高。

(3) 实行滚动预算有助于企业管理当局从动态中把握企业的未来。首先，能使各级管理人始终保持对未来 12 个月甚至更长远的生产经营活动作周详的考虑和全盘规划，保证企业的各项工作有条不紊地进行；其次，便于外界(银行信贷部门、税务机关和投资者等)对企业经营状况的了解；最后，由于预算不断调整与修订，使预算与实际情况更相适应，有利于充分发挥预算的指导和控制作用。

当然，采用滚动预算的方法，预算编制工作比较繁重。所以，也可以采用按季度滚动来编制预算，而在执行预算的那个季度里，再按月份分旬具体地编制预算，这样可以适当简化预算的编制工作。总之，预算的编制是按月份滚动还是按季度滚动，应视实际需要而定。

2) 弹性预算

弹性预算又称变动预算、滑动预算，是在变动成本法的基础上，以未来不同业务水平为基础编制预算的方法，是固定预算的对称。它是指以预算期间可能发生的多种业务量水平为基础，分别确定与之相应的费用数额而编制的、能适应多种业务量水平的费用预算，以便分别反映在各业务量的情况下所对应开支(或取得)的费用(或利润)水平。

编制弹性预算的步骤如下。

(1) 选择和确定各种经营活动的计量单位消耗量、人工小时、机器工时等。

(2) 预测和确定可能达到的各种经营活动业务量。在确定经营活动业务量时，要与各业务部门共同协调，一般可按正常经营活动水平的 70%～120%确定，也可以过去历史资料中的最低业务量和最高业务量为上下限，然后再在其中划分若干等级，这样编出的弹性预算较为实用。

(3) 根据成本性态和业务量之间的依存关系，将企业生产成本划分为变动成本和固定成本两个类别，并逐项确定各项费用与业务量之间的关系。

(4) 计算各种业务量水平下的预测数据，并用一定的方式表示，形成某一项的弹性预算。

弹性预算的主要特点如下。

(1) 能提供一系列生产经营业务量的预算数据，它是为一系列业务量水平而编制的，因此，某一预算项目的实际业务量达到任何水平时(必须在选择的业务量范围之内)，都有其适用的一套控制标准。

(2) 由于预算是按各项成本的性态分别列示的，因而可以方便地计算出在任何实际业务量水平下的预测成本，从而为管理人员在事前据以严格控制费用开支提供方便，也有利于在事后细致分析各项费用节约或超支的原因，并及时解决问题。

弹性预算的优点如下：一方面能够适应不同经营活动情况的变化，扩大了预算的范围，更好地发挥预算的控制作用，避免了在实际情况发生变化时，对预算作频繁的修改；另一方面能够使预算对实际执行情况的评价与考核建立在更加客观可比的基础上。

弹性预算适用于各项随业务量变化而变化的项目支出，如学校的货物采购项目，由于学生的招生规模变化很大，因而可以根据预算年度计划招生人数、在校学生人数测算应添置的课桌凳、床的数量，以及教学楼防护维修费用或其他采购项目费用。

3）概率预算

概率预算是指对在预算期内不确定的各预算构成变量，根据客观条件，做出近似的估计：估计它们可能变动的范围及出现在各个变动范围的概率，再通过加权平均计算有关变量在预期内的期望值的一种预算编制方法。

概率预算属于不确定预算，而弹性预算属于确定预算。概率预算一般适用于难以准确预测变动趋势的预算项目，如新产品原材料采购等。

概率预算的基本特征如下。

(1) 影响预算对象的各因素具有不确定性，因而存在着多种发展可能性，并且这些可能性能够计量。

(2) 由于对影响预算对象的变量的所有可能都作了客观的估计和测算，因而开阔了变量的范围，改善了预算指标的准确程度。

概率预算必须根据不同的情况来编制，大体上可分为以下两种情况。

(1) 需求量的变动与成本的变动没有直接联系。这时，只要利用各自的概率分别计算销售收入、变动成本、固定成本的期望值，然后即可直接计算利润的期望值。

(2) 需求量的变动与成本的变动有直接联系。这时，需要用计算联合概率的方法来计算利润的期望值。

概率预算的编制程序如下。

(1) 在预测分析的基础上，估计各相关因素的可能值及其出现的概率，它可以根据历史资料或经验进行判断。

(2) 计算联合概率，即各相关因素的概率之积。

(3) 根据弹性预算提供的预算指标及与之对应的联合概率计算出预算对象的期望值，即概率预算下的预算结果。

概率预算编制的一般程序如下。

(1) 对变量可能出现的结果估计一个概率 P_i，取值范围是 $0 \leqslant P_i \leqslant 1$，$\sum P_i = 1$。

(2) 根据各个变量(X_i)及其估计概率(P_i)，计算其数学期望值 E。$E = \sum X_i \cdot P_i$。

(3) 根据各变量期望值编制预算。

概率预算的编制过程使用了数学期望的求解过程。

4）零基预算

零基预算是指在编制成本费用预算时，不考虑以往会计期间所发生的费用项目或费用数额，而是以所有的预算支出为零作为出发点，一切从实际需要与可能出发，逐项审议预算期内各项费用的内容及其开支标准是否合理，在综合平衡的基础上编制费用预算的一种方法。

零基预算的基本特征是不受以往预算安排和预算执行情况的影响，一切预算收支都建立在成本效益分析的基础上，根据需要和可能来编制预算。

零基预算与传统的调整预算截然不同，有以下三个特点。

(1) 预算的基础不同。调整预算的编制基础是前期结果，本期的预算额是根据前期的实际额调整确定的，零基预算的基础是零，本期的预算额是根据本期经济活动的重要性和可供分配的资金量确定的。

(2) 预算编制分析的对象不同。调整预算重点对新增加的业务活动进行成本效益分析，而对性质相同的业务活动不作分析研究，零基预算法则不同，它要对预算期内所有的经济活动进行成本-效益分析。

(3) 预算的着眼点不同。调整预算主要以金额高低为重点，着重从货币角度控制预算金额的增减，零基预算除重视金额高低外主要按照业务活动的必需性以及重要程度来分配有限的资金。

零基预算的基本做法具体如下。

(1) 要掌握准确的信息资料，对单位的人员编制、人员结构、工资水平，以及工作性质、设备配备所需资金规模等都要了解清楚，在平时就要建立单位情况数据库，非经法定程序，不得随意变动。

(2) 要确定各项开支定额，这是编制零基预算的基本要求。

(3) 要根据事业需要和客观实际情况，对各个预算项目逐个分析，按照效益原则，分清轻重缓急，确定预算支出项目和数额。零基预算能克服我国长期沿用的“基数加增长”的预算编制方式中的不足，不受既成事实的影响，一切都从合理性和可能性出发。实行零基预算是细化预算、提前编制预算的前提。

零基预算编制有以下五个步骤。

(1) 划分和确定基层预算单位：企业里各基层业务单位通常被视为能独立编制预算的基层单位。

(2) 编制本单位的费用预算方案：由企业提出总体目标，然后各基层预算单位从企业的总体目标和自身的责任目标出发，编制本单位为实现上述目标的费用预算方案，在方案中必须详细说明提出项目的目的、性质、作用，以及需要开支的费用数额。

(3) 进行成本-效益分析：基层预算单位按下达的“预算年度业务活动计划”，确认预算期内需要进行的业务项目及其费用开支后，管理层对每一个项目的所需费用和所得收益进行比较分析，权衡轻重，区分层次，划出等级，挑出先后。基层预算单位的业务项目一般分为三个层次：第一层次是必要项目，即非进行不可的项目；第二层次是需要项目，即有助于提高质量、效益的项目；第三层次是改善工作条件的项目。进行成本-效益分析的目的在于判断基层预算单位各个项目费用开支的合理程度、先后顺序及对本单位业务活动的影响。

(4) 审核分配资金：根据预算项目的层次、等级和次序，按照预算期可动用的资金及其来源，依据项目的轻重缓急次序，分配资金，落实预算。

(5) 编制并执行预算：资金分配方案确定后，制定零基预算正式稿，经批准后下达执行。执行中遇有偏离预算的地方要及时纠正，遇有特殊情况要及时修正，遇有预算本身问题要找出原因，总结经验加以提高。

零基预算的优点有以下几点。

(1) 有利于提高员工的"投入-产出"意识。传统的预算编制方法,主要是由专业人员完成的,零基预算是以"零"为起点观察和分析所有业务活动,并且不考虑过去的支出水平,因此,需要动员企业的全体员工参与预算编制,这样使得不合理的因素不会继续保留下去,从投入开始减少浪费,通过成本-效益分析,提高产出水平,从而能使投入-产出意识得以增强。

(2) 有利于合理分配资金。零基预算对每项业务进行成本-效益分析,对每个业务项目是否应该存在、支出金额多少,都进行分析计算,精打细算,量力而行,能使有限的资金流向富有成效的项目,所分配的资金能更加合理。

(3) 有利于发挥基层单位参与预算编制的创造性。在零基预算的编制过程中,企业内部情况易于沟通和协调,企业整体目标更趋明确,多业务项目的轻重缓急容易达成共识,有助于调动基层单位参与预算编制的主动性、积极性和创造性。

(4) 有利于提高预算管理水平。零基预算极大地增加了预算的透明度,预算支出中的人头经费和专项经费一目了然,各级之间争吵的现象可能得到缓解,预算会更加切合实际,会更好地起到控制作用,整个预算的编制和执行也能逐步规范,预算管理水平会得以提高。

尽管零基预算和传统的预算方法相比有许多好的创新之处,但在实际运用中仍存在一些"瓶颈"。

零基预算的缺点有以下几点。

(1) 由于一切工作从"零"做起,因此采用零基预算编制工作量大、费用相对较高。

(2) 分层、排序和资金分配时,可能有主观影响,容易引起部门之间的矛盾。

(3) 任何单位工作项目的"轻重缓急"都是相对的,过分强调当前的项目,可能使有关人员只注重短期利益,忽视本单位作为一个整体的长远利益。

6. 采购预算编制的基本流程

以制造业为例,通常业务部门的销售计划为年度经营计划的起点,然后生产计划才随之制订。通常生产计划包括采购预算、直接人工预算及制造费用预算。因此,采购预算是采购部门为配合年度的销售预测或生产数量对需求的原材料、物料、零件等的数量及成本做出的详细的估计,以利于整个企业目标的达成。因此,采购预算如果是单独编制,就会缺乏实际的应用价值。所以采购预算的编制必须以企业整体预算制度为依据,采购预算的编制有一定的流程和步骤,如图 3-5 所示。

7. 采购编制预算的注意事项

为了确保预算能够规划出与企业战略目标相一致的可实现的最佳实践,必须寻找一种科学的行为方法来缓和这种竞争和悲观的倾向,管理者应当与部门主管就目标积极开展沟通,调查要求和期望,考虑假设条件和参数的变动,制订劳动力和资金需求计划,并要求部门提供反馈。管理者应当引导部门主管将精力放在应付不确定情况的出现上,而不是开展"战备竞争"。

另外,为了使预算更具灵活性和适应性以应付意料之外可能发生的不可控事件,企业在预算过程中应当尽力做到以下几点,以减少预算的失误及由此带来的损失。

1) 改革业绩评估方式

为了鼓励部门提交更具挑战性的预算报告,有必要对业绩评估方式进行一些小小的修改。企业的预算规划是在战略目标框架之内提出的,在设置目标到提交预算这一连续的动态过程中,不但要仔细审查影响预算实现的内部不可控因素,还要详细研究外部不可控因素,并进一步

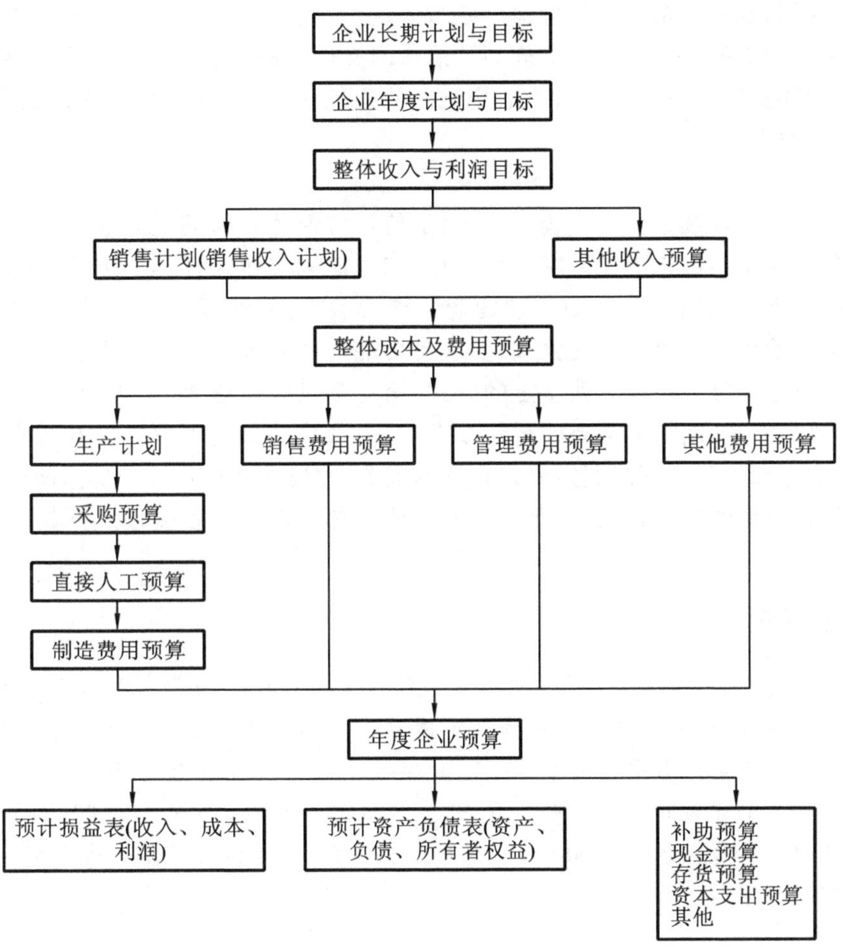

图 3-5　采购预算编制流程

识别出影响预算实现的关键成功因素。对这些因素有了初步的认识后，不论是基层管理者，还是高层决策人员都应当以积极的心态，以切合实际的态度，制订出实事求是的假设条件，这些假设条件要清楚无误地以书面形式记录下来，并呈交给各相关人员，尤其是人力资源部门，从而使人力资源部门明确认识到哪些是可控因素，哪些是不可控因素。对于那些不可控因素，人力资源部门在进行业绩评估时，必须有这方面的考虑，并向管理者提出建议。积极合理的假设将会使人力资源部做出正确的评估报告，解决部门主管绩效评估的后顾之忧，这就等于解开了束缚他们手脚的麻绳，使他们能够大显身手。

2）采取合理的预算形式

如果问一位企业的总经理，利润和现金流哪个更重要，你认为他会怎么回答？每一位明智的决策者都知道，现金流对于企业来说是最重要的，它是企业脉管中流淌的鲜血，时时都有新鲜血液的流动才能使组织充满青春的活力。因此，企业内部各部门所采用的预算形式应把重点放在现金流而不是收入和利润上。当然，最佳的预算形式最终还是取决于组织的具体目标。

3）建立趋势模型

预算讲述的是未来，所有的代表期望行为的数字都是估计值，提供的应是代表收入和支出的最有可能情况的数字预报。为了确保这些数字的最大价值，应当建立一个趋势模型，模型的建立可以对组织期望的产出有完善的规划和清晰的文件。模型以直接的数据资料为基础，具有时间敏感性，能够反映服务和产品需求的变化。使用这一方法，要求企业内部拥有完备的统计资料，掌握历史数据。

4）用滚动预算的方法

企业经营是一个连续不断的过程，只是为了使用方便才在时间上对它们进行了硬性分割。为了能够使预算与实际过程更加紧密地联合在一起，应采用滚动预算的方法，在制定这一期预算的时候根据实际情况同时对后面几期的业务进行预算，能够保证企业活动在预算上的连续性。预算活动的滚动性和对细节的强调，要求各个部门的管理人员投入大量精力，紧密高效地开展工作。工作过程可以采取分两步走的方式：第一步是整体思考，要求管理者从总体战略出发，勾画出预算的框架，制定出必要的行动方案，如果预算结果出现偏差要及时修改；第二步进入细化阶段，管理者为每一部门制定最终预算的细节，并确保其被每一个部门所接受。

无论是何种类型的预算，只要满足了上面的要求都可以最大程度地发挥其潜能，保障组织计划的顺利实施。

课后实训

某公司生产乙产品，预计今年各季度的产量分别为5 000件、5 500件、5 200件和5 400件。该产品只需一种材料，每件产品的材料消耗定额为10千克，材料的计划单价为8元。每季末材料存货量为下季材料生产需用量的20%，2009年年末的材料存货量为800千克。预计今年第一季度材料生产需用量为6 000千克。另外，各季度的购料款，当季支付60%，其余40%下季付讫。去年末的应付购料款为4 000元。请根据上述资料，为该公司编制今年年末的年度分季的直接材料采购预算。

学习情境四

供应商的评价与选择

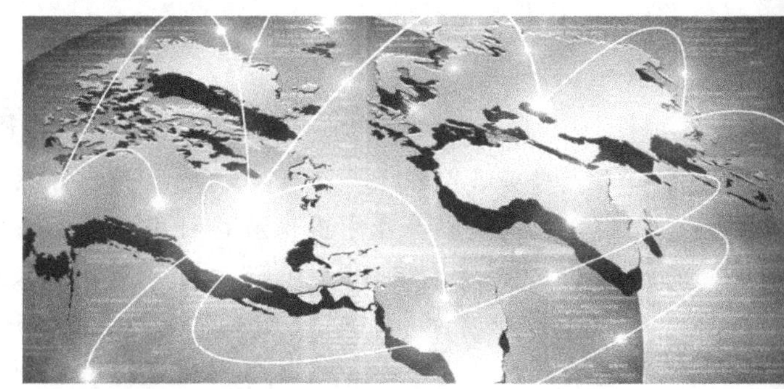

WULIU
CAIGOU
GUANLISHIWU

知识目标

(1) 了解供应商调查的基本方法，了解评价与选择供应商的要素。

(2) 熟悉供应商开发的基本步骤，熟悉选择供应商的基本步骤。

(3) 掌握供应商调查表的设计，掌握供应商绩效考核的主要指标。

能力目标

(1) 能编制供应商调查表。

(2) 能独立开展供应商调查。

(3) 能独立开发新的物料供应商。

(4) 能熟练运用供应商评价与选择的各种方法。

(5) 能根据采购目标选择合适的供应商。

麦当劳的供应商网络

麦当劳目前在116个国家和地区开设了约25 000家餐厅，这些餐厅在每个国家都是本地化的企业。麦当劳在中国仅原材料国内采购每年就达10亿元人民币，所用的牛肉、鸡肉、鱼肉、薯条、奶制品等食品原材料，最初有一大部分从中国境外进口，发展到现在，97%以上在本地采购；中国麦当劳的供应商所生产的食品半成品还出口亚太地区；每年在中国购买的带有麦当劳标志的玩具就达13亿个，其中一部分还出口到世界其他麦当劳市场。麦当劳在本地建立了完善的供应商网络。在中国先后建立了52间工厂，实际投资额近1.65亿。

麦当劳有一套久经考验的运转机制。其肉鸡、肉牛、生菜的养(种)殖，鸡(牛、猪、鱼)肉饼的加工，以及餐厅桌椅、厨房设备、专用招牌等分别有固定的供应商，有的已合作了40多年，麦当劳连锁店开到哪里，这些供应商就把厂建到哪里。麦当劳和各个供应商之间在财政、会计、人事和管理上完全独立，各自向公司董事会负责。麦当劳只在品质监控方面对供应商提出严格的要求，没有任何利益上的关系。

麦当劳薯条是其食品系列中最受欢迎的产品，因此受到格外的监控。1993年，麦当劳的主要薯条供应商辛普劳在北京成立合资公司，年产量1万吨以上。早在1982年麦当劳决定进入中国之前，便与辛普劳一起调查中国哪些土豆品种适合加工，引进选定的美国品种“夏波蒂”试种，同时引进美国先进的种植技术，标准统一到包括施肥、灌溉、行距、株距及试管育苗等。铭基公司将麦当劳系统在美国应用的技术引进中国。

美国可诺奈公司负担起向中国麦当劳餐厅提供高质量生菜条的工作，他们于1995年首先在北京建立了一个生菜条生产厂，并与昆明阳光集团和一家农场合资生产符合要求的生菜。1997年开始了广州项目，投资预算高达300万美元。为了达到高标准要求，厂房设备和实验室设备几乎100%通过进口获得。

美国福喜公司与麦当劳有了40多年的亲密合作，1991年在河北成立独资企业，为麦当劳提供肉类产品及分发配送服务。福喜有一套完整的产品质量保证体系，每个工序均有标准的操作程序。比如生产过程就采用统计工艺管理法，关键质量控制点则采用现场控制图法，而每种产品都有几十种质量控制指标，以确保食品的安全和高品质。

麦当劳专用面包则由美国怡斯宝特在北京和上海的公司提供，该公司平均日产24万个汉堡包。面粉供应商北京大晓坊面粉公司、新烟面粉公司、河北马利酵母公司都自愿参加了美国烘焙协会的标准检查，以确保生产状况和卫生标准达到一定水平。

广州味可美食品公司由麦当劳美国供应商独家投资、1996年营运，专门为中国麦当劳提供西式调味料、酱料和雪糕顶料等。

中国麦当劳的两款特色食品——冷冻苹果派和菠萝派则由美国百麦公司和中国北京南郊农场的合资企业生产，95%的原料在中国采购，一小部分调味品从外国进口。

麦当劳的市场推广计划也是出自于专业的合作公司。总部设于美国的西门商业拓展公司长期为遍布全球的麦当劳餐厅策划成效显著的市场推广计划，供应各种礼品、游戏项目、玩具、文具及日用品。

任务一　供应商调查与开发

广东格兰仕集团有限公司是一家全球化家电专业生产、销售企业，是中国家电业最优秀的企业集团之一，为降低物流成本，提高物流质量，公司决定为公路干线运输、零担运输、配送等物流业务在全国范围内寻找新的物流服务供应商，主要负责微波炉、空调、洗衣机、电饭煲、电磁炉、电水壶、电烤箱等小家电产品及相关赠品、宣传物料、售后配件等产品从广东顺德至全国各地的运输和配送。要求运输供应商须是专业的物流企业，具有两年以上物流营运经验，并具有铁路或公路运输经营的相关资质证明，自有车辆不低于10辆，并能提供7天×24小时服务，具有流畅的信息沟通渠道。

【任务】 请为广东格兰仕集团有限公司设计一份物流供应商调查表，并阐述进行新的供应商开发的步骤。要求在调查表中要明确物流企业的名称、地址、注册资本、开展物流业务的时间、曾经服务过的主要客户、自有车辆数量、信息化水平、装卸能力、物流质量保障能力等。

任务分析

进行供应商调查就是指对供应商的基本情况的调查，就是要了解供应商的名称、地址、生产能力、能提供什么产品、提供的数量、价格如何、质量如何、市场份额多大、企业信誉如何等信息。因此这些信息及企业特别关注的信息都应该放进供应商调查表中。

一、供应商管理

供应商是指那些向买方提供产品或服务并取得相应报酬的实体。供应商可以是生产企业，也可以是流通企业，也可以是个人。企业要维持正常生产，就必须要有一批可靠的供应商为企业提供各种各样的物资。因此，供应商对企业的物资供应和生产的正常进行起着非常重要的作用。对供应商的管理，确保企业所需物资的按时按量供应，就显得特别重要。

1. 供应商管理的含义

所谓供应商管理，是指对供应商的了解、选择、开发、使用和控制等综合性的管理工作的总称。其中，了解是基础，选择、开发、控制是手段，使用是目的。供应商管理的目的就是要建立起一个稳定可靠的供应商队伍，为企业生产提供可靠的物资供应。

2. 供应商管理的目标

(1) 获得符合企业质量和数量要求的产品或服务。

(2) 以最低的成本获得产品或服务。

(3) 确保供应商提供最优的服务和及时的送货。

(4) 发展和维持良好的供应商关系。

(5) 开发潜在的供应商。

3. 供应商管理的内容

供应商管理应该包括以下几个方面的内容。

1) 供应商调查与开发

供应商调查的目的就是要了解企业有哪些潜在的供应商，并在此基础上熟悉各个供应商的基本情况，然后进一步了解资源市场的基本情况和性质，为正确制定采购决策、选择合适的供应商做准备。在供应商调查和资源市场调查的基础上，还可能发现比较好的供应商，但是不一定马上得到一个完全合乎企业要求的供应商，还需要在现有的基础上进一步加以开发，才能得到一个基本符合企业需要的供应商。因此，可以认为供应商的开发过程其实就是将一个现有的原型供应商转化成一个基本符合企业需要的供应商的过程，就是一个寻找、发现供应商，并进行开发，以建立起适合企业需要的供应商队伍的过程。

2) 供应商的选择与评价

供应商的选择就是从众多的候选供应商中，选择出几家可以长期合作的供应商。选择出正式的供应商之后，我们就要同供应商合作，开展正常的业务活动，因而就需要进行跟踪评价。

3) 供应商的激励和控制

供应商的激励和控制是指企业采取措施不断地激励和控制供应商为企业服务。

4. 供应商管理流程

从供应链的角度看，供应商的管理流程是从新产品研发到生产和采购策略等各项内容综合起来对供应商的拉动，进而调研选评供应商，最后对其进行量化考核和关系的改进优化，关于其具体流程如图 4-1 所示。

二、供应商信息渠道来源

在进行供应商调查之前，首先要知道有哪些渠道可以获得供应商的相关信息，即至少要知道有哪些供应商能够提供企业需要的产品。一般来说，供应商的主要信息来源主要有以下几种方式。

(1) 国内外采购指南。

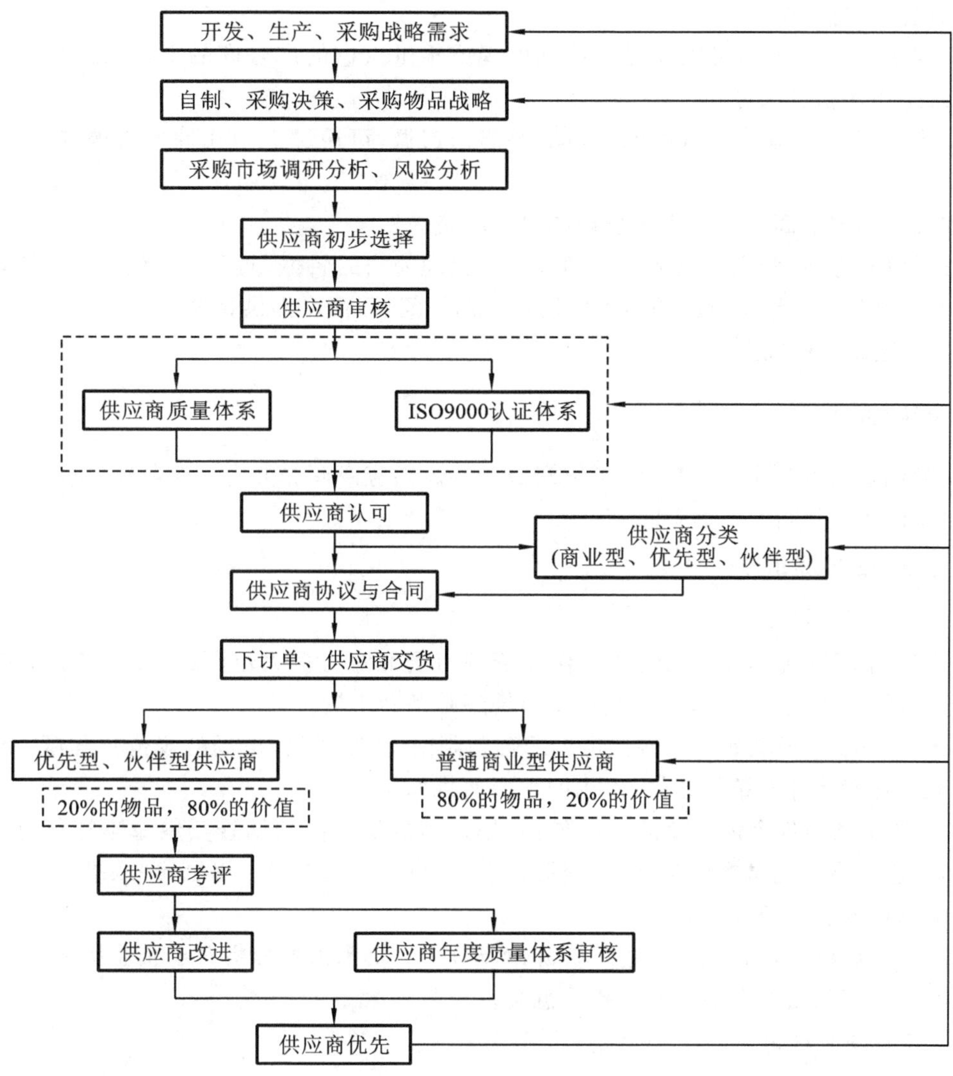

图 4-1　供应商管理流程

(2) 国内外产品发布会。

(3) 国内外新闻传播媒体(报纸、刊物、广播电台、电视、网络)。

(4) 国内外产品展销会。

(5) 政府组织的各类商品订货会。

(6) 国内外行业协会——会员名录、产业公报。

(7) 国内外企业协会。

(8) 国内外各种厂商联谊会或同业工会。

(9) 国内外政府相关统计调查报告或刊物。如:工厂统计资料、产业或相关研究报告。

(10) 其他。各类出版物的厂商名录。

(11) 整体性的媒体招商广告。这一方式针对超市新开业的店铺,利用电视、报纸做全国性或区域性的招商广告,在预定期举办说明会,介绍公司状况,先吸引厂商接触再慢慢选择,这也是一种供应商信息来源之一。

(12) 媒体广告。超市可以在强势性的电视或报纸杂志的广告商品上,通过媒体上的联络电话、地址来作为信息来源。

(13) 同行市调。采购人员可到竞争对手店内市调,可通过下列几种方式得到优良商品的供应商。

①包装上的制造商或进口代理公司的电话联络。

②如果没有电话,利用包装上制造商或进口代理公司的名称,向 114 查询电话号码联络。

(14) 厂商介绍。想要引进的商品向同行厂商询问,厂商可提供相关信息。

(15) 供应商自行找上门。

三、供应商调查

供应商调查指的是了解供应商,了解资源市场。供应商调查分为三个阶段:资源市场调查、供应商初步调查、供应商深入调查。

(一) 资源市场调查

1. 供应商市场调查的内容

(1) 资源市场的规模、容量、性质。例如资源市场究竟有多大范围,有多少资源,多少需求量,是卖方市场还是买方市场,是完全竞争市场还是垄断市场。

(2) 资源市场的环境如何。例如市场的管理制度、法制建设、市场的规范化程度、市场的经济环境、政治环境等外部条件如何,市场的发展前景如何。

(3) 资源市场中各个供应商的情况如何,把众多的供应商的调查资料拿来进行分析,就可以得出资源市场自身的基本情况,例如资源市场的生产能力、技术水平、管理水平、质量水平、价格水平、需求情况及竞争性质等。

资源市场调查的目的,就是要进行资源市场分析。资源市场分析对于企业指定采购策略以及产品策略、生产策略都有很重要的指导意义。

2. 资源市场分析的内容

(1) 要确定资源市场是紧缺型的市场还是富余型市场?是垄断性市场还是竞争性市场?

(2) 要确定资源市场是成长型的市场还是没落型市场?如果是没落性市场,则我们要趁早准备替换产品。

(3) 要确定资源市场总的水平,并根据整个市场水平来选择合适的供应商。

(二) 供应商初步调查

所谓供应商初步调查,是对供应商的基本情况的调查。主要是了解供应商的名称、地址、生产能力,能提供什么产品,能提供多少,价格如何,质量如何,市场份额有多大,运输进货条件如何,等等。

1) 供应商初步调查的目的

供应商初步调查的目的是为了了解供应商的一般情况。而了解供应商的一般情况的目的:一是为选择最佳供应商做准备;二是为了了解、掌握整个资源市场的情况。因为许多供应商基本情况的汇总就是整个资源市场的基本情况。

2）供应商初步调查的特点

供应商初步调查的特点：一是调查内容浅，只要了解一些简单的、基本的情况；二是调查面广，最好能够对资源市场中所有供应商都有所调查、有所了解，从而能够掌握资源市场的基本情况。

3）供应商初步调查的方法

供应商初步调查的基本方法，一般可以采用访问调查法，通过访问有关人员而获得信息。例如，可以访问供应企业的市场部有关人员，或者访问有关用户、有关市场主管人员，或者其他的知情人士。通过访问建立起供应商卡片（见表 4-1）。

表 4-1　供应商卡片

公司全称：	法人代表：
成立时间：	总经理：
技术负责人：	职称职务：
营业执照号：	注册资金（万元）：
详细地址：	邮编：
联系电话：	
公司网址：	电子邮箱：
公司简介：	
产品情况（包括产品名称、规格、质量、价格、市场份额等）： 资质与认证： 运输方式： 过去三年主要的经营业绩：	

制作供应商卡片是采购管理的基础工作。在采购工作中，要经常选择供应商，就可以利用供应商卡片进行选择。当然供应商卡片要根据情况的变化，进行维护、修改和更新。目前多数企业实行了计算机信息化管理，通常会将供应商卡片信息输入计算机系统，利用数据库进行操作维护和使用，以更好地实施管理。

在初步供应商调查的基础上，要利用供应商初步调查的资料进行供应商分析。初步调查供应商分析的主要目的是比较各个供应商的优势和劣势，选择适合于企业需要的供应商。

4）供应商分析的主要内容

对可能供应商有必要进行下面的一些分析。

产品的品种、规格和质量水平是否符合企业需要，价格水平如何。只有产品的品种、规格、质量水平都适用于企业，才能成为潜在备选供应商，才有必要进行下面的分析。

（1）企业的实力、规模如何，产品的生产能力如何，技术水平如何，管理水平如何，企业的信用度如何。企业的信用度是指企业对客户、银行等的诚信程度；表现为供应商对自己的承诺和义务认真履行的程度，特别是像产品质量保证、按时交货、往来账目处理等方面能够以诚相待，一丝不苟地履行自己的责任和义务。

（2）产品是竞争性商品还是垄断性商品。如果是竞争性商品，则供应商之间的竞争态势如何，产品的销售情况如何，产品的价格水平是否合适。

（3）供应商相对于本企业的地理交通状况如何，进行运输方式分析、运输时间分析、运输费用分析，看运输成本是否合适。

在进行以上分析的基础上，为初步选择供应商提供决策支持。

(三) 供应商深入调查

供应商深入调查是指对经过初步调查后，准备发展为自己的供应商的企业进行的更加深入仔细的考察活动。这种考察，是深入到供应商企业的生产线、各个生产工艺、质量检验环节甚至管理部门，对现有的设备工艺、生产技术、管理技术等进行考察，看看所采购的产品能不能满足本企业所应具备的生产工艺条件、质量保证体系和管理规范要求，最终结果可以用供应商调查表(见表 4-2)的形式进行反映。只有通过这样深入的供应商调查，才能发现可靠的供应商，建立起比较稳定的物资采购供需关系。

表 4-2　供应商调查表

编号：________

序号	调 查 内 容
1	单位名称、地址：
2	联系人、电话：
3	传真、邮编：
4	企业性质、创立时间：
5	工厂面积：　　职工总数：　　人，(其中，管理人员　　人，技术人员　　人，工人　　人)
6	主要设备及生产线：
7	正常生产能力：
8	最大生产潜力：
9	正常交货周期：
10	最短交货期及叙述：
11	设计开发能力：□产品　□自行开发设计　□来料加工　□其他
12	技术工程部：有无生产工程师____人　□生产操作指导书　□靠经验保证生产
13	产品销售区域：□内销　□欧洲市场　□美国市场
14	产品遵守的标准：□国际标准　□国家标准　□行业标准　□企业标准
15	产品简介：
16	品质部门人数____人，管理人员____人，工程技术人员____人，检验员____人。
17	进料检验人员____人，主要仪器____，检验标准____，检验记录____。
18	制程检验人员____人，主要仪器____，检验标准____，检验记录____。
19	出货检验人员____人，主要仪器____，检验标准____，检验记录____。
20	检测仪器的校对：□有　□无　□在有效期内　□已过期
21	质量体系情况：□ISO9001　□QS9000　□TQM　□正在认证
22	关键工位人员的培训：　□有　□无　□有资格，根据____
23	价格与交货、付款方式：
24	

续表

供应商代表认可：		
结论：	□合格	□不合格
调查者：		时间：
批准：		时间：

进行深入的供应商调查，并不是所有的供应商都必须进行深入调查，只是在以下情况下才需要。

1）准备发展成紧密关系的供应商

例如，在进行准时化采购时，供应商的产品需要准时、免检、直接送上生产线进行装配。这时，供应商已经与企业结成了如同企业内容的一个生产车间一样的紧密关系。如果要选择这样紧密合作型的供应商，就必须进行深入的供应商调查。

2）寻找关键零部件产品的供应商

如果我们所采购的是一种关键零部件，特别是精密度高、加工难度大、质量要求高、在我们的产品中起核心功能作用的零部件产品，我们在选择供应商时，就需要特别小心，要进行反复的深入考察审核，只有经过深入调查证明确实能够达到要求时，才确定发展它为我们的供应商。

四、供应商的开发

（一）供应商开发概述

供应商管理的一个重要任务就是开发供应商。所谓开发供应商就是要从无到有地寻找新的供应商，建立起适合企业需要的供应商队伍。

供应商的开发是采购体系的核心，其表现也关系到整个采购部门的业绩。一般来说，供应商开发首先要确认供应商是否建立有一套稳定有效的质量保证体系，然后确认供应商是否具有生产所需特定产品的设备和工艺能力。其次是成本与价格，要运用价值工程的方法对所涉及的产品进行成本分析，并通过双赢的价格谈判实现成本节约。

（二）开发供应商的基本流程

供应商的开发工作应有计划地进行，并应在预定的日期之前开发成功。开发供应商程序包括明确需求、编制供应商开发进度表、寻找供应商的资料、初步联系、初步访厂、报价、正式工厂审核、产品质量认证和最后确定合格供应商等环节（见图 4-2）。

供应商开发的一般步骤按先后顺序具体如下。

1. 明确需求

这里所说的需求主要包含生产对物料技术、质量及交货期的要求；现有供应商满足供货要求的能力与质量状况；需要供应商具备哪些能力等。

2. 编制供应商开发进度表

供应商开发进度与生产需求计划、新产品开发与配套要求及供应商开发易难程度有直接关系。一般可按开发供应商的步骤编制一份时间进度表，这样不仅可以使开发新供应商的具体工作明确化，而且也可以尽量减少计划日期被拖延的可能性（见表 4-3）。

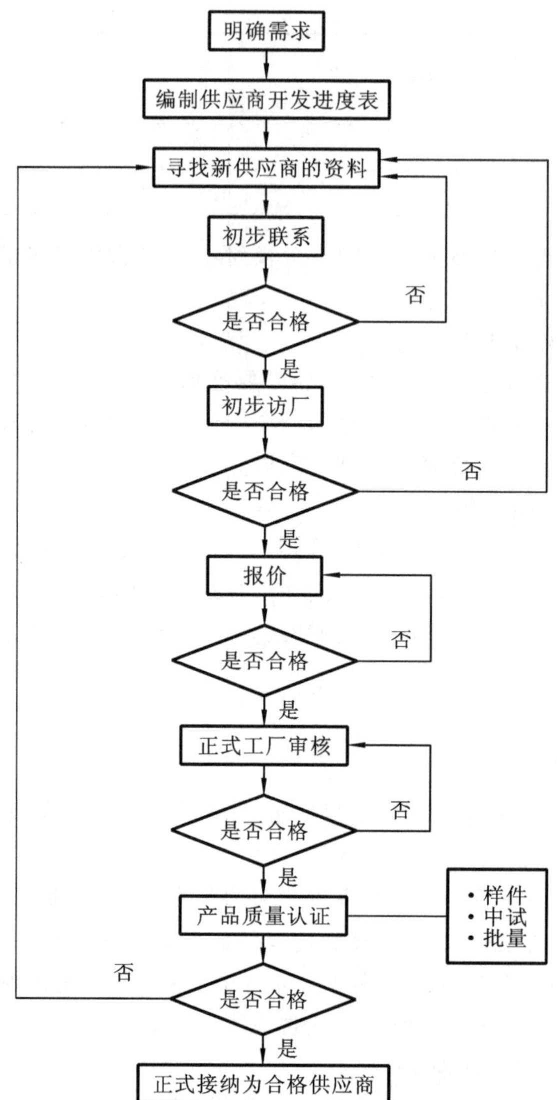

图 4-2　供应商开发程序图

表 4-3　供应商开发进度表

项目组长：　　　　　　　　　　　　日期：

序号	内容	进度日期										
		1周	2周	3周	4周	5周	6周	7周	8周	9周	10周	11周
1	寻找新供应商的资料	——→										
2	提供资料与面试会谈		——→									
3	资质评审			——→								
4	报价				——→							
5	确定供应商考察对象					————	——→					

续表

序号	内容	进度日期										
		1周	2周	3周	4周	5周	6周	7周	8周	9周	10周	11周
6	制作并送交工装样品							→				
7	评估首批产品								→			
8	评估小批量产品									→		
9	评估中批量产品										→	
10	合格供应商评估											→

3. 寻找新供应商的资料

明确对新供应商的需求后，便可依照编制的进度表进行开发的具体工作，寻找新供应商的资料或信息是第一步。获得所需信息的方式有很多，例如：访问国际互联网、参加各种展览会、通过别人介绍等，查阅上述供应商调查的相关内容。一般来说，通过各种方式获得的供应商会有好几家，可根据企业对欲开发的新供应商的各方面要求进行初步筛选，留下3～5家供应商进一步接触。

4. 初步联系

应使用适当的联系方法去跟供应商取得联系。一般来说，第一次尽可能采用电话联系，应跟供应商的相关业务人员清楚表达与他们联系的目的、自己的需求，并初步了解该供应商的产品。

跟供应商电话联系取得初步的信息后，应根据筛选出的供应商所在地的远近来采取不同的行动。可以要求距离较近的供应商来企业面谈，应让供应商带上企业简介、相关的样品以增加会谈效果。面谈时不仅要尽可能多地从供应商那里得到信息，同时也要将企业对预购原材料的要求尽可能向供应商表达清楚，如果必要的话，可带供应商到生产现场看一看，有利于增加供应商对预购产品要求的进一步理解。若因涉及技术与工艺保密的问题时，则应避免带供应商到生产现场参观。

如果是远距离供应商，草率地让供应商千里迢迢赶来显然是不合适的。合适的做法是让供应商用快递将资料和样品寄一些过来，从供应商的资料和样品中可以在一定程度上了解它的实力；也可以通过访问供应商的网页去了解供应商。

无论供应商是远是近，要求供应商填写一份“供应商调查问卷”是必要的。表4-4所示为一份供应商调查问卷，它用于在初步联系阶段了解供应商的一些基本情况。

5. 初步访厂

这一步骤不一定进行。如果方便且有必要的话，由采购人员在对供应商正式审核工厂之前去“踩踩点”还是有益的。因为越来越多的企业的供应商开发工作是由一个包括工程、品质管理人员在内的开发团队去完成，如果采购人员不提前对供应商的工厂有一个初步了解，万一供应商的实际生产现场很差，采购人员毫无疑问会遭到团队内其他部门人员的抱怨甚至是责难。初步访厂目的是要得到一个对该供应商的初步总体印象，为采购人员对该供应商是否有必要采取下一步行动的决策打好基础。

表 4-4　供应商调查问卷

日期________ 调查员________　　编号________ 1.厂商名称________　电话________　电报________。 　厂址________　邮政编码________。 2.负责人________　总经理________　副总经理________。 3.联络人________　职称________。 4.厂商规模： ①职员________；②总雇用人数________；③资本________；④厂房面积________；⑤总动力________； ⑥已设立________(年)。 5.编制： ①技术部门：□有，□无，工程师________人，技术员________人。 ②生产部门：直接人员________人，管理人员________人，间接人员________人。 ③品质管理部门：□有，□无，技术人员________人，检验员________人。 ④主管部门：□有，□无，职员________人，对________负责。 6.财务状况： ①往来银行________，________，________。 ②估计营业额，去年________，今年________，明年________。 ③主要客户：________，________，________。 7.生产能力与承制本公司产品能力： ①有无生产设备：□有，□无，是否足以生产：□是，□否； ②模具可否自行设计：□可，□否； ③可否自行制作模具：□可，□否；制作能力如何：□足够自用，□尚可代他厂加工，□不足自用；精确性：□良，□不佳。 8.主要产品制造及设备： 9.厂房平面图：

6. 报价

在对供应商资质审核及初步掌握供应商的一些基本情况后，可要求供应商报价。供应商一般根据其以往经验或同类产品的生产成本及市场价格水平进行报价。在供应商报价前，应发一份询价单给所有要报价的供应商。询价单内容包括物料名称、币种、价格术语、交货周期、最小交货量、交货地、付款条件等，以便让供应商进一步得到此物料的一些基本情况，并可让供应商以相同的报价条件来报价格，为采购人员比价创造有利条件。

7. 正式工厂审核

对符合资质、价格和交货条件的潜在供应商，采购方组织采购、质保，以及让工程技术人员前往供应商工厂进行现场考察和审核。审核内容包括对质量保证能力、产品开发能力、供货能力、价格水平、服务水平和管理水平六大模块进行审核。供应商审核表如表 4-5 所示。

表 4-5　供应商审核表

<table>
<tr><td colspan="23">供应商审核表</td></tr>
<tr><td rowspan="5">厂家资料</td><td colspan="4">公司名称</td><td colspan="3"></td><td colspan="4">公司地址</td><td colspan="4"></td><td colspan="2">电话</td><td colspan="5"></td></tr>
<tr><td colspan="4">工厂地址</td><td colspan="3"></td><td colspan="4">负责人</td><td colspan="4"></td><td colspan="2">电话</td><td colspan="5"></td></tr>
<tr><td colspan="4">营业执照号码</td><td colspan="3"></td><td colspan="4">经营品种</td><td colspan="11"></td></tr>
<tr><td colspan="4">员工人数</td><td colspan="18">管理：　　人，生产：　　人</td></tr>
<tr><td colspan="22">调查及评分</td></tr>
<tr><td rowspan="2">调查内容</td><td colspan="4">质量保证能力
30%</td><td colspan="4">产品开发能力
20%</td><td colspan="4">供货能力
20%</td><td colspan="4">价格水平
20%</td><td colspan="3">服务水平
5%</td><td colspan="3">管理水平
5%</td></tr>
<tr><td>质量管理体系</td><td>进料质量控制</td><td>生产过程质量控制</td><td>检测标准及检测手段</td><td>技术人员素质</td><td>设备技术的先进性</td><td>新产品开发成果</td><td>与其他企业配套创新能力</td><td>设备规模、生产能力</td><td>交货稳定性应变能力</td><td>设备维护</td><td>运输条件、配套距离</td><td>价格竞争能力</td><td>原材料、制造成本</td><td>降低成本的潜力</td><td>结算期限</td><td>流通加工能力</td><td>信息服务</td><td>售后服务</td><td>组织制度</td><td>现场管理</td><td>财务状况、经营状况</td></tr>
<tr><td>总分</td><td>10</td><td>10</td><td>5</td><td>5</td><td>5</td><td>10</td><td>2</td><td>3</td><td>10</td><td>5</td><td>2</td><td>3</td><td>10</td><td>3</td><td>2</td><td>5</td><td>2</td><td>1</td><td>2</td><td>2</td><td>2</td><td>1</td></tr>
<tr><td>备注</td><td colspan="22"></td></tr>
<tr><td colspan="23">评审组长：　　　　日期：　　年　　月　　日</td></tr>
</table>

8. *产品质量认证*

产品质量认证是供应商评估的关键环节，产品质量认证包括样品试制认证、中试认证和批量认证三个环节。

1）样品试制认证

样品试制认证的目的是验证系统设计方案的可行性，同时达成在企业与供应商之间的技术折中方案。其内容主要包括签订样品试制认证合同、向初选供应商提供认证项目试制资料、供应商准备样件、认证人员对过程进行协调监控、调整技术方案、供应商提供样件、样件评估、确定物料项目样件供应商。样品试制认证程序如图 4-3 所示。

(1) 签订样品试制认证合同。与初选供应商签订样品试制认证合同，目的是确保初选供应商在规定的时间内提供符合要求的样件。试制合同中应包括保密内容，即供应商应该无条件遵守企业的保密规定。

(2) 向初选供应商提供认证项目试制资料。签订试制合同后，要向供应商提供更为详尽的资料，其中可能会包括企业的一些机密材料。

(3) 供应商准备样件。供应商获得试制资料以后就应开始着手进行样件的准备工作。样件的准备工作需要一个周期，不同认证项目其周期不同，对于那些要求较高或全新产品的样件准备往往需要几个月甚至一年的时间，而对于那些只是稍作改动的产品，其样件的准备则需要时间较少。一般来说，同样情况下，电子件、机械件的准备周期相对较短，组合设备的准备周期

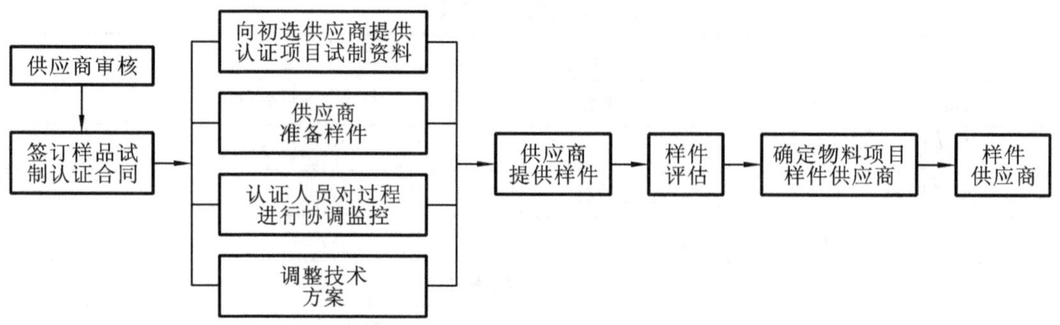

图 4-3　样品试制认证程序图

相对较长。

(4) 认证人员对过程进行协调监控。对于一些准备周期较长的认证项目,认证人员应该对过程进行协调监控,并且遇到突发事件时应及时提出解决对策。

(5) 调整技术方案。在有些情况下,可能需要企业与供应商之间进行技术方案的调整。设计人员的设计方案与实际加工过程出现要调整的地方是正常的,认证人员不能因为供应商提出技术方案调整而怀疑供应商的能力。

(6) 供应商提供样件。供应商把样件制造出来之后,应把样件交送采购认证部门进行认证,体积较小的样件只需随身携带,体积巨大的样件需要借助其他方式带给认证人员或由认证人员前往供应方进行检查。

(7) 样件评估。样件送到认证部门之后,由认证人员组织并协调相关部门一同制定认证项目的评估标准,对样件进行综合评估。样件的评估内容包括性能、质量、外观等。一般需要参加的评估人员包括设计人员、工艺人员、质管人员、认证人员、订单人员、计划人员等。

(8) 确定物料项目样件供应商。经过以上工作,就可以由集体决策,确定样件供应商并报上级主管批准。为保证所采购产品的质量,一般要选择三家以上的样件供应商。

2) 中试认证

经过试制认证之后,接着就要进行中试认证,它一般包括八个环节:签订中试认证合同、向样件供应商提供认证项目中试资料、供应商准备小批件、认证人员对过程进行协调监控、调整技术方案、供应商提供小批件、中试评估、确定物料项目中试供应商。中试认证程序如图 4-4 所示。

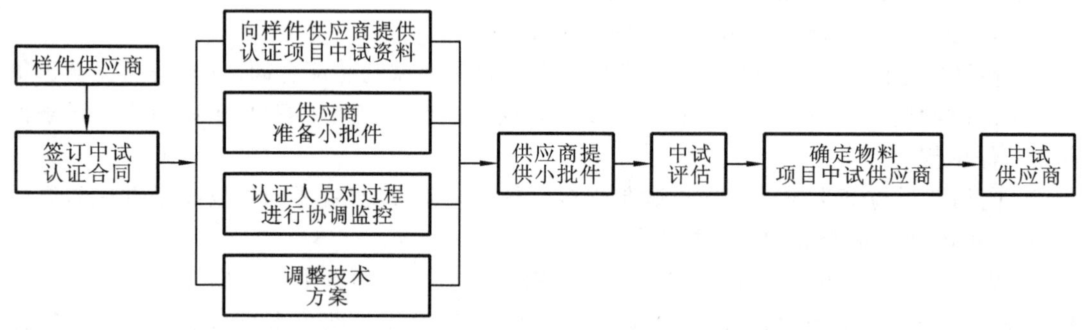

图 4-4　中试认证程序图

(1) 签订中试认证合同。样件试制过程结束以后,需要与样件供应商签订中试认证合同,使样件供应商在规定的时间内提供符合中试要求的小批件。

(2) 向样件供应商提供认证项目中试资料。项目的中试资料是经过试制以后修改了的试制项目技术资料,如经过修改的机械图纸、电子器件参数、软件方案等。

(3) 供应商准备小批件。准备小批件也需要一个周期,一般来说,小批件的生产周期要比样件周期短,因为供应商经过试制过程之后,在技术、生产工艺、设备及原材料等方面都有一些积累和经验。

(4) 认证人员对过程进行协调监控。在中试过程中,认证人员对过程仍需进行跟踪和协调监控。认证人员可以和供应商一起研究如何提高质量并且降低成本的方法,使批量生产具有可能性并最大程度地带来收益。

(5) 调整技术方案。技术方案一般需要经过多次实验和对比,才能确定性价比最优方案。

(6) 供应商提供小批件。供应商把准备好的小批件送到生产或认证部门,有时小批件要送到生产组装现场,有时需认证人员上门验查。

(7) 中试评估。由认证人员组织,对小批件的质量、成本供应情况等进行评估。认证人员进行中试评估时也应协调其他部门共同制定认证项目的中试评估标准。需要参加的评估人员包括设计人员、工艺人员、质管人员、认证人员、订单人员、计划人员等。

(8) 确定物料项目中试供应商。中试认证的要求比样件试制认证要高,因此通过中试认证确定的供应商成为最后赢家的可能性大。

3) 批量认证

批量认证一般包括八个方面:签订批量认证合同、向中试供应商提供认证项目批量生产技术资料、供应商准备批量件、认证人员对过程进行协调监控、调整技术方案、供应商提供批量件、批量评估、确定物料项目批量供应商。批量认证程序如图 4-5 所示。

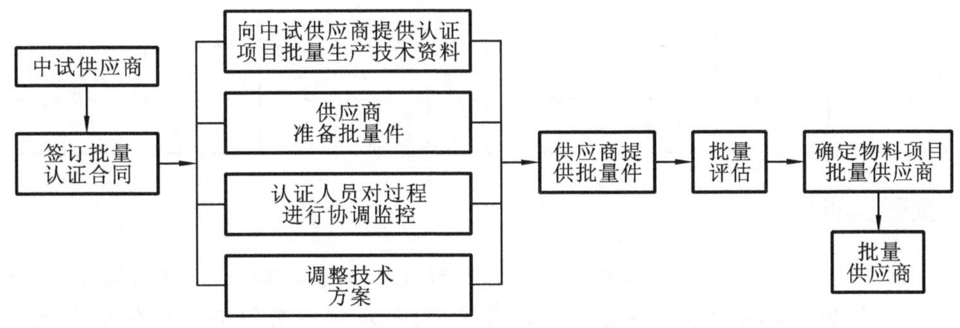

图 4-5　批量认证程序图

(1) 签订批量认证合同。与选定的中试供应商签订批量认证合同,使中试供应商能够在规定的时间内提供符合批量认证要求的批量件。

(2) 向中试供应商提供认证项目批量生产技术资料。项目批量生产技术资料是经过中试期间修改的技术资料,如可以大规模投放生产的机械图纸、电子器件参数、软件方案等。

(3) 供应商准备批量件。准备批量件需要一定的时间,供应商要想生产批量件就要提高自动化水平,配备相应的批量生产机械,如机械行业中的冲床、专业机械、电子行业的自动化设备等。

(4) 认证人员对过程进行协调监控。批量过程也需要进行跟踪,认证人员与订单人员应随时跟踪生产中可能出现的异常情况。

(5) 调整技术方案。认证机构应该对产品的稳定性和可靠性负责,及时跟踪技术方案的实施情况,根据实际情况对技术方案进行适当修改。

(6) 供应商提供批量件。供应商把准备好的批量件送交到生产部门,有时批量件也需要运送到生产组装线。

(7) 批量评估。采购方向供应商索要或订购适当数量的物料来进行批量试产,只有较大数量的样品能通过评估,样品评估这个环节才算真正结束。试生产用的第一批订货的数量不宜太大,一般为 4 000～5 000 件比较合适,不同的企业对此有不同的规定。

(8) 确定物料项目批量供应商。即根据批量评估结果,选择合适的物料项目批量供应商。

9. 正式接纳为合格供应商

如果对新供应商的工厂审核及样品评估达到采购方的要求,那么该供应商便可被接纳为合格供应商,将被加入到合格供应商的清单中去。合格供应商清单应包括供应商名称、采购类别及项目、产能、采购周期、最小采购批量、最小包装数、联系人、联系电话和备注等。合格供应商清单是采购部门下订单的依据,内容列项应尽量详细(见表 4-6)。

表 4-6　合格供应商清单

序号	供应商名称	采购类别及项目	产能	采购周期	最小采购批量	最小包装数	联系人	联系电话	备注

课后实训

广东大华公司是一家集团公司,现在拟在河源市开办一家超市,公司其他事项已经基本准备妥当,现公司需要确定超市各类物品的进货渠道,因此决定由采购部派员先期进行供应商的调查和开发。目前,确定要调查的商品是方便面、饮料、洗发水、沐浴露、牙膏、小食品、文具等日用商品。假设你是公司采购部的一员,请按照以下要求,完成某类商品的供应商调查与开发。

(1) 请设计供应商调查表。

(2) 采取实地调查、问卷调查、网上调查等方法开展调查工作。

(3) 根据初步调查结果填写供应商调查表。

(4) 制定供应商开发进度表,调查结束后对该类商品的供应商市场形成分析报告。

(5) 每种商品调查的供应商数量不低于 5 家。

任务二 供应商的评价与选择

任务引入

某企业生产的机器上有一种零件需要从供应链上的其他企业购进，年需求量为10 000件。有三个供应商可以提供该种零件，他们的价格不同，质量也有所不同。另外，这三个供应商的交货提前期、提前期的安全期及要求的采购批量均不同。如果零件出现缺陷，需要进一步处理才能使用。每个有缺陷的零件处理成本为6元，主要是用于返工的费用。有关数据如表4-7所示。

表4-7 供应商提供零件的有关数据

供应商	价格/(元/件)	合格品率/(%)	提前期/周	提前期的安全期/周	采购批量/件
A	9.50	88	6	2	2 500
B	10.00	97	8	3	5 000
C	10.50	99	1	1	1 200

【任务】 请根据以上信息为企业选择一个适当的供应商。

任务分析

在经过供应商的调查与开发，初选出候选的供应商之后，要为企业选择一个合适的供应商，首先要看企业选择供应商的目标是什么，是价格最低还是质量最好或总成本最低，不同的目标将导致最后选择的供应商也会有所差别。

知识链接

一、供应商评价

供应商评价是指利用指标评价体系，对供应商供货质量服务水平、供货价格、准时性、信用度等进行评价，为供应商的选择奠定基础。

对供应商进行评价的基础是确定评价的内容、方法、地位和作用，基于供应商在企业供应链中的地位和作用，可以从以下几方面对此问题加以考虑。

1. 供应商是否遵守公司制定的供应商行为准则

供应商行为准则是企业对供应商最基本的行为约束，也是双方保持合作关系的基本保障，这是进行供应商评价的首要内容。

2. 供应商是否具备基本的职业道德

这主要表现在以下几个方面。

(1) 是否遵守企业指定的保密协议。

(2) 是否通过不正当手段获得采购人员的信任。

(3) 是否通过不正当手段邀请采购人员进行娱乐。

(4) 是否串联相关其他企业哄抬物料价格。

(5) 提供物料是否以次充好,能否达到合同约定的品质。

(6) 是否让采购人员持有供应企业股份,以达到对其进行贿赂的目的。

3. 供应商是否具备良好的售后服务意识

采购物料在装配使用和运输过程中,可能因为质量问题或使用方式不当等原因而导致损坏。在发生这种情况时,供应商应及时修理,提供相关的售后服务支持,而不应借故拖延,或者让采购企业蒙受损失。

4. 供应商是否具备良好的质量改进意识和开拓创新意识

随着市场竞争的加剧,企业的技术创新、产品创新层出不穷。尤其是在高新技术企业中,产品更新换代的速度已以日计。企业的创新意识离不开供应商的支持,以及原材料品质和技术的进步,有时供应商的创新甚至是推动企业创新的原动力之一,它为企业提供了更大的利润空间。

5. 供应商是否具备良好的运作流程、规范的企业行为准则和现代化企业管理制度

管理混乱、行为规则不健全的供应商很难在激烈的竞争中维持生存和发展,因为这些问题的存在不利于和采购方建立长期稳定的合作关系。

6. 供应商是否具有良好的沟通和协调能力

企业之间的合作要建立在双方良好的沟通和协调之上。在生产和管理中,企业可能因为多种原因需要得到供应商的配合和帮助,如计算机制造企业和汽车制造企业,因为技术具有专用性就需要在专业人员的操作指导下进行组装生产。

7. 供应商是否具有良好的企业风险意识和风险管理能力

有些物料未来的市场需求很难确定,可能有大量需求,也可能仅具有研发阶段的供应。具有良好风险管理能力的供应商有能力在不确定的市场环境中,以合适的价格提供企业所需要的物料和产品,保证企业生产活动的正常进行。

8. 供应商是否具有在规定的交货期内提供符合采购企业要求物料的能力

这是企业评价供应商的最低标准。无论是具有长期合作关系的供应商还是只签订短期供货合同的供应商,这一点都是至关重要的。

对供应商进行评价的内容涉及许多方面,不同企业对此有各自的具体要求和期望。对于大型企业尤其是跨国集团来讲,供应商选择的成功与否关系到企业整个系统的正常运作,因此他们对供应商进行评价时有更多、更严格的标准和更广泛的内容。而中小企业对供应商的要求则相对较为宽松。另外,就评价内容而言,有些方面可以量化,有些则只能从企业在长期的运作中观察得到。许多企业根据自身规模和运作,根据实际情况形成了对供应商进行考评的指标体系。

二、供应商评价的步骤

1. 分析市场竞争环境

要想建立基于信任、合作、开放性交流的供应链长期合作关系,必须首先分析市场竞争环境。目的在于找到针对哪些产品市场开发供应链合作关系才有效,企业必须知道现在的产品需求、产品的类型和特征,以此来确认客户的需求,确认是否有建立供应链合作关系的必要。

2. 建立选择的目标

企业必须确定供应商评价程序如何实施，而且必须建立实质性、实际的目标。供应商评价和选择不是一个简单的过程，它本身也是企业自身的一次业务流程重构过程。

3. 建立供应商评价标准

供应商评价指标体系是企业对供应商进行综合评价的依据和标准，是反映企业本身和环境所构成复杂系统的不同属性的指标，是按隶属关系、层次结构有序组成的集合。以下几个方面可能会影响供应链合作关系：①供应商的业绩；②设备管理；③人力资源开发；④质量控制；⑤成本控制；⑥技术开发；⑦客户满意度；⑧交货协议。

4. 建立评价小组

企业必须建立一个专门的小组控制和实施供应商评价，这个小组的组员以来自采购、质量、生产、工程等与供应链合作关系密切的部门为主。

5. 供应商参与

企业决定实施供应商评价，评价小组必须与初步选定的供应商取得联系，来确认他们是否愿意与企业建立供应链合作关系，是否有获得更高业绩水平的愿望。所以，企业应尽可能早地让供应商参与到评价的设计过程中来。

6. 评价供应商

评价供应商的一个主要工作是调查、收集有关供应商生产运作等全方位的信息。在收集供应商信息的基础上，就可以利用一定的工具和技术方法对供应商进行评价了。

7. 实施供应合作关系

在实施供应链合作关系的过程中，市场需求将不断变化。企业可以根据实际情况的需要及时修改供应商评价标准，或者重新开始供应商评价选择。在重新选择供应商时，应给予原有供应商足够的时间以适应变化。

三、供应商评价的指标

供应商评价主要通过以下几个指标进行考核。

1. 产品质量

产品质量是最重要的因素，在开始运作的一段时间内，应主要加强对产品质量的检查。检查可分为两种：一种是全检；另一种是抽检。全检工作量太大，一般采用抽检的方法。质量的好坏可以用质量合格率来描述。如果在一次交货中一共抽检了 n 件，其中有 m 件是合格的，则质量合格率为 P。其公式为

$$P=\frac{m}{n}\times 100\%$$

显然，质量合格率越高越好。有些情况下，企业采取对不合格产品退货的措施，这时质量合格率也可以用退货率来描述。所谓退货率，是指退货量占采购进货量的比率。如果采购进货 n 次（或件、个），其中退货 r 次（或件、个），则退货率可以用以下公式表示，即

$$\text{退货率}=\frac{r}{n}\times 100\%$$

2. 交货期

交货期也是一个很重要的考核指标。考核交货期主要是考核供应商的交货准时率。准时

交货率可以用准时交货的次数与总交货次数之比来衡量。其公式为

$$交货准时率=\frac{准时交货的次数}{总交货次数}\times100\%$$

3. 交货量

考核交货量主要是考核按时交货量。按时交货量可以用按时交货量率来评价,按时交货量率是指给定交货期内的实际交货量与期内应完成交货量的比率。

其公式为

$$按时交货量率=\frac{期内实际完成交货量}{期内应完成交货量}\times100\%$$

4. 工作质量

考核工作质量,可以用交货差错率和交货破损率来描述,分别为

$$交货差错率=\frac{期内交货差错量}{期内交货总量}\times100\%$$

$$交货破损率=\frac{期内交货破损量}{期内交货总量}\times100\%$$

5. 价格

价格是指供货的价格水平。考核供应商的价格水平,可以将它与市场同档次产品的平均价和最低价进行比较。分别用市场平均价格比率和市场最低价格比率来表示。其公式为

$$市场平均价格比率=\frac{供应商的供货价格-市场平均价}{市场平均价}\times100\%$$

$$市场最低价格比率=\frac{供应商的供货价格-市场最低价}{市场最低价}\times100\%$$

6. 进货费用水平

供应商的进货费用水平可以用进货费用节约率来考核。其公式为

$$进货费用节约率=\frac{本期进货费用-上期进货费用}{上期进货费用}\times100\%$$

7. 信用度

信用度主要用来考核供应商履行自己的承诺,以诚待人,不故意拖账、欠账的程度。信用度公式为

$$信用度=1-\frac{期内失信的次数}{期内交往总次数}\times100\%$$

8. 配合度

配合度主要考核供应商的协调精神。在和供应商相处的过程中,常常因为环境或具体情况的变化,需要调整变更工作任务,这种变更可能会导致供应商的变更,甚至会导致供应商必须做出一点牺牲。这一点可以考核供应商在这些方面配合的程度。另外如工作出现了困难,或者发生了问题,可能有时也需要供应商才能解决。这时,都可以看出供应商的配合程度。考核供应商的配合度,主要靠人们的主观评分来考核。通过找与供应商相处的人员,让他们根据这个方面的体验来为供应商评分。特别典型的,可能会有上报的情况。这时可以把上报或投诉的情况也作为评分依据之一。

四、选择供应商应考虑的因素

市场经济条件下，企业采购的外部环境发生了重大变化，主要体现在进货渠道多、价格差异大、质量难以控制、采购风险大等方面，这对企业采购工作提出了新的要求。企业必须转变原有的采购观念，坚持以经济效益为中心，以降低采购成本为立足点，合理选择供应商，充分发挥创造性采购的作用。选择供应商是一件非常重要的工作，企业应根据对供应商的具体分析，再结合本企业的实际情况具体选择适合本企业发展壮大的供应商。一般来说，在实际的选择过程中必须综合考虑以下几个方面的影响因素。

1. 质量

质量是供应商选择的首要参考目标，它也是采供双方合作达成的基本条件。质量指标对于一个企业的重要性，这里不再赘述，它等同于企业的生命。质量指标主要是指供应商所供给的各类物资，包括原材料、初级产品或消费品组成部分的质量。通常情况下，采购方在与某家供应商合作之前，必然会考察该供应商所生产产品的质量。考察活动可能有样品质量检验、实际生产和质量监控流程的参观，以及供应商质量控制体系的考评等。与生产工艺能达到的最高质量水平相比，供应商能够持续保持的质量水平更有意义。当然，如果样品或少量交付的样品质量就很低劣的话，那这个供应商就更不能考虑了。一般来说，采购物资的质量并非越高越好，关键在于满足企业所要求的质量水平，如果质量水平过高，需要采购方支付相应的超质量成本，那么高质量可能会成为企业的负担，与企业的产品定位及竞争策略产生冲突。而在考察供应商的产品质量要求方面，采购方关键要看供应企业是否有一套有效执行的产品质量检验制度，即控制质量的能力。在对供应商的质量管理要求上，考察的因素包括质量管理方针、政策、质量管理制度的执行及落实情况、有无质量管理制度手册、有无质量保证的作业方案和年度质量检验的目标和改善的目标、有无权威评价机构的评鉴等级、是否通过了 ISO 9000 质量体系认证等。

2. 价格

在满足质量要求的供应商间进行选择的时候，采购方首先考虑的因素是各个供应商的报价。尤其是采用招标方式采购的标准件，价格更是决定哪几个供应商被选择的最关键指标。价格因素主要是指供应商所供给的原材料、初级产品或消费品组成部分的价格，供应商的产品价格决定了采购方或说下游企业的产成品的价格以及整条供应链的投入产出比，对生产商和销售商的利润率有相应程度的影响。在采购谈判中，价格经常是采供双方争执和博弈最激烈的一个环节。相关调查研究表明，20 世纪 90 年代，我国企业在选择供应商时，主要的标准是产品质量，其次是价格。虽然近几年来，非质量和价格因素越来越多地被供应商选择的研究人员所关注，但是这两个因素的重要性仍可见一斑。

3. 交货能力

供应链管理的思想摒弃了传统企业与企业竞争的狭隘竞争理念，转为供应链与供应链之间的竞争。对于企业来说，供应链上的其他企业及市场都是外在系统，它的变化或波动都会引起企业或供应链的变化或波动，市场的不稳定性会导致供应链各级库存的波动。而交货提前期的存在又必然造成供应链各级库存变化的滞后性和库存的逐级放大效应。交货提前期越小，库存量的波动越小，企业对市场的反应速度也越快，对市场反应的灵敏度也越高。由此可见，交货提前期是一个重要的概念。交货能力的概念比交货提前期更为丰富。它包括交货提前期、交货准时性、对采购方变更交货数量和交货时间的反应水平等这些与准时按需交付满足采购方需求物资的所有能力。交货准时性是指按照采购方所要求的时间和地方，供应商将指定产品准时送到指定地点。如果供应商的交货准时性较低，必定会影响生产商的生产计划和销售商的销售计划及时机。沃尔玛为其供应商设定了交货时间窗，每个供应商必须在规定时间范围内(通常精确到分钟)交付沃尔玛超市所订购的商品，超过时间交付将会被拒绝接收。这一交付条件就考验了供应商的交货准时水平。

4. 服务水平

服务水平因素指的是在采购合同执行过程中，供应商对采购商在物资或设备的使用、残次品的调换、设备使用方法培训、相应故障的排除等方面的帮助，即供应商为采购企业提供质量保证和相应售后服务的所有活动。如果销售过程中的相关服务跟不上，产生的相关问题会给采购企业带来诸多麻烦，轻者增加企业的物料成本和生产成本，重者影响生产的连续性和新设备的上马进度，给企业带来重大经济损失。因此，现在很多采购企业都很重视客户服务水平这一因素，它已成为供应商选择过程中的另一重要因素。

5. 供应商的地理位置

对于不同的物资，供应商的地理位置这一因素的重要性也不相同。如果物资的配送成本，尤其是运输成本占采购方采购成本的比例越大，那么供应商相对采购商的地理位置就越重要；如果所采购的物资或设备需要采供双方频繁密切的配合，尤其是在供应商参与新产品开发的过程中，地理位置无疑也会给直接沟通的难易程度以及相应差旅成本造成直接重要的影响。另外，供应商所在的地理位置有时候也决定了它获得某种原材料的稳定程度和价格水平，这可能直接影响采购商采购物资的进货成本，进而左右采购方对供应商的抉择。最后，供应商的地理位置不同，各类自然灾害，如旱灾、涝灾、地震、台风等发生的风险也各不相同，如果采购物资易受这些灾害的影响，那么供应商的地理位置就决定了它发生停产、减产甚至倒闭等风险的可能性，这些都应该考虑在供货伙伴尤其是长期合作伙伴的选择过程中。

6. 供应商的信誉

供应商信誉是供应商与本采购企业或其他买家合作过程中积累起来的声望。它可以看做是供应企业无形资产的组成部分，优秀供应商为了维护其良好声誉，按约保质保量的履行合同的愿望要远远高于那些声名狼藉的供应企业。

7. 供应商的财务状况

采购企业的供应部门有时还会把供应商的财务状况纳入考核的指标体系之中，原因在于制造企业供应部门担心本企业财务部门及时支付货款的比例不足。如果制造企业的货款支付制度是财务中心根据销售部门或其他资金进项的时间安排支付应付账款，而不是按照应付账款到达财务部门的时间去筹措相应资金，那么供应部员工在选择供应伙伴时就不得不把对方的财务状况考虑在内。如果供应企业是其他条件优越而财务链条管理的比较紧张的小型供应企业，而采购企业的份额又占供应商销售额较大比例时，采购企业财务部门拖欠货款可能给供应企业造成巨大风险，严重时甚至直接导致其停工停产以及双方的法律纠纷。而这种情况对于资金雄厚的大型供应企业来说问题就不会这么严重。

当然，上述指标的讨论还是基于传统的采供双方的供需管理模式。随着供应链管理、供应商关系管理、战略联盟等思想不断深入人心，供应商评选指标也渐渐由上述以价格和质量等为主的体系向有利于采供双方长期互利合作关系的方向转变。较之传统的指标体系和评选过程，新型供应链模式下的供应商评选指标体系更利于采供双方在动态、合作、竞争的环境中成为实现信息共享、风险共担的合作伙伴关系，实现对多变市场需求的快速反应。这时，供货柔性、供应商的技术创新能力、合作的态度、信息共享水平以及对市场的反应能力等都将成为采购方评价并选择供应链合作者的重要因素。

五、选择供应商的原则

(1) 系统全面性原则：全面系统评价体系的建立和使用。

(2) 简明科学性原则：供应商评价和选择步骤、选择过程应透明化、制度化和科学化。

(3) 稳定可比性原则：评估体系应该稳定运作，标准统一，减少主观因素。

(4) 灵活可操作性原则：不同行业、企业、产品需求、不同环境下的供应商评价应是不一样的，应保持一定的灵活操作性。

(5) 门当户对原则：供应商的规模、层次应和采购商相当。

(6) 半数比例原则：购买数量不超过供应商产能的 50%，反对全额供货的供应商。如果仅由一家供应商负责 100%的供货和 100%成本分摊，则采购商风险较大，因为一旦该供应商出现问题，按照"蝴蝶效应"的发展，势必影响整个供应链的正常运行。不仅如此，采购商在对某些供应材料或产品有依赖性时，还要考虑地域风险。

(7) 供应源数量控制原则：同类物料的供应商数量为 2～3 家，应有主次供应商之分。这样可以降低管理成本和提高管理效果，保证供应的稳定性。

(8) 供应链战略原则：与重要供应商发展供应链战略合作关系。

(9) 学习更新原则：评估的指针、标杆对比的对象，以及评估的工具与技术都需要不断地更新。

六、选择供应商的步骤

供应商在供应链中担负重要角色，供应商的选择机制是多元化的，因此，企业的决策者选择供应商时要因地制宜，对企业所处的内外环境进行详细的分析，根据企业的长期发展战略和核心竞争力，选择适合本企业或本行业的理论和方法，制定相应的实施步骤和实施规则。不同的企业在选择供应商时，所采用的步骤会有差别，但基本的步骤应包含下列几个方面(具体步骤如图 4-6 所示)。

1. 成立供应商评选小组

企业需成立一个专门的小组来控制和实施供应商评价，这个小组的组员以来自采购、质量、生产、工程等与供应链合作关系密切的部门为主。小组组员必须有团队合作精神，还应具备一定的专业技能。评选小组必须同时得到采购企业和供应商企业最高领导层的支持。

2. 分析市场竞争环境

企业必须知道现在的产品需求是什么、产品的类型和特征是什么，以此来确认客户的需求，确认是否有建立供应关系的必要。如果已经建立供应关系，需要根据需求的变化确认供应合作关系变化的必要性，分析现有供应商的现状，总结企业存在的问题。

3. 确立供应商选择的目标

企业必须确定供应商评价程序如何实施，而且必须建立实质性的目标。供应商评价和选择

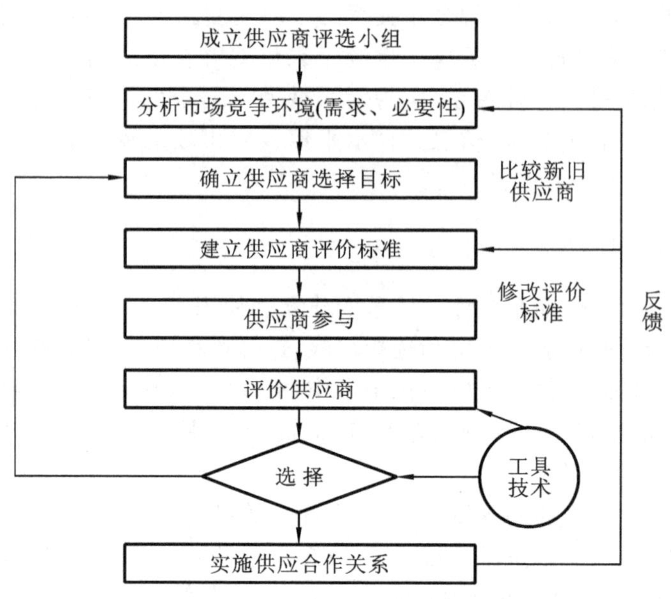

图 4-6　选择供应商的步骤

不仅仅是一个简单的过程，也是企业自身的一次业务流程重构过程。如果实施得好，就可以带来一系列的利益。

4. 建立供应商评价标准

供应商评价指标体系是企业对供应商进行综合评价的依据和标准，是反映企业本身和环境所构成的复杂系统的不同属性的指标，是按隶属关系、层次结构有序组成的集合。不同的行业、企业，不同产品需求和环境下的供应商的评价应是一样的，但供应商的评价标准应涉及以下几个方面：供应商业绩、设备管理、人力资源开发、质量控制、成本控制、技术开发、客户满意度、交货协议等。根据企业实际状况和供应商选择的时间跨度，对供应商的要求也有不同，按时间的长短分别有相应的短期标准和长期标准。具体见表 4-8。

表 4-8　供应商选择标准

供应商选择的短期标准	商品质量合适、成本低、交货及时、整体服务水平好(安装服务、培训服务、维修服务、升级服务、技术支持服务)、履行合同的承诺和能力等
供应商选择的长期标准	供应商质量管理体系是否健全、供应商内部机器设备是否先进以及保养情况如何、供应商的财务状况是否稳定、供应商内部组织与管理是否良好、供应商员工的状况是否稳定等

在确定选择供应商的标准时，一定要考虑短期标准和长期标准，把两者结合起来，才能使所选择的标准更全面，进而利用标准对供应商进行评价，最终寻找到理想的供应商。

5. 供应商参与

一旦企业决定实施供应商评选，评选小组应尽可能地让供应商参与到评选的设计过程中，确认他们是否有获得更高业绩水平的愿望。

6. 评选供应商

评选供应商的主要工作是调查、收集有关供应商生产运作等全方位的信息。在收集供应商信息的基础上，就可以利用一定的工具和技术方法进行供应商的评选了。

7. 实施供应合作关系

在实施供应合作关系的过程中，市场需求也将不断变化。企业可以根据实际情况的需要及时修改供应商评选标准，或者重新开始供应商评估选择。在重新选择供应商的时候，应给予旧供应商足够的时间来适应变化。

七、选择供应商的方法

选择供应商的方法有许多种，具体使用哪种方法要根据供应商的数量、对供应商的了解程度、采购物品的特点、采购的规模及采购的时间性要求等具体确定。目前国内外常用的供应商选择的方法通常有以下几种，适用于不同的情况。

（一）经验评价法

经验评价法是根据征询和调查的资料并结合采购人员的经验对合作伙伴进行分析、评价的一种方法。通过调查、征询意见、综合分析和评价来选择供应商，是一种主观性较强的方法，主要是倾听和采纳有经验的采购人员的意见，或者直接由采购人员凭经验做出判断。

经验评价法根据其评价过程和分析工具的结构化程度分为非结构化方法和结构化方法。

1. 非结构化方法

非结构化方法包括头脑风暴法（brain storming）和德尔菲法（Delphi method）。

1）头脑风暴法

头脑风暴法是由美国创造学家奥斯本（Alex Faickney Osborn，1888—1966）于1939年首次提出并于1953年正式发表的一种激发参与者思维的群体决策方法。头脑风暴法又可分为直接头脑风暴法（通常简称为头脑风暴法）和质疑头脑风暴法（也称反头脑风暴法）。前者是在专家群体决策时尽可能激发群体中每一位个体的创造性，产生尽可能多的设想的方法；后者则是对前者提出的设想和方案逐一质疑，分析其现实可行性的方法。采用头脑风暴法组织群体决策来选择供应商时，要集中有关专业人员（包括采购专家和内部客户的专家）召开专题会议，主持者以明确的方式向所有参与者阐明供应商选择的原则，说明会议的规则，尽力创造融洽轻松的会议气氛。主持者一般不发表意见，以免影响会议的自由气氛。由专家们“自由”充分地发表意见，推荐优秀的供应商并给出依据，或者对备选供应商进行充分地评价。最终，可通过少数服从多数的原则来确定最优供应商。

2）德尔菲法

德尔菲法是在20世纪40年代由赫尔姆（Olaf Helmer）和达尔克（Norman Dalkey）首创，经过戈登（T. J. Gordon）和兰德公司（RAND corporation）进一步发展而成的一种利用群体智慧预测未来的方法。德尔菲法依据设定好的程序，采用向专家发出问卷、专家匿名发表意见的方式（即专家之间不得互相讨论，不发生横向联系，只能与调查人员发生关系），通过多轮次调查专家对问卷所提问题的看法，经过反复征询、归纳、修改，最后汇总成专家基本一致的看法，作为预测的结果。

德尔菲法用于决策具有如下特征：①充分利用专家的智慧；②由于采用匿名或背靠背的方式，能使每一位专家独立地做出自己的判断，不会受到面对面讨论问题时权威的影响；③经过问卷—归纳—再问卷的多次循环，最终结论会得到理想的决策结果。正是由于德尔菲法具有以上这些特点，使它广泛用于诸多决策过程中。这种方法的优点主要是简便易行，具有一定科学性和实用性，可以避免会议讨论时产生的害怕权威随声附和，或固执己见，或因顾虑情面不愿与他人意见产生冲突等弊病；同时也可以使大家发表的意见较快聚拢，参加者也易接受结论，具有一定程度综合意见的客观性。

2. 结构化方法

将供应商选择评价的维度（或指标）明确下来，并定义出不同的级别，之后再由相关专家基于其经验来评价的方法，就是结构化的经验评价法。结构化经验评价法的具体操作方法如下：首先，列举出评价供应商的各项指标；然后，按供应商的优劣档次，分别对各供应商进行评分；最后，将各项得分相加，选得分高者为最佳供应商。

（二）综合评分法

评分法是现行企业应用比较普遍的一种供应商评价选择方法，它比直观判断法更加科学，易于理解，操作起来也较为方便。企业的一般物资大多采用这种方法来选择供应商。此外，该方法也易于程序化，虽然在打分过程中不可避免地带有主观色彩，但用打分的方法量化评价效果还是比较好的。其不足之处在于无法体现不同评选指标的不同重要性，这与现实情况并不符合，所以这一方法也渐渐被综合权重评分法或层次分析法等方法所代替。

综合评分法的操作流程具体如下。

（1）针对要采购的资源和内部客户要求列出评价指标和相应的权重。

（2）列出所有的备选供应商。

（3）由相关人员对各供应商的各项指标打分。

（4）对各供应商的所有指标得分加权求和得到综合评分。

（5）按综合评分将供应商排序，选择得分最高者，也就是综合评价结果最好的供应商。

（三）招标法

招标采购也是一种使用越来越广泛的采购方法，已经受到业界的普遍关注。所谓招标采购，就是通过招标方式寻找最好的供应商的采购方法，它是政府及企业采购中的基本方式之一。招标采购最大的特征就是其公开性，凡是符合资源规定的供应商都有权参加投标。招投标业务通常集中在建设工程、生产设备或资本品采购，以及政府采购中。

（四）协商选择法

在可选择的供应商较多、企业难以抉择时，可以采用协商选择的方法选择供应商，即由企业先选出供应条件较好的几个供应商，同他们分别进行协商，以确定适宜的合作伙伴。和招标法相比，协商选择方法因双方能充分协商，在商品质量、交货日期和售后服务等方面比较有保证；但由于选择范围有限，不一定能得到最便宜、供应条件最有利的供应商。当采购时间紧迫、投标单位少、供应商竞争不激烈、订购物资规格和技术条件比较复杂时，协商选择方法比招标方法更合适。

（五）采购成本比较法

对于采购商品质量与交付时间均满足要求的供应商，通常是进行采购成本比较，即分析不同价格和采购中各项费用的支出，以选择成本较低的供应商。采购成本通常包括价格、订购费用、运输费用等。采购成本比较法是通过分析比较各供应商的采购成本，选择采购成本较低的合作伙伴的一种方法。

课后实训

请选择学校附近的某一家企业(如超市)作为调查对象。调查公司选择供应商的基本步骤，并为企业的某类新产品建立供应商的评价指标体系，并为其设计一个供应商选择方法，并说明该供应商选择方法的优劣。

学习情境五

采购方式选择

WULIU
CAIGOU
GUANLISHIWU

知识目标

(1) 了解现代采购方式的主要类型。

(2) 熟悉各类采购方式的特点和适用范围。

(3) 掌握各类采购方式的优缺点和适用条件，掌握招标采购的方法和程序，以及招标文件的格式和规范。

(1) 能根据采购目标和采购环境为采购项目选择合适的采购方法。

(2) 能制定招标公告。

(3) 能制定招标书并开展招标工作。

海尔推行的准时采购

海尔物流的特色是借助物流专业公司力量，在自建基础上小外包，总体实现采购JIT、原材料配送JIT和成品配送JIT的同步流程。同步模式的实现得益于海尔的现代集成化信息平台。海尔用CRM与BBP电子商务平台架起了与全球用户的资源网、全球供应链资源网沟通的桥梁，从而实现了与用户的零距离，提高了海尔对订单的响应速度。

海尔的BBP采购平台由网上订单管理平台、网上支付平台、网上招标竞价平台和网上信息交流平台有机组成。网上订单管理平台使海尔100%的采购订单由网上直接下达，同步的采购计划和订单提高了订单的准确性与可执行性，使海尔采购周期由原来的10天减少到了3天，同时供应商可以在网上查询库存，根据订单和库存情况及时补货。网上支付平台则有效提高了销售环节的工作效率，支付准确率和及时率达到100%，为海尔节约了近1 000万的差旅费，同时降低了供应链管理成本，目前海尔网上支付已达到总支付额的20%。网上招标竞价平台通过网上招标，不仅使竞价、价格信息管理准确化，而且还防止了暗箱操作，降低了供应商管理成本，实现了以时间消灭空间。网上信息交流平台使海尔与供应商在网上就可以进行信息互动交流，实现信息共享，强化了合作伙伴关系。除此之外，海尔的ERP系统还建立了其内部的信息高速公路，实现了将用户信息同步转化为企业内部的信息，实现了以信息替代库存，接近零资金占用。

在采购JIT环节上，海尔实现了信息同步，采购、备料同步和距离同步大大降低了采购环节的费用。信息同步保障了信息的准确性，实现了准时采购。采购、备料同步，使供应链上原材料的库存周期大大缩减。目前已有7家国际化供应商在海尔建立的两个国际工业园建厂，爱默生等12家国际化分供方正准备进驻工业园，与供应商、分供方的距离同步有力保障了海尔JIT采购与配送。

任务一　采购方式的确定

某单位拟采购一批计算机设备，包括 12 台品牌台式机及 4 台笔记本电脑，预算金额为 12 万元，采购单位在采购方案中指定了台式机及液晶显示器的具体品牌、配置参数。该项目采购方案经报政府采购管理机构审批后，管理机构将该项目下达给政府采购中心，并规定必须采用竞争性谈判方式采购。政府采购中心对该项目进行了审查、论证，发现该项目已经明确指定了设备的品牌、配置参数，且规格标准、统一，属于标准产品。经对市场进行调查，这批计算机及显示器的货源充足且其价格在一个时期内没有变化。综合分析后，认为符合《政府采购法》第三十二条关于询价采购方式适用的情形，即"采购的货物规格、标准统一、现货货源充足且价格变化小的政府采购项目"，且预算金额不大，适宜于采用询价方式采购。政府采购中心即向管理机构提出报告，建议将采购方式改为询价方式，但管理机构以项目金额太大为由，坚持要按竞争性谈判方式，不同意政府采购中心变更采购方式的建议。政府采购中心在无奈的情况下，按竞争性谈判方式实施采购，编制了竞争性谈判文件，发布了采购信息，并向相关供应商发出了邀请函。但是，截止递交谈判响应文件时间，只有两家供应商响应，经报管理机构，管理机构认为响应的供应商不足三家，不符合有关规定，要求终止本次谈判活动，政府采购中心因此只得宣布本次谈判作废。随后，政府采购中心又按规定程序组织了第二次谈判采购，邀请了更多的供应商，但结果是响应的供应商仍然不足三家，谈判又一次以失败而告终。

【任务 1】　请你分析该单位采购项目失败的原因是什么？

【任务 2】　请你为该单位的计算机设备采购项目选择一种合适的采购方式，并说明理由。

任务分析

该单位的计算机项目的采购不根据具体情况，就硬性规定要用竞争性谈判方式采购，这是不合理的，并最终导致该项目采购的不成功。进行采购方式选择前应该首先确定采购的目标是什么，决定采购方式的依据和标准是什么，然后再依据各类采购方式的具体优缺点和适用条件以及采购市场的具体情况进行选择。

一、采购方式的分类

所谓采购方式是企业在采购过程中所运用的方法和方式的总称，企业为了保证采购过程的顺利进行都会依据当前的情况和企业的采购目标，选取合适的采购方式。依据不同的标准可以将采购方式划分成不同的类别。

（一）按采购方式分类

采购分为直接采购、委托采购与调拨采购。直接采购是指直接向物料供应厂商从事采购之行为。调拨采购是指将过剩物料互相支持调拨使用之行为。

（二）按采购性质分类

采购分为公开采购与秘密采购，大量采购与零星采购，特殊采购与普通采购，正常性采购与投机性采购，计划性采购与市场性采购。

（三）按采购时间分类

采购可分为长期固定性采购与非固定性采购，计划性采购与紧急采购，预购与现购。长期固定性采购是指采购行为长期而固定性采购，而非固定性采购是指采购行为非固定性，需要时就采购。计划性是指根据材料计划或采购计划的采购行为；而紧急采购是指物料急用时毫无计划性的紧急采购行为。预购是指先将物料买进而后付款的采购行为；现购是指以现金购买物料的采购行为。

（四）按决定采购价格方式分类

采购可分为招标采购、询价现购、比价采购、议价采购、订价收购，以及公开市场采购。

1. 招标采购(purchasing by invitation to bid)

招标采购是将物料采购的所有条件（诸如物料名称、规格、数量、交货日期、付款条件、罚款、投标押金、投标厂商资格、开标日期……）详细列明，登报公告。投标厂商依照公告的所有条件，在规定时间以内，交纳投标押金，参加投标。招标采购之开标按规定必须至少三家以上的厂商从事报价投标方得开标。开标后原则上以报价最高的厂商得标，但得标报价仍低过底价时，采购人员有权宣布废标，或商得监办人员的同意，以议价办理。

2. 询价现购(purchasing at inquiry price)

询价现购是采购人员选取信用可靠的厂商将采购条件讲明，并询问价格或寄以询价单并促请对方报价，比较后则现价采购。

3. 比价采购

比价采购是指采购人员请数家厂商提供价格后，从中加以比价之后，决定厂商进行采购事项。

4. 订价收购

订价收购是指购买的物料数量巨大而非一两家厂商所能全部提供如铁路枕木或公卖局烟叶，或者当市面上该项物料匮乏时，则可订定价格以现款收购。

（五）按采购地区分类

采购可分为国内采购（简称内购）与国外采购（简称外购）。所谓内购是指向国内厂商进行采购行为。所谓外购是指向国外供货商或外国供货商在本国境内代理商进行采购之行为。一般来说物料采购以内购较为方便与经济。

二、集中采购与分散采购

1. 集中采购

1）含义

集中采购是相对于分散采购而言的，它是指企业在核心管理层建立专门的采购机构，统一组织企业所需物品的采购进货业务。跨国公司的全球采购部门的建设是集中采购的典型应用。

它以组建内部采购部门的方式来统一管理，其分布于世界各地分支机构的采购业务，减少采购渠道，通过批量采购获得价格优惠。随着连锁经营、特许经营和外包制造(original equipment manufacturer，OEM)模式的增加，集中采购更是体现了经营主体的权力、利益、意志、品质和制度，是经营主体赢得市场，保护产权、技术和商业秘密，提高效率，取得最大利益的战略和制度安排。因此，集中采购将成为未来企业采购的主要方式，具有很好的发展前景。如 IBM、恒基伟业、麦当劳等企业都在这一层面上通过集中采购实现了自身的利益。

2) 优势

实施集中采购有以下一些优势。

(1) 有利于获得采购规模效益，降低进货成本和物流成本，争取主动权。

(2) 易于稳定本企业与供应商之间的关系，得到供应商在技术开发、货款结算、售后服务支持等诸多方面的支持与合作。

(3) 集中采购责任重大，采取公开招标、集体决策的方式，可以有效地制止腐败。

(4) 有利于采购决策中专业化分工和专业技能的发展，同时也有利于提高工作效率。

(5) 如果集中控制采购决策，物料就比较容易实现标准化。

(6) 减少了管理上的重复劳动。这样就不必让每一个部门的负责人都去填采购订单，只需采购部门针对公司的全部需求填一张订单就可以了。

(7) 可以节省运费并获得供应商折扣。由于合并了多个部门的需求，采购部门找到供应商时，其手上的订单数量就足以引起供应商的兴趣，采购部门可以说服供应商尽快发运或给予数量折扣。除此之外，因为集中了所有需求后的货物可以整车地进行装运，因此可以节省运费。

(8) 对于供应商而言，这也可以推动其有效管理。他们不必同时与公司内的许多人打交道，而只需和采购经理联系。

3) 适用对象

集中采购所适用的采购主体主要有集团范围实施的采购活动；跨国公司的采购；连锁经营、OEM 厂商、特许经营企业的采购。所适用的采购客体主要有大宗或批量物品、价值高或总价多的物品；关键零部件、原材料或其他战略资源，保密程度高、产权约束多的物品；容易出问题的物品；最好是定期采购的物品，以免影响决策者的正常工作。

4) 实施步骤

集中采购的实施步骤具体如下。

(1) 根据企业所处的国内外政治、经济、社会、文化等环境及竞争状况，制定本企业的采购战略。

(2) 根据本企业产品销售状况、市场开发情况、生产能力，确定采购计划。

(3) 定期或根据大宗物品采购要求作出集中采购决策，决策时要考虑市场反馈意见，同时需要结合生产过程中工艺情况和质量情况。

(4) 当决策作出后，由采购管理部门实施信息分析、市场调查及询价，并根据库存情况进行战术安排。

(5) 由采购部门根据资源供给状况、自身采购规模和采购进度安排，结合最有利的采购方式实施采购，并办理检验送货手续，及时保障生产需要。

(6) 对于符合适时、适量、适质、适价、适地的物品，经检验合格后要及时办理资金转账手续，保证信誉，争取下次合作。

2. 分散采购

1）含义

与集中采购相对应，分散采购是由企业下属各单位，如子公司、分厂、车间或分店实施的满足自身生产经营需要的采购。这是集团将权力分散的采购活动。分散采购是集中采购的完善和补充，有利于采购环节与存货、供料等环节的协调配合，有利于增强基层工作责任心，使基层工作富有弹性和成效。分散采购方式具有如下基本特点：①批量小或单件物品，且价值低、开支小。②过程短、手续简、决策层次低。③问题反馈快，针对性强，方便灵活。④占用资金少，库存空间小，保管简单、方便。

2）优缺点

与集中采购相比较，分散采购具有如下优点和缺点。

（1）优点。

①对利润中心直接负责。②对于内部用户有更强的顾客导向。③较少的官僚采购程序。④较少需要内部协调。⑤与供应商直接沟通。

（2）缺点。

①缺乏规模经济。②缺乏对供应商统一的态度。③分散的市场调查。④在采购和物料方面形成专业技能的可能性有限。⑤对不同的经营单位可能存在不同的采购条件。

3）适用对象

（1）分散采购适用的采购主体。

①二级法人单位、子公司、分厂、车间。②离主厂区或集团供应基地较远，其供应成本低于集中采购成本的情况。③异国、异地供应的情况。

（2）分散采购适用的采购客体。

①小批量、单件、价值低、总支出在产品经营费用中所占比重小的物品。②分散采购优于集中采购的物品，包括费用、时间、效率、质量等因素均有利，不影响正常的生产与经营的情况。③市场资源有保证，易于送达，较少物流费用的物品。④分散后，各基层有这方面的采购与检测能力的物品。⑤产品开发研制、试验所需的物品。

4）实施程序和方法

分散采购的程序与集中采购大致相同，只是取消了集中决策环节，直接实施其他步骤。企业下属单位的生产研发人员根据生产、科研、维护、办公的需要，填写请购单，由基层主管审核、签字，到指定财务部门领取支票或汇票或现金，然后到市场或厂家购买、进货、检验、领取或核销、结算即可。采购时一般采用现货交易方式。

3. 选择集中采购或分散采购时应该考虑的因素

集中采购的优势就是分散采购的劣势，分散采购的优点也正是集中采购的不足。在实际采购中要趋利避害、扬长避短，根据企业自身的条件、资源状况、市场需要，灵活地作出制度安排。并积极创新采购方式和内容，使企业在市场竞争中处于有利的地位。在决定采购是集中或分散进行时，应该考虑下面的因素或标准。

1）采购需求的通用性

经营单位对购买产品所要求的通用性越高，从集中的或协作的方法中得到的好处就越多。这就是为什么大型公司中的原材料和包装材料的购买通常集中在一个地点的原因。

2）地理位置

当经营单位位于不同的国家或地区时，就可能会极大地阻碍协作的努力。例如，在欧洲和美国之间的贸易和管理实践就存在较大的差异，甚至在欧洲范围内也存在着重大的文化差异。一些大型公司已经将全球的协作战略转为地区的协作战略。

3）供应市场结构

有时，公司会在它的一些供应市场上选择一个或数量有限的几个大型供应商组织。在这种情况下，力量的分散肯定对供应商有利，而采用协同的采购方法则可以获得一个更好的谈判地位。

4）潜在的节约

一些类型的原材料的价格对采购数量非常敏感。在这种情况下，购买更多的数量会立刻带来成本的节约。对于标准商品和高技术部件都是如此。

5）所需的专门技术

有时，有效的采购需要非常高的专业技术，例如对高技术半导体和微芯片的采购。因此，大多数电子产品制造商已经将这些产品的购买集中化。在购买软件和硬件时也是如此。

6）价格波动

如果物资（例如果汁、小麦、咖啡）价格对政治和经济气候的敏感程度很高，集中的采购方法就会受到偏爱。

7）客户需求

有时，客户会向制造商指定他所需产品应具备的条件。这种现象在飞机制造工业中非常普遍。这些条件是与负责产品制造的经营单位商定的，这种情况下不适合采取集中采购模式。除了以上需要考虑的因素外，选择集中采购时，还应该以有利于资源的合理配置、减少交易环节、加速周转、简化手续、满足要求、节约物品、提高综合利用率、保证和促进生产的发展、调动各方的积极性、促进企业整体目标的实现等为原则。

当然，集中和分散采购并不是完全对立的，仅靠一种采购方式不能满足生产需要。大多数公司在两个极端之间进行平衡：在某个时候它们会采用集中的采购组织，而在几年以后也许会选择更加分散的采购形式。

三、联合采购

1．含义

集中采购是指企业或集团企业内部的集中化采购管理，而联合采购是指多个企业之间的采购联盟行为，因此，可以认为联合采购是集中采购在外延上的进一步拓展。随着市场竞争的日益激烈，企业在采购过程中实施联合正在成为企业降低成本、提高效益的重要途径之一。

2．优点

这里引入了企业群体规模采购成本的概念，即两个以上的企业采用某种方式进行联合采购时的总成本。企业在采购环节上实施联合可极大地减少采购及相关环节的成本，为企业创造可观的效益。联合采购的优点主要体现在以下几个方面。

1）采购环节

如同批发和零售的价格差距一样，器材采购的单价与采购的数量成反比，即采购的数量越大，采购的价格越低。例如，对于飞机制造用器材，此种价差有时可达90%。企业间联合采购，可合并同类器材的采购数量,通过统一采购使采购单价大幅度降低,使各企业的采购费用相应降低。

2）管理环节

管理水平落后是我国企业的普遍现象,而管理水平的提高需要企业付出巨大的代价。后继企业只有吸取先行企业的经验和教训,站在先行者的肩上,才能避免低水平重复,收到事半功倍的效果。对于一些生产同类产品的企业,如果各个企业在采购及质量保证的相关环节的要求相同、需要的物品相同,就可以在管理环节上实施联合,归口管理相关工作。联合后的费用可以由各个企业分担,从而使费用大大降低。

3）仓储环节

通过实施各企业库存资源的共享和器材的统一调拨,可以大幅度减少备用物资的积压和资金占用,提高各企业的紧急需求满足率,减少因器材供应短缺造成的生产停顿损失。

4）运输环节

器材单位重量运费率与单次运输总量成反比,特别是在国际运输中更为明显。企业在运输环节的联合,可通过合并小重量的货物运输,使单次运量加大,从而可以以较低的运费率计费,减少运输费用支出。

3. 具体形式

1）采购战略联盟

采购战略联盟是指两个或两个以上的企业出于对整个世界市场的预期目标和企业自身总体经营目标的考虑,采取一种长期联合与合作的采购方式。这种联合是自发的,非强制性的,联合各方仍保持各个公司采购的独立性和自主权,彼此依靠相互间达成的协议以及经济利益的考虑联结成松散的整体。现代信息网络技术的发展,开辟了一个崭新的企业合作空间,企业可通过网络保证采购信息的即时传递,使处于异地甚至异国的企业实施联合采购成为可能。国际上,一些跨国公司为充分利用现有规模效益,降低采购成本、提高企业的经济效益,正在向采购战略联盟发展。

2）通用材料的合并采购

这种方式主要运用于有互相竞争关系的企业之间,通过合并通用材料的采购数量和统一归口采购来获得大规模采购带来的低价优惠。在这种联合方式下,每一项采购业务都交给采购成本最低的一方去完成,使联合体的整体采购成本低于各方原来进行单独采购的成本之和,这是这些企业的联合准则。这种合作的组织策略主要分为虚拟运作策略和实体运作策略。虚拟运作策略的特点是组织成本低,它可以不断强化合作各方最具优势的功能和弱化非优势功能。企业间的合作正在世界范围内盛行。联合采购已超过了企业界限、行业界限,甚至国界。目前,我国一些企业为解决采购环节存在的问题,正在探讨企业间联合采购的可能性。企业在采购及其相关环节的联合将为企业降本增效,提高企业的竞争力,从而开创良好的前景。

四、询价采购

1. 含义

所谓询价采购,就是采购者向选定的若干供应商发出询价函,让供应商报价,然后根据各个供应商的报价而选定供应商的方法。询价采购是国际上通用的一种采购方法。

2. 优缺点

询价采购有以下一些优点。

(1) 不是面向整个社会所有的供应商，而是在充分调查的基础上，筛选了一些比较有实力的供应商。所选择的供应商数量不是很多，但是其产品质量好、价格低、企业实力强、服务好、信用度高。

(2) 采购过程比较简单、工作量小。因为备选供应商的数量少、范围窄，所以无论是通信联系、采购进货都比较方便、灵活，采购程序比较简单、工作量小、采购成本低、效率高。

(3) 邀请性采购。询价采购通常是分别向各个供应商发询价函，供应商并不面对面地竞争，因此各自的产品价格和质量能比较客观、正常地反映出来，避免了面对面竞争时常常发生的价格扭曲、质量走样的事情。正是询价采购具有这样的优点，才被广泛地应用于企业采购和政府采购活动之中。

尽管询价采购具有上述优点，但它也有一定的局限性，就是它所选供应商数量少、范围窄，可能选中的供应商不一定是最优的，与其他采购方式相比较，询价采购更适用于数量少、价值低的商品或急需商品的采购。

3. 实施步骤

1) 供应商的调查和选择

为发挥询价基本采购的优点，克服其局限性，关键要对资源进行充分调查，了解掌握供应商的基本情况，只有这一步做好了，才能保证询价采购的供应商都是优秀的供应商。

2) 编制及发出询价函

询价函一般应该简单明了，包含以下几项内容。

(1) 项目名称、数量、技术参数。

(2) 履约期限及交货地点。

(3) 供应商应携带的资质证明材料。

(4) 递交报价单的地址及截止时间。

(5) 报价单位法人代表或委托人签字盖章。

3) 报价单的递交及评审供应商

在报价截止日期前，将报价单递交到采购机关；采购机关应在规定时间内组成评审小组，对供应商的报价进行详细的分析、比较。

4) 合同的签订及验收、付款程序

选中供应商后，供应商与需方单位按询价采购的程序签订采购合同，合同中应明确采购项目名称、数量、金额、交货方式、履约期限、双方权利与义务、保修期、验收方法、付款方式及违约责任等条款；合同履行完毕，由采购机关会同需方单位对商品进行验收，对技术性能要求高的商品，可邀请专业人士协助验收。验收合格后，由需方单位填制验收单，交采购机关审验，办理有关付款手续。

5) 履约保证金

为约束供应商履行合同，中标的供应商应在签订合同时向采购机关缴纳一定金额的保证金。

五、即时制采购(JIT 采购)

1. 含义

JIT 采购是在 20 世纪 90 年代，受即时制生产(JIT 生产)管理思想的启发而出现的一种先进的采购模式，基本思想是：在恰当的时间、恰当的地点，以恰当的数量、恰当的质量提供恰当的物品。它是从即时生产发展而来的，是为了消除库存和不必要的浪费而进行持续性改进的采购模式。要进行即时化生产必须有即时的供应，因此即时制采购是即时化生产管理模式的必然要求。它和传统的采购方法在质量控制、供需关系、供应商的数目、交货期的管理等方面有许多不同，其中，供应商的选择、质量控制是其核心内容。即时制采购对即时制生产思想的继承也在于对"零库存"的要求，这就需要和供应商签订在需要的时候提供需要数量的原材料的协议。这意味着可能有一天一次、一天两次，甚至每小时好几次的物资采购。即时制采购的核心要素包括减少批量、频繁而可靠的交货、提前期压缩并且高度可靠、保持一贯的高质量。与传统采购相比，即时制采购在供应商数量、交货时间、供应商选择标准等方面表现得有所不同(见表 5-1)。

表 5-1 即时制采购与传统采购的对比

比较因素	传统采购	即时制采购
供应商选择	采用较多的供应商，要协调关系，质量不容易稳定	采用较少的供应商，关系稳定，质量较稳定
供应商评价	合同履行能力	合同履行能力、生产涉及能力、物料配送能力、产品研发能力等
交货方式	由采购商安排，按合同交货	由供应商安排，确保交货准时性
进货检查	每次进货检查	由于质量有保证，无需进货检查
信息交流	信息不对称，容易暗箱操作	双方高度共享准确实时信息，快速、可靠，易建立信任
采购批量与运输	大批量采购，配送频率低、运输次数较少	小批量采购，供应商配送频率高，运输次数多

2. 优点

JIT 采购是关于采购的一种全新的思路，根据资料统计，JIT 采购在以下几个方面已经取得了令人满意的成果。

(1) 大幅度减少原材料和外购件的库存根据国外一些实施 JIT 采购策略企业的测算，JIT 采购可以使原材料和外购件的库存降低 40%～85%。原材料和外购件库存的降低，有利于减少流动资金的占用，加速流动资金的周转，同时也有利于节省原材料和外购件库存占用的空间，从而降低库存成本。

(2) 提高采购物资的质量实施 JIT 采购后，企业的原材料和外购件的库存很少，以至为零。因此，为了保障企业生产经营的顺利进行，采购物资的质量必须从根源上抓起。也就是说，购买的原材料和外购件的质量保证，应由供应商负责，而不是企业的采购部门负责。JIT 采购就是要把质量责任返回给供应商，从根源上保障采购质量。为此，供应商必须参与制造商的产品设计过程，制造商也应帮助供应商提高技术能力和管理水平。

(3) 降低原材料和外购件的采购价格由于供应商和制造商的密切合作及内部规模效益与长期订货，再加上消除了采购过程中的一些浪费(如订货手续、装卸环节、检验手续等)，就使得购买的原材料和外购件的价格得以降低。

3. 实施步骤

JIT 采购的实施步骤具体如下。

1）创建即时制采购团队

世界一流企业的专业采购人员有三个责任：寻找货源、商定价格、发展与供应商的协作关系并不断改进。因此，专业化的高素质采购队伍实施即时制采购至关重要。为此，首先要成立两个团队：一个是专门处理供应商事务的团队，该团队的责任是认定资格、评估供应商的信誉和能力、与供应商谈判签订即时制采购合同、向供应商发放免检签证等，同时要负责供应商的培训与教育；另外一个团队专门负责消除采购中的浪费。

2）分析现状，确定供应商

首先根据采购物品的分类选择价值大、体积大的主要原材料及零部件，结合供应商的关系，优先选择伙伴型或优先型供应商进行即时制采购可行性分析，确定可实施即时制采购模式的供应商。然后根据现状，进一步分析问题所在以及导致问题产生的原因。

3）提出改进目标

改进目标包括供货周期、供货频次、库存等，此外还应有改进的时间要求。

4）制订实施计划

实施计划要明确主要的行动点、负责人、完成时间、进度检查方法及时间、进度考核指标等。

5）改进实施

改进实施的前提是供应原材料的质量改进和保障，同时要考虑采用标准、循环使用的包装、周转材料与器具，以缩短送货的装卸、出入库时间。改进实施的主要环节是将原来独立开具的固定订单改成滚动下单，并将订单与预测结合起来。

6）绩效衡量

衡量即时制采购实施绩效要定期检查进度，以绩效指标（目标的具体化指标）来控制实施过程。采购部门或即时制采购实施改进小组要定期（如每月）对照计划检查各项行动的进展情况、各项工作指标、主要目标的完成情况，并用书面形式采用图表等方式体现出来。对于未如期完成的部分应重新提出进一步的跟进行动，调整工作方法，必要时调整工作目标。

六、电子采购

1. 含义

所谓电子采购就是用计算机系统代替传统的文书系统，通过网络支持完成采购工作的一种业务处理方式，也称为网上采购。它的基本特点是在网上寻找供应商、寻找商品，进行网上洽谈贸易、网上订货，甚至在网上支付货款。电子采购具有费用低、效率高、速度快、业务操作简单、对外联系范围宽广等特点，因而成为当前最具发展潜力的企业管理工具之一。电子采购最先兴起于美国。它的最初形式是一对一的电子数据交换系统，即 EDI。这种连接自己和供应商的电子商务系统的确大幅度地促进了采购的效率，但早期的解决方案价格贵、耗费大，且由于其封闭性仅能为一家买家服务，令中小供应商和买家望而却步。近年来，随着电子采购技术的发展，全方位综合电子采购平台出现，能广泛地连接买卖双方，从而提供更优质的电子采购服务。

2. 电子采购的优势

电子采购比一般的电子商务和一般性的采购在本质上有了更多的概念延伸，它不仅仅完成采购行为，而且利用信息和网络技术对采购全程的各个环节进行管理，有效地整合了企业的资源，帮助供求双方降低了成本，提高了企业的核心竞争力。在这一全新的商业模式下，随着买主和卖主通过电子网络而联结，商业交易开始变得具有无缝性，其自身的优势是十分显著的。

(1) 提高采购效率，缩短了采购周期。采购方企业通过电子采购交易平台进行竞价采购，可以根据采购方企业的要求自由设定交易时间和交易方式，大大地缩短了采购周期。自采购方企业竞价采购项目正式开始至竞价结束，一般需要1～2周，较传统招标采购节省30%～60%的采购时间。

(2) 节约大量的采购成本。据美国全国采购管理协会称，使用电子采购系统可以为采购企业节省大量成本。采用传统方式生成一份订单所需要的平均费用为150美元，使用基于网络的电子采购解决方案则可以将这一费用减少到30美元。企业通过竞价采购商品的价格平均降幅为10%左右，最高时可达到40%多。通用电气公司估计通过电子采购将每年节约100亿美元。

(3) 优化采购流程。采购流程的电子化不是用计算机和网络技术简单替换原有的方式方法，而是要依据更科学的方法重新设计采购流程，这个过程中，屏弃了传统采购模式中不适应社会生产发展的落后因素。

(4) 减少过量的安全库存。世界著名的家电行业跨国企业海尔集团在实施电子采购后，采购成本大幅降低，仓储面积减少一半，降低库存资金约7亿元，库存资金周转日期从30天降低到了12天以下。

(5) 电子采购的另外一个优势是信息共享。不同企业，包括各个供应商都可以共享信息，不但可以了解当时采购、竞标的详细信息，还可以查询以往交易活动的记录，这些记录包括中标、交货、履约等情况，帮助买方全面了解供应商，帮助卖方更清楚地把握市场需求及企业本身在交易活动中的成败得失，积累经验。这使供求双方之间的信息更加透明。

(6) 电子采购能帮助采购方改善客户服务和客户满意度，促进供应链绩效，以及改善与供应商关系。

(7) 电子采购不仅使采购企业大大获益，而且让供应商获益。对于供应商，电子采购可以更及时地掌握市场需求，降低销售成本，增进与采购商之间的关系，获得更多的贸易机会。

国内外无数企业实施电子采购的成功经验证明，电子采购在降低成本，提高商业效率方面，比在线零售、企业资源计划(ERP)更具潜力。电子采购的投资收益远远高于过去10年内已经在企业中占主导地位的任何商业革命，包括企业流程再造、策略性采购等等。

3. 实施步骤

(1) 要进行采购分析与策划，对现有采购流程进行优化，制定出适宜网上交易的标准采购流程。

(2) 建立网站。这是进行电子采购的基础平台，要按照采购标准流程来组织页面。可以通过虚拟主机、主机托管、自建主机等方式来建立网站，特别是加入一些有实力的采购网站，通过他们的专业服务，可以享受到非常丰富的供求信息，起到事半功倍的作用。

(3) 采购单位通过互联网发布招标采购信息(即发布招标书或招标公告)，详细说明对物料的要求，包括质量、数量、时间、地点，对供应商的资质要求等。也可以通过搜索引擎寻找供应商，主动向他们发送电子邮件，对所购物料进行询价，广泛收集报价信息。

(4) 供应商登陆采购单位网站,进行网上资料填写和报价。

(5) 对供应商进行初步筛选,收集投标书或进行贸易洽谈。

(6) 网上评标,由程序按设定的标准进行自动选择或由评标小组进行分析评比选择。

(7) 在网上公布中标单位和价格,如有必要对供应商进行实地考察后签订采购合同。

(8) 采购实施。中标单位按采购订单通过运输交付货物,采购单位支付货款,处理有关善后事宜。按照供应链管理思想,供需双方需要进行战略合作,实现信息的共享。采购单位可以通过网络了解供应单位的物料质量及供应情况,供应单位可以随时掌握所供物料在采购单位中的库存情况及采购单位的生产变化需求,以便及时补货,实现准时化生产和采购。

课后实训

特种设备采购方式选择

[背景]中央部委所属某试验基地拟于 2008 年采购 1 台特种地质雷达仪,替代其中心实验室已经报废的特种地质雷达仪。购置仪器所需资金为财政拨款,采购预算为 180 万元。因某国家级试验项目马上就要上马,要求 1 个月内到货。该种地质雷达仪只有国内外少数厂家生产。

实训要求:

(1) 政府采购形式有哪些?政府采购的主要方式是什么?本项目是否属于政府采购?

(2) 针对地质雷达仪采购,应该采用什么采购方式?

(3) 具体采购程序是什么?

任务二 招标采购

某高职院校,由于近年学校规模不断扩大,学校办公电脑和机房教学电脑短缺,因此学校需要采购一批电脑以供老师办公和机房教学使用(其中教师机 100 台,学生机 500 台),由于学校属于事业单位,采购要求公开、公平、公正,因此决定采取公开招标的形式进行采购。

【任务 1】 请你根据以上信息,写一份招标公告。

【任务 2】 请你根据以上信息编制一份招标文件。

招标采购已经是一种广泛采用的采购方式,广泛用于工程项目和政府采购中,学校作为事业单位其采购属于《中华人民共和国政府采购法》规定的范围,因此学校在采购物品时,只要在规定金额之上的,都要采取招标的采购的方式进行。招标公告的撰写,需要符合一定的格式规范和法律规范,而招标文件的撰写也有相对应的要求,因此,完成任务必须要了解招标公告的基本规范和招标文件的基本要求。

一、招标采购概念与分类

（一）招标采购基本概念

招标采购也称招投标或招标，是指采购人事先提出货物、工程或服务采购的条件和要求，邀请众多投标人参加投标，并按照规定程序从中选择交易对象的一种市场交换行为。在整个招标投标过程中，招标和投标是分别相对于采购方和供应方而言的，是一项活动的两个方面，是交易活动中的两个步骤。招标是招标人（招标单位）在购买大批物资、发包工程项目或某一有目的的业务活动前，公布有关采购的条件或预期要求等招标文件，公开或书面邀请投标人（供应商或承包商）在接受招标文件要求的前提下参加投标，招标人按照规定的程序确定中标人的行为。投标是指投标人按照招标人提出的要求和条件，参加投标竞争的行为。招标投标是商品经济中运用于大宗商品或建设工程的一种交易方式。它的特点是由专一的买主设定包括商品质量、价格、数量和期限等为主的标的，邀请若干卖主通过秘密报价实行竞争，由买主选择优胜者，与之达成交易协议，签订合同，随之按合同实现标的。货物招标是以货物作为采购对象的招标，是招标中最常见的一种。应当说，市场经济国家的招标是起源于货物招标的，即使是工程招标，也包含大量的货物招标。货物招标中的招标方式的选择主要是依据采购的金额，但是，《中华人民共和国招标投标法》和《中华人民共和国政府采购法》都没有对公开招标的金额限额作出具体的规定。

（二）招标采购分类

根据《中华人民共和国招标投标法》的规定，招标方式分为公开招标和邀请招标两种，这是由于《中华人民共和国招标投标法》主要为了规范政府公共项目而进行立法，为了达到政府公共项目采购的公平、公正、透明的要求。从国际招标类型来看，除了这两种，还有其他一些类型的招标方式，如议标、两阶段招标等，下面分别就一些主要的招标方式进行简要介绍。

1. 公开招标

公开招标亦称为竞争性招标，可分为国际竞争性招标和国内竞争性招标，是由招标单位通过报刊、互联网等媒体发布招标公告，凡对该招标项目感兴趣又符合投标条件的法人，都可以在规定的时间内向招标单位提交规定的证明文件，由招标单位进行资格审查，核准后购买招标文件，进行投标。一般来说，任何符合投标条件的合法经营单位都有资格参加投标，但在领取标书时必须交付一定的押金或提交一份招标人认可的投标担保，这些押金或担保要等到某个合适的企业正式中标后才予以返回或撤销。

1）公开招标的优点

（1）公平。公开招标使对该招标项目感兴趣又符合投标条件的投标者都可以在公平竞争条件下，享有中标的权利与机会。

（2）价格合理。基于公开竞争，各投标者凭其实力争取合约，而不是由人为或特别限制规定售价，价格比较合理。而且公开招标，各投标者自由竞争，因此招标者可获得最具竞争力的价格。

（3）改进品质。因公开招标，各竞争投标者的产品规格或施工方法不一，可以使招标者了解技术水平与发展趋势，促进其品质的改进。

(4)减少徇私舞弊。各项资料公开，经办人员难以徇私舞弊，更可避免人情关系。

(5) 扩大货源范围。透过公开招标方式可获得更多投标者的报价，扩大供应来源。

2) 公开招标的缺点

(1) 采购费用较高。公开登报、招标文件制作与印刷、开标场所布置等，均需花费大量财力与人力。

(2) 手续繁琐。从招标文件设计到签约，每一阶段都必须周详准备，并且要严格遵循有关规定，不允许发生差错，否则容易引起纠纷。

(3) 可能产生串通投标。凡金额较大的招标项目，投标者之间可能串通投标，作不实报价或任意提高报价，给招标者造成困扰与损失。

(4) 其他问题。投标人报出不合理的低价，以致带来偷工减料、交货延误等风险。招标人事先无法了解投标企业或预先进行有效的信用调查，可能会衍生意想不到的问题，如供应商倒闭、转包等。一般来说，由于公平竞争性的要求，政府部门往往会采用公开招标方式来选定供应商或承包商。但这种方式最适合于一些规模较小的小型项目、维修工程及某些专业性较强的特殊项目。

2. 邀请招标

邀请招标亦称为一阶段选择性招标或有限竞争性招标，是由招标人根据自己积累的资料，或者根据权威的咨询机构提供的信息，选择一些合格的单位发出投标邀请。应邀单位在规定时间内向招标人提交投标意向，购买招标文件进行投标。

1) 邀请招标的优点

(1) 节省时间和费用。因无需登报或公告，投标人数有限，减少评标工作量，可以节省时间和费用。

(2) 比较公平。因为是基于同一条件邀请单位投标竞价，所以机会均等。虽然不像公开招标那样不限制投标单位数量。但公平竞争的本质相同，只是竞争程度较低而已。

(3) 减少徇私舞弊，防止串通投标现象。

2) 邀请招标的缺点

(1) 由于竞争对手少，招标人获得的报价可能并不十分理想。

(2) 由于采购方对供应市场了解不够，可能会漏掉一些有竞争力的供应商或承包商。

3) 公开招标与邀请招标的区别

(1) 邀请招标程序上比公开招标简化。无需发布招标公告及办理招标公告的相关手续，只需对一定范围的投标人发出邀请书即可。

(2) 邀请招标在竞争程度上不如公开招标强。邀请招标参加的投标一般是3～10家单位，不能少于3家，也不宜多于10家。由于参加人数较少，易于控制，因此竞争范围比公开招标小。

(3) 邀请招标在时间和费用上比公开招标节省。邀请招标可以省去发布公告、评标及媒介交易等费用。公开招标从收集招标计划到评标结果公示及签订完合同最快需一个半月时间，周期较长。

3. 议标

议标也称为谈判招标或指定招标，是由招标方直接选定一家或几家企业进行协商谈判，确定交付条件的方式。

1）议标方式的优点

（1）可及早选定供应商或承包商，以利于设计。

（2）能促使项目早日开工。

（3）采购方的招标费用可大大降低。

（4）采购方是根据其价格及技术要求来选定供应方，因而完全可以物色到自己较为满意的供应商或承包商。

（5）可以充分利用供应商或承包商所拥有的专业技术知识和工作经验。

2）议标方式的缺点

（1）采购人接受的合同价可能并非真正的竞争性价格，不能反映供应市场所能承受的真实价格和最低价格。

（2）对政府部门来说，可能满足不了公众要求参与项目财务审核、透明度要高的这一原则。许多国家政府法律不允许政府投资项目采用议标方式。

4. 两阶段选择性招标

两阶段招标采购是这样的一种程序，依据该程序，采购活动明显地分为两个阶段：在第一阶段，采购机构就拟采购货物或工程的技术、质量或其他特点以及就合同条款和供货条件等广泛地征求建议（合同价款除外），并同投标方进行谈判以确定拟采购货物或工程的技术规格。在第一阶段结束后，采购实体就可最后确定技术规格。第二阶段，采购机构依据第一阶段所确定的技术规格进行正常的招标，邀请合格的投标者就包括合同价款在内的所有条件进行投标。

两阶段招标采购具有两个方面的优点：第一阶段给予采购方相当大的灵活性，它可以通过谈判与供应商或承包商达成一套有关拟采购事项的确定技术规格；而在第二阶段，又可充分利用公开招标方法所提供的高度民主、客观性和竞争性的优势。两阶段选择性招标主要应用于技术复杂、规模巨大的工程项目中，经过第一阶段的竞争之后，被选中的承包商即让其加入设计小组，作为建筑专业人员就设计中涉及的施工质量、施工可行性、施工进度及工程成本等问题积极提出建议。在第二阶段，合同总价可以部分通过协商、部分根据第一阶段取得的资料予以综合后确定。要指出的是，采用这种招标方法，对买方而言，其所承担的经济风险要大些。

5. 招标采购的适用范围

招标采购是一项比较庞大的活动，涉及面广，耗费人力、物力、财力较多。因此并不是所有的物资采购都要用招标投标的方法。招标采购一般适用于比较重大的采购项目，或影响比较深远的项目。

（1）寻找长期供应物资的供应商。例如，新成立的物流企业和工商企业，寻找未来长期供应某类物资供应伙伴时可以采取招标方式。

（2）寻找一次大批量的物资的供应商。

（3）寻找一项比较大的建设工程和物资采购的供应商。对于小批量物资采购和比较小的建设工程，则不宜采购招标采购。

（4）《中华人民共和国政府采购法》和各级政府规定必须用招标采购的情形。如《中华人民共和国政府采购法》第二十七条规定“采购人采购货物或者服务应当采用公开招标方式的，其具体数额标准，属于中央预算的政府采购项目，由国务院规定；属于地方预算的政府采购项目，由省、自治区、直辖市人民政府规定；因特殊情况需要采用公开招标以外的采购方式的，应当在采购活动开始前获得设区的市、自治州以上人民政府采购监督管理部门的批准。”第二十九条规定

“符合下列情形之一的货物或者服务，可以依照本法采用邀请招标方式采购：①具有特殊性，只能从有限范围的供应商处采购的；②采用公开招标方式的费用占政府采购项目总价值的比例过大的。”

二、招标采购的程序

招标采购是一个复杂的系统工程，它涉及各个方面和环节。一个完整的招标采购过程，基本上可以分为七个阶段，如图 5-1 所示。

1. 策划

招标活动是一项涉及范围很大的大型活动。因此，开展一次招标活动，需要进行很认真的周密策划。招标策划主要应当做以下的一些工作。

(1) 明确招标的内容和目标，对招标采购的必要性和可行性进行充分的研究和探讨。必要性——有没有必要采用招标形式；可行性——采用招标形式是否可行，能不能有人来投标，有没有能力组织招标等。

(2) 对招标书的标底要仔细研究确定。什么是标底——工程或设备，或者工程和设备都有而计算出的一个合理的基本价格。标底的作用——降低价格，保证质量。

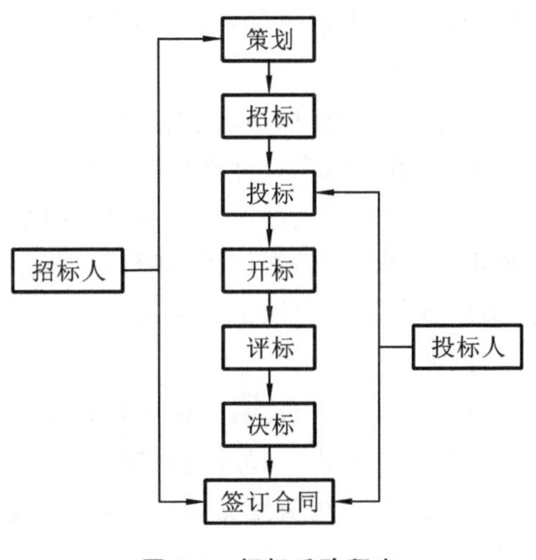

图 5-1　招标采购程序

(3) 对招标的方案、操作步骤、时间进度等进行研究决定。例如，是采用公开招标还是邀请招标，是自己亲自主持招标还是请人代理招标，分成哪些步骤，每一步怎么进行等。

(4) 对评标方法和评标小组进行讨论研究。

(5) 把以上讨论形成的方案计划形成文件，交由企业领导层讨论决定，取得企业领导决策层的同意和支持，有些甚至可能还要经过公司董事会的同意和支持。

以上的策划活动有很多诀窍。有一些企业为了慎重起见，特意请咨询公司代理进行策划。

2. 招标

在招标方案得到公司的同意和支持以后，就要进入实际操作阶段。招标的第一个阶段就是招标阶段。招标阶段的工作主要有以下一些方面。

(1) 形成招标书。招标书是招标活动的核心文件，要认真起草好招标书。

(2) 对招标书的标底进行仔细研究确定。有些要召开专家会议，甚至邀请一些咨询公司代理。

(3) 招标书发送。要采用适当的方式，将招标书传送到所希望的投标人手中。例如对于公开招标，可以在媒体上发布；对于选择性招标，可以用挂号或特快专递直接送交所选择的投标人。许多标书是要花钱买的，有些标书规定要交一定的保证金，这些招标书要交钱以后才能得到。

3. 投标

投标人在收到招标书以后，如果愿意投标，就要进入投标程序。

投标书、投标报价需要特别认真的研究，仔细地论证完成。这些内容是要和许多供应商竞争评比的，既要先进、又要合理，还要有利可图。

投标文件要在规定的时间难备好，一份正本、若干份副本，并且分别封装签章，信封上分别注明“正本”、“副本”字样，寄到招标单位。

4. 开标

开标是采购机构在预先规定的时间和地点将投标人的投标文件正式启封揭晓的行为。开标由采购机构组织进行，但需邀请投标商代表参加。在这一阶段，采购官员要按照有关要求，逐一揭开每份标书的封套，开标结束后，还应由开标组织者编写一份开标会纪要。

5. 评标

招标方收到投标书后，直到招标会开会那天，不得事先开封。只有当招标会开始，投标人到达会场，才将投标书邮件交投标人检查签封完好后，当面开封。

开封后，投标人可以拿着自己的投标书当着全体评标小组陈述自己的投标书并接受全体评委的质询，或者甚至参加投标辩论。陈述辩论完毕，投标者退出会场，全体评标人员进行分析评比，最后投票或打分选出中标人。

6. 决标

决标也即授予合同，是采购机构决定中标人的行为。决标是采购机构的单独行为，但需由使用机构或其他人一起进行裁决。在这一阶段，采购机构所要进行的工作有：决定中标人，通知中标人其投标已经被接受，向中标人发现授标意向书，通知所有未中标的投标，并向他们退还投标保函等。

7. 签订合同

签订合同是指由招标人招标人将合同授予中标人并由双方签署的行为。在这一阶段，通常双方对标书的中内容进行确认，并依据标书签订正式合同。为保证合同履行，签订合同后，中标的供应商或承包商还应向采购人或业主提交一定形式的担保书或担保金。

以上七个步骤是招标采购的一般流程，不同类型的招标采购，流程不完全一样。一般来说，政府部门和事业单位的公开招标流程比较复杂，其公开招标采购流程如图 5-2 所示。

三、招标公告编制与发布

招标公告是指招标单位或招标人在进行工程建设或设备材料采购，进行公开招标时发布的一种邀请不特定的法人或者其他组织参与投标周知性文书。根据《中华人民共和国招标投标法》第十条规定，招标分为公开招标（无限竞争性招标）和邀请招标（有限竞争性招标）。公开招标是指招标人以招标公告的方式邀请不特定的法人或者其他组织投标。招标公告的作用是保证潜在投标人平等、便捷、准确地获取招标信息，以吸引更多的潜在投标人参与竞争，达到节约项目成本或投资，降低造价，促进经济效益的提高的目的。

（一）招标公告的内容及格式

根据现行的《中华人民共和国标准施工招标文件》（2007 年版）和《中华人民共和国房屋建筑和市政工程标准施工招标资格预审文件及招标文件》（2010 年版），招标公告要公布项目的招标条件、项目概括与招标范围、投标人资格要求、招投标时间安排、发布公告的媒介和招标人（招标代理机构）的联系方式等内容。其通常格式如下。

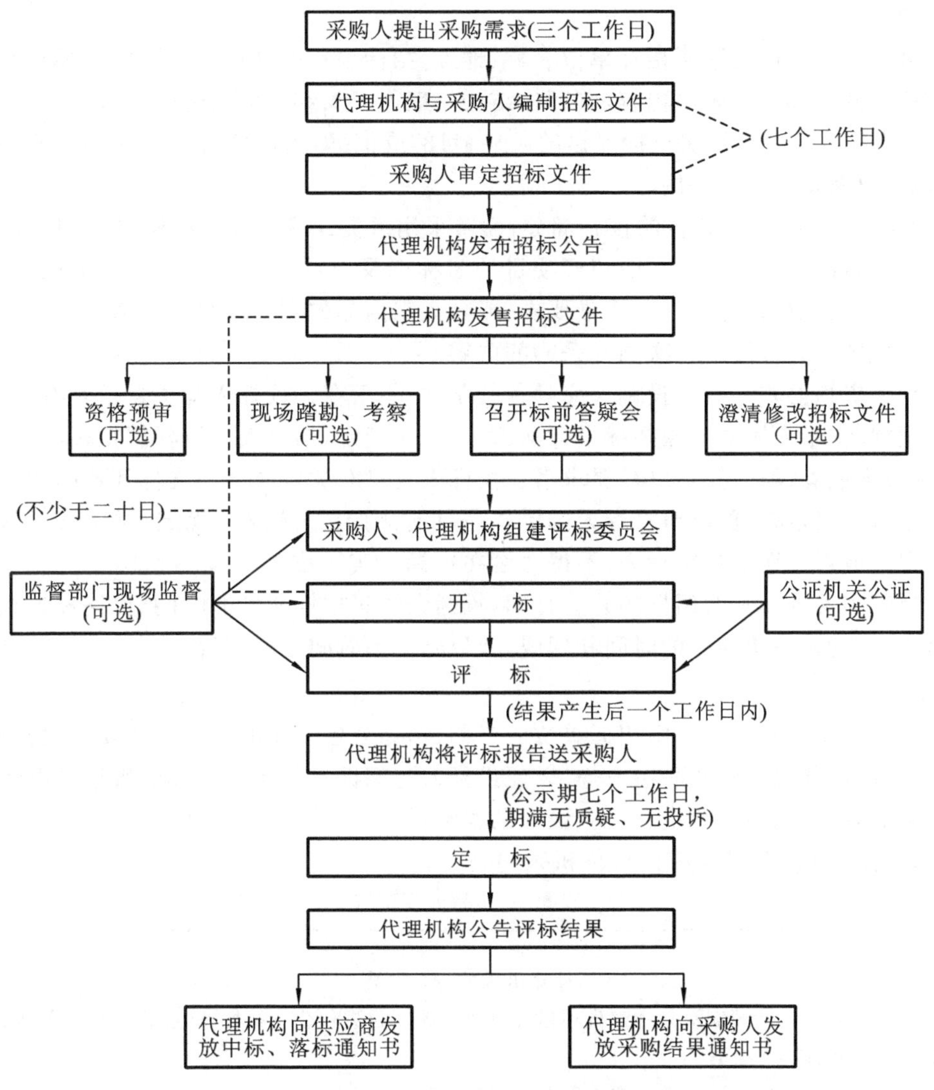

图 5-2　公开招标采购流程图

1. 标题

招标公告的标题是其中心内容的概括和提炼,形式上可分为单标题和双标题。

(1) 单标题。有两种写法:一是完整式标题,由招标单位名称、招标项目和文种组成,如《××职业学院新校区工程招标公告》;二是省略式标题,可省略招标单位名称或招标项目。或者两者均略去,只留下文种名称,如《招标公告》等。

(2) 双标题。主标题标明招标单位和文种的名称,副题点明招标项目。如《××职业学院招标公告——××配套工程》。

2. 招标编号

凡是由招标公司制作的招标公告,都须在标题下一行的右侧标明公告文书的编号,以便归档备查。编号一般由招标单位名称的英文编写、年度和招标公告的顺序号组成。

3. 正文

招标公告的正文应当写明招标单位名称、地址、招标项目的性质、数量，实施地点和时间，以及获取招标文件的办法等各项内容，其写作结构一般由开头和主体两部分组成。

(1) 开头部分。简要写明招标项目的条件、目的或依据，招标项目或商品的名称、规模和批号、招标范围以及资金来源等内容。

(2) 主体部分，是招标公告的核心部分，通常采用条文式或分段式结构，要写明以下内容：

①招标项目的情况。具体写明招标项目的名称以及项目的主要情况。如工程名称或要采购的商品的名称，工程概况、规模、质量要求，或者大宗商品的型号、数额、规格等。

②招标范围。具体写明本次招标采购的内容。

③投标人资格要求。写明投标人应具备的条件，使潜在的投标人知道自己是否能成为合格投标人。根据《中华人民共和国招标投标法》第十八条规定，招标人可以根据招标项目本身的要求，在招标公告或者投标邀请书中，要求潜在投标人提供有关资质证明文件和业绩情况，并对潜在投标人进行资格审查；国家对投标人的资格条件有规定的，依照其规定。招标人不得以不合理的条件限制或者排斥潜在投标人，不得对潜在投标人实行歧视待遇。

④招标时间安排。写明招标的起止日期，投标人肋买招标文件的时间、价格和方式，开标的时间和地点，有的还写明签约的时间和期限、项目开工的时间或时限等。

4. 落款

在招标公告正文的末尾写明招标单位的名称、招标公告发布的日期。还要写明招标单位的地址、电话、传真、邮政编码及联系人等，以便投标人与招标人联系。招标公告还可以带有附件，将一些繁杂的内容，如项目数量、工期、设计勘察资料等作为附件列于文后。

例如，表 5-2 所示为某学校的计算机采购公告。

表 5-2　招标公告范例

计算机采购招标公告

××职业技术学院就国家示范性建设项目计算机采购项目进行公开招标，欢迎符合相关条件的供应商参加投标。现将招标事宜公告如下：

一、招标编号：××职业技术学院招标采购[2013]002 号

二、招标项目简要说明

项目名称：计算机

序号	货物名称	数量	单位	备注
包 A	台式计算机 1	380	台	
包 B	台式计算机 2	397	台	
包 C	C-01 台式计算机 3	72	台	
	C-02 台式计算机 4	9	台	
	C-03 台式计算机 5	10	台	
	C-04 台式计算机 6	49	台	

资金来源：示范性建设资金

续表

三、投标人资质要求 1. 具有独立法人资格和独立承担民事责任能力。 2. 具有良好的企业信誉、完善的售后服务体系。 3. 注册资金150万元以上。 4. 提供制造厂商为响应本次招标出具的专项授权书(原件加入标书正本中)。 四、招标文件发售信息 招标文件发售时间:2013年8月16日至2013年8月22日。 正常工作日上午8:30—11:30,下午3:00—5:30。 招标文件发售地点:××职业技术学院××楼四楼招标办公室。 招标文件发售方式:现场购买。 招标文件售价:200元/份。 其他有关事项:购买招标文件时生产商必须携带企业法人营业执照副本、经销商必须携带企业法人营业执照副本、法人授权委托书。以上证件出示原件并留一套复印件(复印件加盖单位公章)。 五、投标文件接受信息 接受截止时间:2013年8月26日上午9:30。 接收地点:××职业技术学院××楼四楼招标办公室。 六、开标有关信息 开标时间:2013年8月26日上午9:30。 开标地点:××职业技术学院××楼四楼第一会议室。 要求:开标时投标人应派代表参加开标仪式。 七、招标单位联系人员及联系方式 招标人:××职业技术学院。 地址:××市××大道××号。 联系人:王××。 联系电话:0370—31×××××。 传真:0370—31×××××。 电子邮箱:××@163.com。

(二)招标公告的发布

招标公告是招标人正式启动招标工作的第一环节,目的是为提高招标工作的透明度,以真正体现招标原则的公开性。根据《中华人民共和国招标投标法》第十六条规定,招标人采用公开招标方式的,应当发布招标公告。依法必须进行招标的项目的招标公告,应当通过国家指定的报刊、信息网络或者其他媒介发布。根据《招标公告发布暂行办法》(国家计委4号令)规定,指定《中国日报》、《中国经济导报》、《中国建设报》、《中国采购与招标网》(http://www.chinabidding.com.cn)为发布依法必须招标项目的招标公告的媒介。其中,依法必须招标的国际招标项目的招标公告应在《中国日报》发布。各地方人民政府依照审批权限审批的依法必须招标的民用建筑项目的招标公告,可在省、自治区、直辖市人民政府发展计划部门指定的媒介发布。招标公告发布的原则:相对集中、适度竞争、受众分布合理。

发布招标公告时,招标人应依据《中华人民共和国招标投标法》第十六条第二款中规定,“招标公告应当载明招标人的名称和地点,招标项目的性质、数量,实施地点和时间以及获取招标文件的办法等事项。"基于这一法律规定，国家计委以第4号令发布了《招标公告发布暂行办法》。其中第六条对相关事项进行了明确的规定，是与《中华人民共和国招标投标法》第十六条要求完全一致的。因此，无论是项目的招标人或是招标代理机构都必须认真领会这一规定的实质；并对国家计委4号令的第十条至第二十一条应逐条领会，严格执行。在发布招标公告时应注意如下五点。

(1) 在两个媒介以上发布的招标公告内容应当一致。

(2) 公告媒介应与招标人或招标代理核定招标公告，确认无误后，在规定的时间发布。

(3) 没有招标人或招标代理机构负责人签字和加盖签章的必须补充，载明事项不符合第六条者应完善补充。

(4) 指定媒介发布的招标公告与招标人或招标代理机构提供的招标公告文本不一致，并造成不良影响的应当及时纠正，重新发布。

(5) 指定媒介的名称、住所发生变更应及时公告并报授权的发改委部门备案，以确保招标信息快捷、准确、按时传递。

四、招标文件

1. 招标文件概述

招标文件是招标人向投标人提供的具体项目招投标工作的作业标准性文件。它阐明了招标工程的性质，规定了招标程序和规则、告知了订立合同的条件。招标文件既是投标人编制投标文件的依据，又是招标人组织招标工作、评标、定标的依据，也是招标人与中标人订立合同的基础。因此，招标文件在整个招标过程中起着至关重要的作用。招标人应十分重视编制招标文件的工作，并本着公平互利的原则，务使招标文件严密、周到、细致、内容正确。编制招标文件是一项十分重要而又非常烦琐的工作，应有有关专家参加，必要时还要聘请咨询专家参加。

2. 招标文件的主要内容

《中华人民共和国招标投标法》第十九条规定，招标人应当根据招标项目的特点和需要编制招标文件。招标文件应当包括招标项目的技术要求、对投标人资格审查的标准、投标报价要求和评标标准等所有实质性要求和条件以及拟签订合同的主要条款。国家对招标项目的技术、标准有规定的，招标人应当按照其规定在招标文件中提出相应要求。

招标文件是招标人向供应商或承包商贩，旨在向其提供为编写投标所需的资料并向其通报招标投标将依据的规则和程序等项内容的书面文件。招标人或其委托的招标代理机构就应根据招标项目的特点和要求编制招标文件。

招标文件的内容大致可分为三类：一类是关于编写和提交投标文件的规定，载入这些内容的目的是尽量减少符合资格的供应商或承包商由于不明确如何编写投标文件而处于不利地位或其投标遭到拒绝的可能性；一类是关于投标文件的评审标准和方法，这是为了提高招标过程的透明度和公平性，因而是非常重要的，也是必不可少的；一类是关于合同的主要条款，其中主要是商务性条款，有利于投标人了解中标后签订的合同的主要内容，明确双方各自的权利和义务。其中，技术要求、投标报价要求和主要合同条款等内容是招标文件的内容，统称实质性要求。所谓招标文件实质性响应招标文件的要求，就是投标文件应该与招标文件的所有实质性要求相符，无显著差异或保留。如果投标文件与招标文件规定的实质性要求不相符，即可认定投标文件不符合招标文件的要求，招标人可以拒绝该投标，并不允许投标人修改或撤销其不符合要求的差异或保留，使之成为实质性响应的投标。

招标文件一般应至少包括下列内容。

(1) 招标人须知。这是招标文件中反映招标人的招标意图，每个条款都是投标人应该知晓和遵守的规则的说明。

(2) 招标项目的性质、数量。

(3) 技术规格。招标项目的技术规格或技术要求是招标文件中最重要的内容之一，是指招标项目在技术、质量方面的标准，如一定的大小、轻重、体积、精密度、性能等。技术规格或技术要求的确定，往往是招标能否具有竞争性，达到预期目的的技术制约因素。因此，世界各国和有关国际组织都普遍要求，招标文件规定的技术规格应采用国际或国内公认、法定标准。本条第2款规定"国家对招标项目的技术、标准有规定的，招标人应当按照其规定在招标文件中提出相应要求"，实质上就是国家对招标项目的技术规格有法定公认标准的，招标人在招标文件中规定技术规格时应予遵循、采用，不得另搞一套。

(4) 招标价格的要求及其计算方式。投标报价是招标人评标时衡量的重要因素。因此，招标人在招标文件中应事先提出报价的具体要求及计算方法。如在货物招标时，国外的货物一般应报到岸价(CIF)或运费保险付至目的地的价格(CIP)，国内的现货或制造或组装的货物，包括以前进口的货物报出厂价(exworks)(出厂价或货架交货价)。如果要求招标人承担内陆运输、安装、调试或其他类似服务的话，比如供货与安装合同，还应要求投标人对这些服务另外提出报价。在工程招标时，一般应要求招标人报完成工程的各项单价和一揽子价格，该价格中应包括全部的关税和其他税。招标文件中应说明招标价格是固定不变的，或是采取调整价格。价格的调整方法及调整范围应在招标文件中明确。招标文件中还应列明投标价格的一种或几种货币。

(5) 评标的标准和方法。评标时只能采用招标文件中已列明的标准和方法，不得另定。

(6) 交货、竣工或提供服务的时间。

(7) 投标人应当提供的有关资格和资信证明文件。

(8) 投标保证金的数额或其他形式的担保。在招标投标程序中，如果投标人投标后擅自撤回招标，或者投标被接受后由于投标人的过错而不能缔结合同，那么招标人就可能遭受损失(如重新进行招标的费用和招标推迟而造成的损失等)。因此，招标人可以在招标文件中要求投标保证金或形式的担保(如抵押、保证等)，以防止投标人违约，并在投标人违约时得到补偿。投标保证金可以采用现金、支票、信用证、银行汇票，也可以是银行保函等。投标保证金的金额不宜太高，现实操作中一般不超过投标总价的2%，以免影响投标人的积极性。中标人确定后，对落标的投标人应及时将其投标保证金退还给他们。

(9) 投标文件的编制要求。

(10) 提供投标文件的方式、地点和截止时间。

(11) 开标、评标的日程安排。

(12) 主要合同条款。合同条款应明将要完成的工程范围、供货的范围、招标人与中标人各自的权利和义务。除一般合同条款之外，合同中还应包括招标项目的特殊合同条款。

《中华人民共和国招标投标法》第十九条还规定，招标项目需要划分标段、确定工期，并在招标文件中载明。这个规定主要是指在工程建设项目招标中，招标人不得把作为招标项目组成部分的标段划分得过小。标段划分太小，一方面不利于那些经营规模大、技术力量且经验丰富的承包商投标；另一方面会使招标达不到"物有所值"的目的。同时，为了保证工程质量，必须保持合理的工期，工期过短，容易发生偷工减料，基础设施应具备的条件得不到保证。因此，在需要划分标段和确定工期时，招标人应当合理划分标段、确定工期，并在招标文件中载明。

关于招标文件范本，可以参照《广东省政府货物类政府采购项目》招标文件范本，或者进中国政府招标采购网等招标网站查找相关招标文件进行学习，由于招标文件篇幅较大，本书限于篇幅，不进行举例展示。

五、投标文件

1. 投标文件概述

投标文件是指具备承担招标项目的能力的投标人，按照招标文件的要求编制的文件。在投标文件中应当对招标文件提出的实质性要求和条件作出响应，这里所指的实质性要求和条件，一般是指招标文件中有关招标项目的价格、招标项目的计划、招标项目的技术规范方面的要求和条件，合同的主要条款(包括一般条款和特殊条款)。投标文件需要在这些方面作出回答，或称响应，响应的方式是投标人按照招标文件进行填报，不得遗漏或回避招标文件中的问题。交易的双方，只能就交易的内容也就是围绕招标项目来编制招标文件、投标文件。

2. 投标文件主要内容

投标文件通常由经济部分、商务部分和技术部分等组成，以工程施工项目为例，投标文件一般应包括下面三部分。

(1) 经济部分主要是投标报价。一般包括以下几个部分：①投标报价；②已标价的工程量；③拟分包项目情况。

(2) 商务部分包括可以证明企业和项目部组成人员的材料，如资质证书、营业执照、组织机构代码、税务登记征、企业信誉业绩奖励以及授权委托人、公证书、法人代表证明文件、项目部负责人证明文件。主要包括下面几个部分：①投标函及投标函附录；②法定代表人身份证明或附有法定代表人身份证明的授权委托书；③联合体协议书；④投标保证金；⑤资格审查资料；⑥投标人须知前附表规定的其他材料。

投标人须知前附表规定不接受联合体投标的，或者投标人没有组成联合体的，投标文件不包括上述③所指的联合体协议书。

(3) 技术部分包括施工方案和施工组织设计及施工组织部署等。主要包括下面几个部分：①施工组织设计、施工方案、专项方案；②项目管理机构及保证体系；③工作程序与保证措施。④技术响应情况。

六、评标方法

评标方法是招标过程中非常核心的环节。因为招标的目的是确定一个优秀的承包商(或供应商)，投标的目的就是为了中标。而决定这两个目标能否实现的关键都是评标。常见的评标方法主要有专家评议法、最低投标价法、经评审的最低投标价法、综合评估法以及寿命周期成本法等。根据评价指标是否能够量化，评标方法可分为定性方法和定量方法两类。定性方法是指仅规定评比原则、评审要素不量化的方法。定量方法是指评审要素全部数量化的方法。尽管各类招标的标的不同，评审的内容也有很大差异，但采用量化评审要素是较为科学的评标办法。根据评价指标是否量化为货币形式，评标方法可以分为价格法(或称货币法)和打分法(或称积分法)。价格法是指将各评审要素折算为货币进行比较的方法，采用价格法进行评标，一般是价格低者中标。打分法是指将各评审要素按重要程度分配权重和分值，用得分多少进行比较的方法，采用打分法进行评标，一般是得分高者中标。根据评价指标所考虑因素的多寡，评标方法可以分为单一指标法和综合指标法。

(一) 评标方法的基本要求

评标是整个招标投标活动的重点，只有科学、合理的评标方法，才能最大限度地达到招标投标的目的。为此评价方法应当符合以下三个要求。

1. 公正性

公正性指为参加投标的单位创造公平竞争的条件。评标方法和评标标准必须在招标文件中载明，一经发出不得随意改变。邀请招标的单位名单应当固定，不在名单内的单位不得投标，尽可能地做到公正的选择。

2. 适应性

适应性指针对具体招标项目合理确定评标标准(评价指标及指标权数)。

3. 科学性

科学性指评标所采用的评标标准和评价方法必须清楚、明确、具体、详细。评价指标过少、过粗，则难以全面反映投标者的全貌，但对于综合性质的方法又不可过分约束，要留有一定的灵活性，以确保达到综合评价的主要目标。

(二) 评标的主要评审内容

评标过程中，主要从以下三个方面进行评审，即行政性评审、技术评审和商务评审。

1. 行政性评审

行政性评审的目的就是从所有投标书中筛选出符合最低要求标准的合格投标书，淘汰那些不合格的投标书。行政性评审合格标书的主要条件有以下几种。

1) 投标书的有效性

(1) 投标者是否已获得预审的投标资格。如投标者是否与资格预审中选名单一致，包括公司的名称、法人代表和注册地址。

(2) 投标书是否为招标文件的原件。

(3) 投标保证书是否符合招标文件的要求。包括保函格式、内容、金额及有效期等。

(4) 投标书是否有投标者的法定代表签字或盖有印章等。

2) 投标书的完整性

(1) 投标书是否包括招标文件规定的应递交的一切和全部文件。

(2) 是否随同投标书一起递交了必要的支持性文件和资料。

3) 投标书与招标文件的一致性

对于招标文件提出的要求应当在投标时“有问必答”。特别是如果招标文件中已写明是“响应性投标”，则对投标书的要求更为严格。

4) 报价计算的正确性

由于投标者的投标报价时间往往非常紧迫，各种计算上的错误是难免的，但如果错误太多说明投标者的技术水平低，至少说明投标者不认真，这样对投标者中标是非常不利的。只有通过了行政性评审，才有资格进行下一步的评审；否则将被列为废标而予以排除。

2. 技术评审

技术评审的目的是评判投标者完成项目的技术能力。如对于工程项目，其技术评审的主要内容包括以下几个方面。

(1) 技术资料的完备性。投标书是否包含了招标文件所要求的所有技术资料。

(2) 施工方案的可行性。各类工程的施工方法,包括土石方工程、混凝土工程、钢筋工程、钢结构工程。特别是本工程中的难点工程或重要部位的施工方法是否可行,如大型水电工程中混凝土的制作和浇注方法、搅机的选择方案是否科学合理。

(3) 施工进度计划的可靠性。审查进度计划是否科学合理,特别是关键线路上的工作是否能保证按计划完成。

(4) 施工质量的保证。质量控制与保证措施,采取的质量保证体系是否完善。如是否取得ISO 9000认证等。

(5) 工程材料和机械设备的技术性能符合设计技术要求。对于主要材料和设备的样品、型号、规格和制造厂家名称和地址等,判断其技术性能是否可靠和达到设计要求的标准。

(6) 分包商的技术能力和施工经验。招标文件可能要求投标者列出其拟选择的分包商,应审查分包商的能力和经验。一般国外的承包商在投标报价时往往将他拟分包出去的工程让多家分包商报价,其从中选择中意的分包商,并采用其报价,最后汇总就可以得到其投标总报价。

(7) 对于投标书中按招标文件规定提交的建议方案作出技术评审。当投标者提出自己的建议方案时,应对其技术可靠性和优缺点进行评价,并与招标文件中的原方案进行对比分析。

3. 商务评审

商务评审的目的是从成本、财务和经济分析等方面评审投标报价的正确性、合理性、经济效益和风险等,估计授标给不同的投标者产生的不同结果。商务评审的主要内容如下。

1) 报价的正确与合理

(1) 审查全部报价数据计算的正确性。

(2) 分析报价构成的合理性。从评审者的角度,判断投标者的投标报价是否合理,各项单价是否合理,项目前后的价格比例关系是否合理。

(3) 如涉及使用外汇支付问题,审查投标者对报价中的外汇支付比例的合理性。

2) 投标书中的支付与财务问题

(1) 资金流量表的合理性。通常在招标文件中要求投标者填报整个施工期的资金流量计划。资金流量表能反映承包商的资金管理水平和财务能力。

(2) 审查投标者对支付工程款或货款有何要求。

3) 关于价格调整问题

如果招标文件规定该项目为可调价格合同,则应分析投标者对调价公式中采用的基价和指数的合理性。

4) 审查投标保证书(投标保函)

对投标保证书进行详细的内容审查,特别是保证书中有何附带条件。

5) 对建议方案(副标)的商务评审

将建议方案(副标)与原方案进行对比分析。

(三) 评标的主要方法

1. 专家评议法

专家评议法也称定性评议法或综合评议法,评标委员会根据预先确定的评审内容,如报价、工期、技术方案和质量等，对各投标书共同分项进行定性的分析、比较，进行评议后，选择投标书在各指标都较优良者为候选中标人，也可以用表决的方式确定候选中标人。这种方法实际上是定性的优选法，由于没有对各投标因素的量化（除报价是定量指标外）比较，标准难以确切掌握，往往需要评标委员会协商，评标的随意性较大。其优点是评标委员会成员之间可以直接对话与交流，交换意见和讨论比较深入，评标过程简单，在较短时间内即可完成；但当成员之间评标结果差距过大时，确定中标人较困难。专家评议法一般适用于小型项目或在无法量化投标条件的情况下使用。

2. 最低投标价法

最低投标价法是价格法的一种，也称合理最低投标价法，即能够满足招标文件的各项要求，投标价格最低的投标者应被推荐为中标候选人。最低投标价法一般适用于简单商品、半成品、原材料，以及其他性能、质量相同或容易进行比较的货物招标。这些货物技术规格简单，技术性能和质量标准及等级通常可采用国际（国家）标准，此时仅以投标价格的合理性作为唯一尺度定标。对于这类产品的招标，招标文件应要求投标人根据规定的交货条件提出标价。计算价格的方法通常情况是：如果所采购的货物从国外进口，则一般规定以买主国家指定港口的到岸价格报价；如果所采购货物来自国内，则一般要求以出厂价报价；如果所提供的货物是投标人早已从国外进口，目前已在国内的，则投标价应为仓库交货价或展室价。

3. 经评审的最低投标价法

这是一种以价格加其他因素评标的方法。以这种方法评标，按照招标文件的规定，对投标价进行修正、调整后计算出的标价。一般做法是将报价以外的商务部分数量化，并以货币折算成价格，与报价一起计算，形成评标价。世界银行、亚洲开发银行等都以这种方法作为主要的评标方法。在这种评标方法中，需要考虑的修正因素包括：一定条件下的优惠（如世界银行贷款项目对借款国国内投标人有 7.5%的评标价优惠），工期提前的效益对报价的修正等（应当注意，评标价仅是为投标文件评审时比较投标优劣的折算值，与中标人签订合同时，仍以投标价格为准）。然后以此价格按高低排出次序。能够满足招标文件的实质性要求，评标价最低的投标应当作为中选投标。采用经评审的最低投标价法，中标人的投标应当符合招标文件规定的技术要求和标准，但评标委员会无需对投标书的技术部分进行价格折算。除报价外，评标时应考虑的因素一般有以下几种：

(1) 内陆运输费用及保险费；

(2) 交货或竣工期；

(3) 支付条件；

(4) 零部件及售后服务；

(5) 价格调整因素；

(6) 设备和工厂（生产线）运转和维护费用。

经评审的最低投标价法一般适用于具有通用技术（性能标准）或者招标人对其技术、性能没有特殊要求的招标项目。

4. 综合评估法

在采购机械、成套设备、车辆以及其他重要固定资产（如工程）等时，如果仅仅比较各投标人的报价或报价加商务部分，则对竞争性投标之间的差别不能作出恰如其分的评价。因此，在这些情况下，必须以价格加其他全部因素综合评标，即应用综合评估法评标。以综合评估法评标，一般做法是将各个评审因素在同一基础或者同一标准上进行量化，量化指标可以采取折算为货币的方法、打分的方法或者其他方法，使各投标文件具有可比性。对技术部分和商务部分的量化结果进行加权，计算出每一投标的综合评估价或者综合评估分，以此确定候选中标人。最大限度地满足招标文件中规定的各项综合评价标准的投标，应当推荐为中标候选人。综合评估法最常用的是最低评标价法和综合评分法。

1）最低评标价法

最低评标价法也称综合评标价法，是把除报价外其他各种因素予以数量化，用货币计算其价格，与报价一起计算，然后按评标价高低排列次序。这是另一种以价格加其他因素评标的方法，也可以认为是扩大的经评审的最低投标价法。以这种方法评标，一般做法是以投标报价为基数，将报价以外的其他因素（包括商务因素和技术因素）数量化，并以货币折算成价格，将其加（减）到投标价上去，形成评标价，以评标价最低的投标作为中选投标。表 5-3 归纳了报价以外的其他主要折算因素的内容。

表 5-3　主要折算因素表

主要因素	折算价格内容
运输费用	货物如果有一个以上的进入港，或者有国内投标人参加投标时，应在每一标价上加上将货物从抵达港或生产地运到现场的运费和保险费；其他由招标运输费用单位可能支付的额外费用，如运输超大件设备需要对道路加宽、桥梁加固所需支出的费用等
价格调整	如果按可以调整的价格招标，则投标的评定和比较必须考虑价格调整因素。按招标文件规定的价格调整方式，调整各投标人的报价
交货或竣工期限	对交货或完工期在所允许的幅度范围内的各投标文件，按一定标准（如投标价的某一百分比），将不同交货或完工期的差别及其对招标人利益的不同影响，作为评价因素之一，计入评标价中
付款条件	如果投标人所提的支付条件与招标文件规定的支付条件偏离不大，则可以根据偏离条件使招标人增加的费用（利息等），按一定贴现率算出其净现值，加在报价上
零部件以及售后服务	如果要求投标人在投标价之外单报这些费用，则应将其加到报价上
设备的技术性能和质量	可将投标书中提供的技术参数与招标文件中规定的基准参数的差距折算为价格，计算在评标价中
技术建议	可能带来的实际经济效益，按预定的比例折算后，在投标价内减去该值
优惠条件	可能给招标人带来的好处，以开标日为准，按一定的换算办法贴现折算后，作为评审价格因素
其他可折算为价格的要素	按对招标人有利或不利的原则，增加或减少到投标价上去。如对实施过程中必然发生，而投标文件又属明显漏项部分，给予相应的补项增加到报价上去

例 5-1　最低评标价法的使用

某公司施工招标，招标人将两段公路分为 1、2 标段，招标文件规定，运用最低评标价法进行评标，因系国外贷款项目，国内投标人有 7.5%评标价优惠，同时投两个标段的投标人，如第 1 个标段中标，第 2 个标段有 4%评标扣减，投标二期以 24～30 个月内为合理工期，评标时两个标段都以 24 个月为基准，每增加 1 个月，在评标时加上 10 万元。有 A、B、C、D、E 五个投标人的投标文件是合格的。其中 A、B 两投标人同时对两个标段进行投标，B、D、E 为国内承包人，A、C 为国外承包人。承包人投标情况见表 5-4。

表 5-4　承包人投标情况

投标人	报价/百万元		工期/月	
	1 标段	2 标段	1 标段	2 标段
A	10	10	24	24
B	9.7	10.3	26	28
C	—	9.8	—	24
D	9.9	—	25	—
E	—	9.5	—	30

[问题]

计算 1、2 标段投标人的评标价。如各投标均实质性响应招标文件要求，确定各标段排名第一的中标候选人。

(1) 经计算，1 标段评标价结果见表 5-5。

表 5-5　1 标段评标价

投标人	报价/百万元	修正因素		评标价
		工期因素	本国优惠	
A	10	—	—	10
B	9.7	+0.2	−0.7275	9.1725
D	9.9	+0.1	−0.7425	9.2575

因此，1 标段排名第一的中标候选人应为投标人 B。

(2) 2 标段评标价计算结果见表 5-6。

表 5-6　2 标段评标价

投标人	报价/百万元	修正因素			评标价
		工期因素	两个标段优惠	本国优惠	
A	10	—	—		10
B	10.3	+0.4	−0.412	−0.7725	9.5155
C	9.8	—	—	—	9.8
E	9.5	+0.6	—	−0.7125	9.3875

因此，2 标段排名第一的中标候选人应为投标人 E。

2) 综合评分法

综合评分法也称打分法，是指评标委员会按预先确定的评分标准，对各投标书需评审的要素（报价和其他非价格因素）进行量化、评审记分，以投标书综合分的高低确定中标单位的评标方法。由于项目招标需要评定比较的要素较多，且各项内容的计量单位又不一致，如工期是天、报价是元等，因此综合评分法可以较全面地反映出投标人的素质。使用综合评分法，评审要素确定后，首先将需要评审的内容划分为几大类，并根据招标项目的性质、特点，以及各要素对招标人总投资的影响程度来具体分配分值权重（即得分）。然后再将各类要素细划成评定小项并确定评分的标准。这种方法往往将各评审因素的指标分解成100分，因此也称百分法。

例5-2 综合评分法案例

某工程项目业主邀请5家（A、B、C、D、E）施工单位参加投标。该工程由评标委员会对施工单位的投标书进行审查，用计分的办法，根据标价、工期、质量和企业业绩情况分别计分，累计分最高者为中标单位。并规定任何一项单项得分少于该项目标分（如标价为40分）的70%者不能中标。

评标委员会由7名委员组成，评标的具体规定如下。

（1）标价：40分。低于标底5%的加5分，5%以内每低于1%加1分，低于标底5%以下不加分。高于标底的，每高于1%扣2分，扣分不保底。

（2）工期：30分。按期完成得满分，每提前5天加1分，每超过5天扣2分。

（3）施工质量：20分。根据企业提出的施工方案和质量标准，每位评委对各个施工企业进行打分，每个企业的最后得分为各评委评分去除一个最高分和一个最低分后的算术平均数。

（4）企业业绩：10分。每位评委对各个施工企业的业绩进行打分，每个企业的最后得分为各评委评分去除一个最高分和一个最低分后的算术平均数。

表5-7所示为各投标单位的报价和工期汇总表。表5-8所示为评委对5家企业施工质量的评分汇总表。

表5-7 各投标单位的报价和工期汇总表

投标单位	A	B	C	D	E	标底
报价/万元	5 300	5 000	4 980	4 860	5 210	5 000
工期/天	386	375	405	410	390	400

表5-8 评委对5家企业施工质量的评分汇总表

投标单位＼评委	1	2	3	4	5	6	7
A	17	18.5	18	19	19.5	18	17.5
B	15	15.5	16	16.5	14.5	16	17
C	18.5	19	19	17.5	16.5	19.5	18
D	14.5	14	15	15.5	14.5	16	15
E	16.6	16	15.5	16.5	18	17.5	17

表5-9所示为评委对5家企业业绩情况汇总表。

表5-9 评委对5家企业业绩情况汇总表

投标单位＼评委	1	2	3	4	5	6	7
A	9.5	9	8.5	9.8	8.7	9	10
B	8.5	8	8.2	7.8	7.5	9	8
C	9	9.2	9.5	8	7.8	8.6	9.8

续表

评委 投标单位	1	2	3	4	5	6	7
D	7.8	8	6.5	6	7.2	6.5	7.5
E	7.5	7.5	6.5	8	6	7.2	7.8

问题:根据背景资料确定中标单位。

(1) 计算各单位报价得分,见表5-10。

表5-10　各单位报价得分

投标单位	报价/万元	报价与标底的比较	加(扣)分	得分
A	5 300	[(5 300－5 000)/5 000]×100%＝6%	扣12分	28
B	5 000	[(5 000－5 000)/5 000]×100%＝0	0	40
C	4 980	[(4 980－5 000)/5 000]×100%＝－0.4%	加0.4分	40.4
D	4 860	[(4 860－5 000)/5 000]×100%＝－2.8%	加2.8分	42.8
E	5 210	[(5 210－5 000)/5 000]×100%＝4.2%	扣4.2×2＝8.4(分)	31.6

(2) 计算各单位工期得分,见表5-11。

表5-11　各单位工期得分

投标单位	工期	与标底比较	加(扣)分	得分
A	386	386－400＝－14	加2.8分	32.8
B	375	375－400＝－25	加5分	35
C	405	405－400＝5	扣2分	28
D	410	410－400＝10	扣4分	26
E	390	390－400＝－10	加2分	32

(3) 计算各单位的综合得分,见表5-12。

表5-12　各单位的综合得分

投标单位	报价得分	工期得分	施工质量得分	企业业绩得分	综合
A	28	32.8	18.2	9.2	88.2
B	40	35	15.8	8.1	98.9
C	40.4	28	18.4	8.86	95.66
D	42.8	26	14.9	7.1	90.8
E	31.6	32	16.7	7.8	87.5

根据计算结果中标单位应为B单位。

5. 寿命周期成本评标法

这种方法是在综合评标价法的基础上,再加上一定运行年限内的费用作为评标价格。有时候,采购整座工厂成套生产线或设备、车辆等,采购后若干年运转期内的各项后续费用(零件、油料、燃料、维修等)很大,有时甚至超过采购价;不同投标书提供的同一种设备,相互间运转期后续费用的差别，可能会比采购价格间的差别更为重要。在这种情况下，就应采取寿命周期成本法。以汽车为例，一般采购价总是小于包括后续期维修费和燃料费用在内的后续费用，相互间的比例甚至可达到1∶3。

采用设备寿命周期成本评标法，应首先确定一个统一的项目评审寿命期，然后将投标报价和因为其他因素而需要调整(增或减)的价格，加上今后一定的运转期内所发生的各项运行和维护费用(如零部件、燃料、油料、电力等)再减去寿命期末项目的残值。计算运转期内各项费用，包括所需零部件、油料、燃料、维修费以及到期后残值等，都应按招标文件规定的贴现率折算成净现值，再计入评标价中。

课后实训

(1) 某市某局利用财政性资金建设某政府办公楼项目，预算为 3 000 万元，总建筑面积 20 000 m^2。招标人采用公开招标的方式组织施工招标。

招标公告编制完成后，招标人在该市很有影响力的一份报纸上发布了招标公告。招标公告规定的投标人资格条件中有一项为“注册资本金在5 000万元以上”；同时还规定，在购买招标文件的同时，潜在投标人须提交50%的投标保证金，即 5 万元(人民币)后才能够购买，以保证潜在投标人购买招标文件后参加项目投标。

招标公告发布后三天，有两家单位购买了招标文件，招标人经分析后认为“注册资本金在5 000万元以上”的资格条件可能过高，影响了潜在投标人参与竞争，于是决定将其修改为“注册资本金在 1 000 万元以上”。为减少招标时间，经商讨，招标人决定直接在招标文件中对上述资格条件进行调整，并在开标前十五日通知所有购买招标文件的投标人，而不再重新发布招标公告，以保证开标计划能够如期进行。

最终共有 8 名投标人参加投标，开标计划如期进行。

【问题】

①招标公告中应列明哪些内容?

②招标人在上述招标公告的发布过程中有哪些不正确的行为? 为什么? 正确的处理方法应是怎样的?

(2) 某办公楼的招标人于 2000 年 10 月 8 日向具备承担该项目能力的 A、B、C、D、E 5 家承包商发出投标邀请书，其中说明，10 月 12 日至 18 日每天 9 至 16 时在该招标人总工程师室领取招标文件，11 月 8 日 14 时为投标截止时间。该 5 家承包商均接受邀请，并按规定时间提交了投标文件。但承包商 A 在送出投标文件后发现报价估算有较严重的失误，遂赶在投标截止时间前 10 分钟递交了一份书面声明，撤回已提交的投标文件。

开标时，由招标人委托的市公证处人员检查投标文件的密封情况，确认无误后，由工作人员当众拆封。由于承包商 A 已撤回投标文件，故招标人宣布有 B、C、D、E 4 家承包商投标，并宣读该 4 家承包商的投标价格、工期和其他主要内容。

评标委员会委员由招标人直接确定，共由 7 人组成，其中招标人代表 2 人、本系统技术专家 2 人、经济专家 1 人、外系统技术专家 1 人、经济专家 1 人。

在评标过程中，评标委员会要求 B、D 两投标人分别对其施工方案作详细说明，并对若干技术要点和难点提出问题，要求其提出具体、可靠的实施措施。作为评标委员的招标人代表希望承包商 B 再适当考虑一下降低报价的可能性。

按照招标文件中确定的综合评标标准，4个投标人综合得分从高到低的依次顺序为B、D、C、E，故评标委员会确定承包商B为中标人。由于承包商B为外地企业，招标人于11月10日将中标通知书以挂号方式寄出，承包商B于11月14日收到中标通知书。

由于从报价情况来看，4个投标人的报价从低到高的依次顺序为D、C、B、E，因此，从11月16日至12月11日招标人又与承包商B就合同价格进行了多次谈判，结果承包商B将价格降到略低于承包商C的报价水平，最终双方于12月12日签订了书面合同。

【问题】

①从招标投标的性质看，本案例中的要约邀请、要约和承诺的具体表现是什么？

②从所介绍的背景资料来看，在该项目的招标投标程序中在哪些方面不符合《中华人民共和国招标投标法》的有关规定？请逐一说明。

③请到学校相关部门进行实地调研，了解学校招标采购的运作情况，并根据学校所需要的某一类设备设施拟定相应的招标书，要求明确招标的流程、方式和评标方法等。

学习情境六

采购价格与成本控制

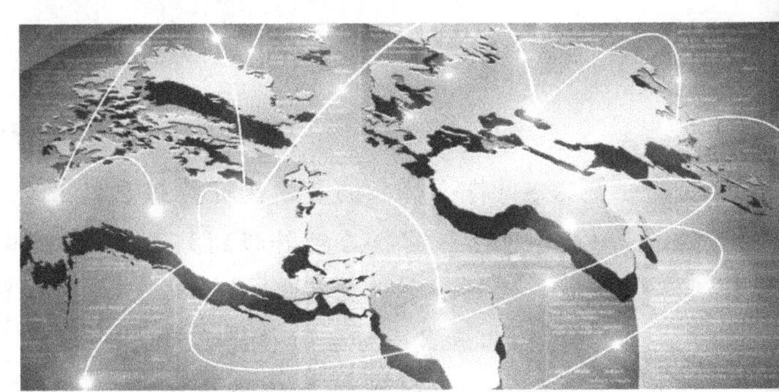

WULIU
CAIGOU
GUANLISHIWU

知识目标

(1) 熟悉采购价格的因素。

(2) 掌握采购参考价格的各种确定方法。

(3) 熟悉采购成本的构成。

(4) 掌握 ABC 成本分析法。

能力目标

(1) 能根据市场环境及产品定价法确定采购物资的参考采购价格。

(2) 有一定的成本控制意识。

(3) 能应用 ABC 分析法对采购成本进行控制。

一味压低采购价格,问题随之而来

某公司将一位采购员新提升为供应链业务经理。没过多久,就听到这位经理到处宣扬,他将一些零件从一家供应商转移到另一家,价格降低了多少幅度,每年能节省采购成本多少幅度。他还准备调整整个供应商群,将节省采购成本多少幅度。新官上任三把火,本来也没什么值得非议的,但其方式和方法却值得商榷。

首先来看看这位经理的降价方法:他专挑那些用量最大的零件,重新进行询价,这样的方法当然会得到好的价钱。但是他忘了,原供应商还有很多其他的零件在该公司使用,用量很低但价钱还维持在高用量时的水平,毫无疑问供应商在亏本,只能靠那些大用量的零件来弥补。

调整的直接结果是供应商的整体盈利大幅下降,该公司成为他们不盈利或少盈利的客户,其经营重心转移到其他更盈利的客户,导致供应商对该公司的按时交货率、质量和服务水平大幅降低。比如在新经理上任之前,所有供应商的季度按时交货率都在 96%以上;而上任后没几个月,有好几家供应商的按时交货率均已跌破 90%。

其次,就是供应商对该公司失去信任。以前负责机箱制造商的供应链经理在接手这一块业务时发现,几个主要供应商基本处于亏本的状态:一方面是因为整体经济低迷;另一方面由于多年来赤裸裸的压价。结果导致供应商既没经济能力、也没有动力负担工程技术力量,因为开发出的新零件很可能在下一轮询价中转入竞争对手,这样直接影响公司开发新产品。

为提高供应商服务的积极性,前任经理采取的政策是:新零件在开发阶段经过一轮竞价后,进入量产阶段不再进行第二轮竞价。这样,供应商就不用担心辛辛苦苦帮助开发的成果转入到竞争对手手中,因此在开发阶段都非常乐意投入工程技术支持,对新产品的按时交货率也大幅度提高。有的供应商还替该公司专门设立技术人员,随时提供技术支持。新的供应链业务经理进行第二轮竞价,打破了这一政策的连续性,直接破坏了买卖双方的信任基础。

更典型的一个例子是，有一家供应商的部件没法转移给其他供应商来做，因为这组零件对最终产品的性能影响很大，更换供应商的风险大，需要重新进行供应商资格认证，而产品设计部门不愿花费时间和承担风险。那该怎么办？这位新上任的供应链经理采用了强势态度对待现有供应商：不管怎么样，降价15%，至于怎么降，那是供应商自己的事。

供应商没法在人工成本上省，那就只能在材料上下工夫。但是，主要原材料镍的价格在一年内翻了两倍，该供应商已经多次提出涨价要求。材料利用率上也没潜力可挖，因为供应商已经是多个零件一起加工，边角料的浪费也已经降到了最低。于是，找便宜材料成了供应商生存的唯一出路。

问题就出在这里。原来用的镍合金产自德国，价钱高，但质量好。法国产的同类镍合金价钱低，但技术性能与德国产的不一样。供应商为达到15%的降价目标，就采购法国产的镍合金。等零件装配到最终产品上，运给客户，客户反映性能不达标。这是大问题，影响到客户自己的生产线，耽误工时。这巨大的损失，即便是将这家供应商卖了也都不够赔。

产品部门兴师问罪，几百个产品已经发到全球各地，若更换零件，光零件的成本就是几十万，还有巨大的物流成本，同时客户的信任危机和未来生意损失等都是无法估量的。而有趣的是，这位供应链业务经理却认为通过降低采购价格帮助公司省了那么多钱，应该得到晋升才对。至于这么大的质量事故，他觉得这是质量部门的事，跟自己无关。

这问题表面上是质量事故，其实是个采购问题。采购的失职在于以下三个方面。

第一，制定15%的降价指标欠斟酌。干采购的人不会不知道供应商的大致利润率，尤其是在主要原材料价格翻倍的情况下。该供应商虽然是独家供货，但价格已经是最低了。当年发标，多家供应商竞标，找不到比这家供应商更低的价格。

第二，如此大幅度的降价，意味着存在很大的风险。采购需要分析风险，让公司当事人理解这些潜在风险，督促质量把关。采购为达到自己晋升的目标出此险招，又假定别的部门都知道是错上加错。用一位专业人士的话来说，不要把别人都当成神，认为他们都具有先知先觉的能力，而是要使自己尽量靠近神。

第三，最关键的是，采购没有试图与供应商合作来解决问题，而是把问题推给供应商。他的问题解决了，这家供应商的问题就来了，最后还是由采购方来买单。采购经理制造的问题多于解决的问题，这正是采购经理失职的地方。

降低成本是供应商管理的一大任务，但关键是要会适可而止。大公司对小供应商，降价往往就像海绵里的水，要挤大部分时候都能再挤出来，但是挤到极点，其他的问题就会出现。强势推行不是共同解决问题的方法，而是将把问题推给对方。偶然用之未尝不可，但系统地用，偶然性就成了必然性，供应商出问题也是迟早的事了。

此外，思量着晋升没什么错，“不想当将军的士兵不是好士兵”，但是还是要讲方法、方式。正如一位专业人士所说，做一名优秀的采购员，最重要是要战胜心魔，不为钱财而出卖自己的良心，不为升官而损害供应商的应得利益，算是说到点子上了。

（案例来源：《一味压低采购价格，问题随之而来》，刘宝红，国际电子商情网，http://www.esmchina.com/ART_8800092242_1100_0_0_4200_dc046959.HTM?jumpto=view_welcomead_1303391085406）

任务一　确定采购参考价格

某建筑公司，拟需向水泥生产企业采购某型号水泥 60 000 袋。通过调查可知，生产 60 000 袋水泥的固定成本为 420 000 元，每袋的变动成本为 8 元，水泥生产企业的平均利润率为 30%。

【任务 1】　影响物料采购价格的因素有哪些？

【任务 2】　确定企业采购价格的程序如何？请你根据以上信息为该建筑公司确定一个合理采购价格，以供企业采购时参考。

要完成本任务，首先要了解什么是采购价格，采购价格的确定受到哪些因素的影响，采购价格有哪些种类，掌握采购价格的制定程序和采购价格确定的基本方法，然后结合任务背景选择合适方法确定企业的采购价格。

一、采购价格的概念

采购价格是指企业进行采购作业时，通过某种方式与供应商之间确定的所需采购物品或服务的价格。

1. 影响采购价格的因素

采购价格的受到各种因素的影响。对于国内采购而言，尽管地区、商业环境、时间与人力关系等方面都有所不同，但其价格的变化还是比较易于预测与控制的。而对于涉外采购而言，来自世界各地市场的供应关系以及其他许多因素，包括规格、服务（如机器设备的长期服务）、运输及保险、交货期限等，都对价格有很大的影响。

1）供应商成本的高低

这是影响采购价格的最根本、最直接的因素。供应商进行生产，其目的是获得一定利润，否则生产无法继续。因此采购价格通常在供应商成本之上，两者之差即为供应商的利润，供应商的成本是采购价格的底线。尽管经过谈判供应商大幅降价的情况时常出现，但这只是因为供应商报价中水分太多的缘故，采购价格的高低不是全凭双方谈判随心所欲而决定。

2）规格与品质

价格的高低与采购材料的品质也有很大的关系。如果采购物料的品质质量低下，供应商会主动降低价格，以求赶快脱手。采购企业对采购品的规格和品质要求越复杂，采购价格就越高。采购人员应首先确保采购物品能满足本企业的需要，质量能满足产品的设计要求，千万不要只追求价格最低，而忽略了质量。

3）采购物料的供需关系

当企业需采购的物料为紧俏物品时，则供应商处于主动地位，它会趁机抬高价格；当企业所采购的物料供过于求时，则采购企业处于主动地位，可以获得最优的价格。

4）生产季节与采购时机

当企业处于生产的旺季时，对原材料需求紧急，在此不得不承受更高的价格。避免这种情况的最好办法是提前做好生产计划，并根据生产计划制订出相应的采购计划，为生产旺季的到来提前做好准备。

5）采购数量是多少

如果采购数量大，供应商为了回报采购方更是为了向采购方示好，必然在讨价还价中或多或少地降低采购价格，抑或，采购企业就会享受供应商的数量折扣，从而降低采购的价格。因此，大批量、集中采购是降低采购价格的有效途径。

6）交货条件

交货条件也是影响采购价格的非常重要的因素，交货条件包括运输方式、交货期的缓急等。如果货物由采购方法来自提，则供应商就会降低价格，反之就会提高价格。有时为厂争取提前获得所需货物，采购方会适当提高价格。

7）付款条件

在付款条件下，供应商通常都规定有现金折扣、期限折扣，以刺激采购方能提前或和现金付款。因此，这种付款条件在得到采购方的遵守时，采购价格也就必然随之而变。

2. 采购价格的种类

依据不同的交易条件，采购价格会有不同的种类。采购价格一般由成本、需求及交易条件决定，一般有送达价、出厂价、现金价、期票价、净价、毛价、现货价、合约价等。

1）送达价

送达价指的是供应商的报价当中包含负责将商品送达采购方指定地点时，期间所发生的各项费用均由供应商承担。对国际采购而言，即到岸价加上运费（包括在出口厂商所在地至港口的运费）和货物抵达买方之前一切运输保险费，其他有进口关税、银行费用、利息以及报关费等。这种送达价通常由国内的代理商，以人民币报价方式（形同国内采购），向外国原厂进口货品后，售与买方，一切进口手续都由代理商办理。

2）出厂价

出厂价指供应商的报价不包括运送责任，即由采购方雇用运输工具，前往供应商的仓库提货。这种情形通常出现在采购方拥有运输工具或供应商加计的运费偏高时，或当处于卖方市场时，供应商不再提供免费的运送服务。

3）现金价

现金价指以现金或相等的方式支付货款，但是“一手交钱，一手交货”的方式并不多见。按零售行业的习惯，月初送货，月中付款或月底送货，下月中付款，即视同现金交易，并不加计延迟付款的利息，现金价可使供应商免除交易风险，采购方也享受现金折扣。例如，供应商设定的交易条件若为 2/10，n/30，即表示十天内付款可享受 2%的折扣，否则 30 天内必须全额付款。

4）期票价

期票价指采购方以期票或延期付款的方式来采购商品。通常采购方会加计迟延付款期间的利息于售价中。如果卖方希望取得现金周转，会将加计的利息超过银行现行利率，以使供应商舍期票价取现金价，另外，从现金价加计利息变成期票价，有用贴现的方式计算价格。

5）净价

净价指供应商实际收到的货款，不再支付任何交易过程中的费用，这点在供应商的报价单条款中，通常会写明。

6）毛价

毛价指供应商的报价，可以因为某些因素可以加以折让。例如，供应商会因为采购方采购金额较大，而给予采购方某一百分率的折扣。如采购空调设备时，商家的报价已包含货物税，只要买方能提供工业用途的证明，即可减免增值税 50%。

7）现货价

现货价指每次交易时，由供需双方重新议定价格，若有签订买卖合约，亦以完成交易后即告终止。在日常众多的采购项目中，采用现货交易的方式最频繁；买卖双方按交易当时的行情进行，不必承担预立约后价格可能发生的巨幅波动的风险或困扰。

8）合约价

合约价指买卖双方按照事先议定的价格进行交易，合约价格涵盖的期间依契约而定，短的几个月，长的一两年。由于价格议定在先，经常造成与时价或现货价的差异，使买卖时发生利害冲突。因此，合约价必须有客观的计价方式或定期修订，才能维持公平、长久的买卖关系。

9）实价

实价指超市实际上所支付的价格。特别是供应商为了达到促销的目的，经常提供各种优惠的条件给买方，例如数量折扣，免息延期付款，免费运送等，这些优待都会使采购价格降低。

二、采购价格的确定

（一）适当价格的含义

采购适当价格并不是采购最低价格。若采购价格要求最低，可能材料品质会较差、交货期限会延误、配合会不太理想等。因此采购适当价格应为在既定物料品质、交货期限或其他条件下所能得到的最低价格。

通常采购的基本要求是品质第一，服务第二，价格列为最后。

在采购作业阶段，企业应当注意要使所需采购物资，在适当的品质、数量、交货时间及其他有关条件下，付出合适的价格。

所以决定适当采购价格的目标，主要在于确保所购物资的成本，以期能树立有利的竞争地位，并在维持买卖双方的良好关系下，使原料供应持续不断，这是采购人员的主要责任。

（二）采购价格确定的基本程序

1. 采购价格调查

由于企业需要使用的原材料种类繁多，所需要采购的物资也就品种繁多了，因此要根据其性质对采购物资进行分类。采购物资种类繁多，品类复杂，有关采购价格资料的搜集、调查、登记、分析十分困难。采购材料规格有差异，价格也就相差悬殊，而且商业环境变化莫测，要做好采购价格的调查，是件比较复杂的工作。

1）调查的主要范围

在大型企业，原材料种类繁多，限于人力因素，要做好采购价格调查不是件容易的事情。因此，在这种情况下，应该采用重点管理法，了解企业“重要的少数物品”，这种物品通常占总数量的10%左右，其价值却占到采购总值的70%～80%。如果企业能够掌握这价值为80%的“重要少数物品”，那么企业就能达到控制采购成本的真正目的。

根据一些企业的实际操作经验，可以把下列六大类项目列为主要的采购调查范围。

(1) 选定主要原材料20～30种，其价值占全部总价值百分比的70%以上。

(2) 常用材料、器材属于大量采购项目的。

(3) 性能比较特殊的材料、零配件，因为一旦供应脱节，可能导致生产中断。

(4) 突发事件紧急采购。

(5) 波动性物资、器材采购。

(6) 计划外资本支出、设备器材的采购，数量巨大，影响经济效益深远的。

这六大类项目的物资，虽然种类不多，但所占比重很大或者影响经济效益甚广。其中A、B、E三项，应将其每日行情的变动，记入记录卡(见表6-1)，并且每周或者每月作一次“周期性”的行情变动趋势分析。由于项目不多，而其金额又占全部采购成本的一半以上，因此必须作详细调查记录。至于C、D、F三项，则属于特殊性或例外性采购范围，价格差距大，也应列为专业调查重点。

表6-1　调查记录卡

采购物品名称	今日价格	昨日价格	增减幅度/(%)	上周价格	上月价格

在一个企业中，为了便于理解占采购总价值80%的“重要少数”物资的价格变动行情，应该随时记录，真正做到了如指掌，通过这种方式，能根据主要原料的价格变化趋势，预测到成品的变化趋势。

2) 信息搜集方式

据统计，采购人员约有27%的时间从事搜集活动，可见采购信息搜集的重要性。信息的搜集主要有以下三种方式。

(1) 上游法：即了解拟采购的产品是由哪些零部件或材料组成的；换言之，查询制造成本及产量等相关资料。

(2) 下游法：即了解所采购产品用在哪些地方，换言之，查询需求量及售价等相关资料。

(3) 水平法：即了解采购的产品有哪些类似产品，换言之，即查询替代品或新供货商的资料。

3) 信息搜集渠道

信息搜集的主要渠道有以下几条。

(1) 杂志报纸等大众媒体。

(2) 信息网络或产业调查服务产业。

(3) 参观展览会或参加相关研讨会。

(4) 加入相关的行业协会。

由于目前信息来源广泛，市场环境变化迅速，因此，必须筛选正确有效的信息以供决策。由于国际采购越来越广泛，对于国外信息的需求也就越来越紧迫，这种情况下，可以派人亲赴国外搜集，也可以利用外贸协会信息处资料搜集组织的书刊（名录、企管新知、电话簿、统计资料、市场调查报告等）、期刊（报纸、杂志）、非书资料（录音带、录像带、磁盘、统计微缩片）及其他小册子、宣传品、新产品通告等。此外，国外驻中使馆或者文化经济交流协会等机构也能提供采购商情。通过网络也可以直接阅读国外产品信息。

4）经调查所得资料进行分析整理

企业可以将采购市场调查所得资料加以整理、分析与检讨。根据调查结果，编制调查报告和商业环境分析，对本企业提出有关改进建议（提供采购方针的参考，以求降低成本，增加利润），并根据科学调查结果，研究更好的采购方法。

2．采购价格确定方式

采购价格的确定应以达到价格适当为最高目标，买卖双方达到共赢，才是采购的最终目标。常见的采购价格确定方式有下列几种。

1）报价采购方式

报价采购是采购方根据需采购物品向供应商发出询价或征购函，请其正式报价的一种采购方法。

常见的报价采购方式有以下两种。

（1）确定报价：确定报价是指在某特定期限内才有效的报价。换句话说，此种报价是指在有效期内，卖方所提价格为买方所接受，此种交易行为即告成立，若是逾期对方不寄发接受通知，此买卖交易行为即不存在，但是若对方（买方）在接受此报价时，尚附有条件者，则原有“确定报价”即告失效，但是却成为一种新的要约。

（2）条件式报价：所谓条件式报价，是指厂商在报价时附有其他条件，由于条件内容不一，因而其形态十分复杂，包括以下几种类型。

①无承诺的报价：此类报价一般仅可作为参考，卖方是按当天市价报价，若遇物价波动，卖方得自行调整其价格，所以这种报价寄发时，务必声明：“本报价不受承诺的约束”，或“本报价价格按市价而增减”，或“价格随时适时变更，无需通知”。

②卖方确认的报价：此类报价必须经卖方确认后才算生效，此类报价较无承诺的报价好，它对买方表达出交易的诚意，又可防范风险。不过若遇特殊理由，卖方可说明原因而取消确认。

③可以先销售的报价：这种报价对卖方较有利，即卖方以一批货同时向两家以上客户报价，如果其中有人接受此报价，则后到接受者，对已售的货品即自动失效。

④买方于同意后的报价：此类报价又称许可退货的报价，即买方须看到货品满意后才成立的报价方式，这种报价对卖方极不利，因此甚少为人所采用。

⑤还报价：所谓“还报价”事实上是一种讨价还价的方式。它是指买方对卖方报价单所提交易条件、产品品质规格、付款方式均甚满意，唯嫌价格太高，要求对方减价。还报价必须卖方接受后交易行为才告成立，如卖方不同意减价，则交易仍无法成立。

⑥更新报价：更新报价是指报价有效期间已过，以同样交易条件重新再报价。

2）公开竞争招标确定价格方式

对于一些非标准物料或以供应商标准生产的物料产品，没有现成的市场价格可以参照时，可以采用公开竞争的方式决定其价格。先由参与竞争的供应商提出报价，然后由采购方选择。

当供应商的报价与采购商的底线差距过大时可以不采用，而过低的报价是否可靠也必须加以考虑，应用采购商的判断力、过去的经验以及市场调查所得的价格资料，加以综合比较。

招标的方式是采购企业确定价格的重要方式，其优点在于公平合理。因此大批量的采购一般采用招标的方式，但采用招标的方式需受几个条件的限制，即所采购得商品的规格要求必须能表达清楚、明确、易于理解，必须由两个以上的供应商参加投标。

由于公开竞价把价格作为唯一的选择标准，而未考虑价格意外的因素，特别是对供应商以往的服务质量未予重视，所以价格竞争的采购方式，不一定是最适当的价格确定方法。

3. 谈判，协议确定价格

协议价格方式比竞争价格方式较易接近适当的价格，因此买卖双方可以充分地申述各自意见，在互惠互利的条件下，通过谈判协商更容易取得双赢的局面，谈判是确定价格的常用方式，也是最复杂、成本最高的方式，谈判方式适合各种类型的采购。

参与谈判协议的人员，要明确价格的诸多因素。

(1) 物料规格：不同国家和不同企业的生产标准、生产能力都不尽相同，因此相同规格情况下，其质量、效果和功能是不一样的，所以价格就有差异。

(2) 采购数量：采购数量不但涉及采购商的经济批量，也涉及供应商的经济生产量，有因此采购数量的多少往往会影响价格的走向。

(3) 季节性变化：譬如农产品在旺季采购价格会比较合理，而且容易获得比较好的品质。

(4) 交货期限：采购对交货期限的急缓会影响供应商对价格的确定，那些交货时间紧的物料，价格也相对高许多。

(5) 付款条件：在付款上，如果实现预付款项，肯定可以得到一定的价格优惠；又如分期付款所采购机器设备，由于多了利息，所以采购价格会比现价高。

(6) 供应地区：国外采购与国内采购以及采购国家的远近都会使运费由很大的差距，因此报价也就有差距。

(7) 供求关系：市场供求与价格紧密相关，还会受到市场景气与否、通货膨胀等因素的影响。

(8) 包装方式：物流的包装是用货柜装运、散装还是船舶装运，价格都会受到影响。

这些因素都会直接或间接地影响到价格的确定，最终的商定价格应该是一种“适当合理”的价格，否则双方都可能会得不偿失。

（三）正确询价

询价(request for quotation)是采购人员在作业流程上的一个必要阶段。在接到请购单、了解目前库存状况及采购预算后，通常最直接的反映就是马上联络供应商。如果这是常态性的采购，需求的形态又是属于标准零件，对于供应商来说比较不会有问题。但是在新产品开发时，对于那些不属于标准品的部分，询价的时候就必须要特别注意是否有提供给供应商足够的资料，来方便其报价作业。为了避免日后造成采购方与供应商各说各话，以及在品质认知上的差异，对于询价时所应提供资料的准备上就不能马虎。因为完整及正确的询价文件可帮助供应商在最短的时间提出正确、有效的报价。一个完整的询价文件至少应该考虑包括下列几个主要的部分。

1. 询价项目的“品名”与“料号”

首先，询价项目的“品名”与“料号”是在询价单上所应必备的最基本资料。供应商必须知道如何来称呼所报价的产品，这即是所谓的“品名”以及其所代表的“料号”，这也是买卖双方在日后进行后续追踪时的一个快速查办以及检索的依据。料号因为在每一客户中有其独特的代表性，在使用上要特别注意其正确性。有些大型公司的料号动辄多达十多个位数，其中更包括有数字及英文字母在内。料号中一个位数的不同可能就是版本的不同，甚至可能变成另一个产品的料号。品名的书写应尽量能从其字面上可以看出产品的特性与种类为佳。

2. 询价项目的“数量”

通常供应商在报价时都需要知道买方的需求量，这是因为采购量的多寡会影响到价格的计算。数量资讯的提供通常包括有“年需求量”、“季需求量”甚至“月需求量”；“不同等级的需求数量”，如数量为 500 K、1 M、3 M 等；每一次下单的大约“订购数量”；产品“生命周期的总需求量”。除了让供应商了解需求量及采购的形态外，也可同时让供应商分析其自身产能是否能应付买方的需求。

在询价时买方通常都有一个通病，那就是怕量少而无法得到好价格，便把需求量或采购量予以“膨胀”。此时，虽然采购能够获得短期的利益，就算拿到了量产的价格，如果在真正进行采购后，无法达到报价的预期数量时，供应商不是提高价格，便是在其他方面减少对客户的服务，或停止供应，到头来得不偿失的还是自己。因此，对需求量的资讯应很实在的与供应商沟通，同时采购方也可拿出市场预测来说服供应商，如此才能达到长期配合、持续供货的目的。

3. 询价项目的“规格书”

规格书是一个描述采购产品品质的工具，应包括最“新版本”的工程图面、测试规格、材料规格、样品、色板等有助于供应商报价的一切资讯。工程图面必须是最新版本，如果图面只能用于估价也应一并在询价时注明。如为国际采购，如果原始工程图面为英文之外的语言，如德文、法文、日文等，也应附上国际通用语言英文的译名，以双语(bilingual)形式呈现以利沟通。若工程图面可以利用电子档案方式提供，则必须向供应商询问其接受的程度，在提供时应注意以国际共通的档案格式如 DWG、IGES、DXF、PRO/E 等，以方便供应商转换图档。不过，在利用电子邮件传递档案的同时，最好也同时提供一份清楚绘在图纸上的工程图面，以避免在档案传递时所可能发生的资料误失。

4. 询价项目的“品质”要求

表达询价项目品质规范要求的方式有许多种，通常可以使用以下几种方式呈现。采购人员很难单独使用一种方式便能完整表达对产品或服务的品质要求，应该依照产品或服务的不同特性，综合使用多种方式来进行。

(1) 品牌(brand or trade names)：一般而言，使用品牌的产品对采购而言是最轻松容易的，不仅能节省采购时间、降低采购花费，也同时能降低品质检验的手续，因为只需确认产品的标示即可。不过，具有品牌的产品其价格通常也比较高，购买数量不多时使用品牌方式采购反而比较有利。

(2) 或同级品(or equal)：其意义指的是具有能达到相同功能的产品，决定是否允许使用可替代的同级品报价也应在询价时注明，同级品的确认使用必须要得到使用单位的接受。

(3) 商业标准(commercial standard)：商业标准对于产品的尺寸、材料、化学成分、制造工法等，都有一个共通的完整描述。对于一般标准零件，如螺丝、螺帽、电子零组件，使用商业标准可以免除对品质上的误解。

(4) 材料与制造方法规格(material or method-of-manufacture specification):当对材料或制造方法有特定的要求时,必须注明其适用的标准。如果要求注明为 DIN 欧规时,其相对应的 CNS 或 JIS 规格也最好能予以注明。

(5) 性能或功能规格(performance or function specification):此类型规格较常用于采购高科技产品以及供应商先期参与(early supplier involvement,ESI)的情况中。供应商只被告知产品所需要达到的性能或功能,至于如何去制作方能达到要求的细节部分,则留给供应商来解决。

(6) 工程图面(engineering drawing):工程图面是最能用来描述所需要产品品质,其内容除了必须要清晰外,对尺寸公差的精确性也不能忽略。

(7) 市场等级(market grade):通常用于商品如木材、农产品、烟草、食品等方面的品质要求,由于市场等级的划分界线无法很明确的被一般人所辨识,采购人员通常会被要求具有如何鉴定所购产品是属于何种时常等级的能力。

(8) 样品(sample):这是一种懒人的做法,样品的提供对供应商了解买方的需求有很大的帮助,尤其是对颜色、印刷、与市场等级的要求上使用得比较普遍。

(9) 工作说明书(statement of work,SOW):主要使用于采购服务项目类如大楼清扫、废弃物处理、工程发包等,一份完整的工作说明书除了应该简单明了外,对于所应达到的工作品质也应尽量以量化的方式来规范其绩效的评估。工作说明书的内容必须要能保障采购方能获得满意的服务,也同时要能保留足够的弹性,让供应商来发挥创造工作上的附加价值。

5. 询价项目的"报价基础"要求

"报价基础"通常包括报价的"币值"与"贸易条件",国内买卖比较单纯,通常都以人民币交易,贸易条件通常以"出厂价"就是以"到厂价(运费是否内含则另议)"来计算。国际贸易就比较复杂,报价币值方面供应商多半以美元为计价基础,至于是否以采购当地币值计价,则视汇率的稳定与否有弹性的作法。

国际贸易通常的贸易条件有 Ex-Work(工厂交货)、FOB(船上交货)、FAS(船边交货)或 CIF(运保费在内交货)等,在不同条件下,买卖双方所负担的责任风险是不同的。在 FOB 条件下,卖方的责任是直到货物装上船为止。因此,卖方必须负担装船的风险,但买方则需负责船运、海险等费用。在 CIF 条件下,卖方除了必须负担装船的风险,还要负担货物运至指定目的港口所需的运费及保险费。因此,在相同货物的交易下,以 CIF 条件的报价自然要较以 FOB 条件的报价高,买方在询价时必须详加注明。

6. 买方的"付款条件"

有关付款条件,虽然买卖双方都有各自的公司政策,买方希望付款时间越晚越好。相反,卖方当然是认为越早越好。买方有义务让卖方了解其公司内部的标准付款条件(在采购模具时,通常有"阶段性付款"的方式,如订金 30%,第一次试模预付 30%,验收时付款 40%),卖方也可在报价时提出其不同的要求,最后的付款条件则需买卖双方经协议后所订定。在情况处于买方市场时,在竞争性市场中供给超过需求,货品和(或)劳务可容易地被取得,商业的经济力量倾向于导致价格接近于采购的预估价值,买方通常能以较优的付款条件来要求卖方配合,如"记账方式(O/A)",预付货款为 60 天甚至 90 天。但处于卖方市场,因为需求超过供给甚多,情况则恰好相反。卖方一般会选择较短的付款期来要求买方,如选择"货到付现(cash on delivery,C. O. D.)"或"预付货款(T/T in advance)"。

另外,对于付款条件尚需要明确注明其时间计算的"付款起算日",在国际贸易中通常国内供应商一般是以出货日(shipping date)、发票日(invoice date)或装船日(on board date)来起算付款到期的时间。这时如果国外买主的认定为抵达日(arrival date)甚或到厂日(receiving date)为起算日,中间就有可能相差一个月的时间,买卖双方均不可不慎。

7. 询价项目的"交期"要求

交期的要求包括买方对采购产品需要的时间,以及卖方需要多少时间来准备样品、第一批小量生产,及正常时间下单生产所需要的时间。供应商虽然可依买方的要求来配合,不过交期的长短关系着采购产品的价格,买方应视实际需要来提出要求,而非一味地追求"及时供货(just in time,JIT)"。

8. 询价项目的"包装"要求

包装方式在供应商估算价格时占有很大的一个比重,除了形状特殊或体积庞大的客户订制品外,供应商对于包装都有其使用的标准纸盒、纸箱以及栈板等包装材料。如果没有另外提出特殊的包装要求,供应商都会以其标准的包装方式来进行估价。有时也不会在报价单上详细注明其标准的包装方式,此时采购如果不去察觉,日后再追加包装要求,不仅时间被拖延,对于比价的作业也会造成不利的影响。此外,供应商在了解买方的包装要求后,也可提供建议是否能考虑采用标准包装,或以拼货拼柜的方式来降低出货成本。

9. "运送地点"与"交货方式"

运送地点的国家、城市、地址及联络电话与传真都必须要清楚地告诉供应商。国内买卖的交货方式常以铁路、公路为主,国际采购中的运送地点与交货方式则决定了价格的计算。如果要求卖方来以 CIF 报价,无论海运或空运,运输费与保险费当然由卖方来负担。随运送距离的远近会有不同的计费方式,除非买方指定空运,供应商通常以海运为基础报价,因为海运是最经济的一种交货方式。

10. 询价项目的"售后服务"与"保证期限"要求

在采购一些机器设备如冲床、塑胶射出机、测试仪器、半导体封装设备等时,供应商一般都会提供基本的售后服务与保证期限。如果此时有特殊的要求,例如要求延长保证期限,或者改变售后服务的内容等,因其牵涉到采购"总持有成本(total cost of ownership,TCO)"。

(四) 正确处理报价

一般企业利用征求报价的方式采购,使用十分普遍。采购部门接到供应商报价单,是否适质、适量、及时及适价,应于报价有效期内妥善审查决定。一般来说在采购部门接到各供应商的报价单后,应立即分析各供应商价格的高低、交货期的长短、付款条件的宽紧、交货地点是否适中等,以便与选择恰当的供应商。大企业往往为了便于分析,大都设计标准化的表格,以利于比较、简化工作。报价分析表的常用格式如表 6-2 所示。

表 6-2 报价分析表

表号		规格	
日期		交货	
选择供应商的理由		供应商数量	
报价		其他	

(五)采购议价

在采购活动中,议价是一个交易过程,采购人员和销售商都以各自的观点和目的参与其中,期望在采购交易各方面包括价格、服务、规格、技术和品质要求及付款条件等达成相互满意的协议。

议价的内容多是采购企业与供应商共同关心但存在一定分歧的问题,例如价格的高低、供货期的不一致、运费由谁承担等。议价的目的是消除分歧,达成一致协议,成功有效的议价是在兼顾双方利益的前提下,使事情得以圆满解决。在议价过程中掌握策略与主动并充分运用战术技巧,并且在议价结束后及时进行总结回顾,才能取得良好的议价结果

三、采购定价应考虑的因素

企业在制定价格决策时,必须考虑两个方面的因素,即企业内部因素和企业外部因素,并根据其影响,来合理制定价格。内部因素主要指成本、市场定位和定价目标三个方面;外部因素指供求关系、货币价值、竞争与国家价格政策等。

1. 内部因素

1)成本

商品的生产与流通都需要消耗物化劳动和活劳动。这些劳动消耗是通过货币来表现的。例如原材料的采购费用、劳动者工资、固定资产折旧等。在商品生产与流通中物化劳动和活劳动消耗的货币表现就是商品成本。按照消耗发生的阶段,商品成本可分为生产成本和流通成本两大类。成本使企业制定商品价格的最低经济界限,价格高于成本将产生利润,价格低于成本将带来亏损。因此,企业在价格制定中首先要考虑成本因素,或者采用成本加成定价法,以成本为基础,适当加上利润、税金,形成商品价格。

2)市场定位

市场定位是在消费者心中建立的产品形象,其中包括对产品的外观、内在质量及价格等方面的协调设计。当价格成为市场定位中的一项基本因素时,商品价格的制定要服从市场定位的要求。

3)定价目标

定价目标是指导企业制定采购价格决策的目标。从某种意义上说,定价目标就是企业的经营目标,这是由价格与利润的联系所决定的。显然,企业的目标越明确,她就越容易定价。不同的价格水平对企业的盈利目标、销售收入目标及市场份额目标具有不同的影响。因此,明确企业的目标对于合理定价具有重要的意义。

2. 外部因素

1)供求状态

商品的供求状态可以影响到价格的制定。因为商品的供求状态可以影响市场物价水平,一般来说,当供应大于需求时,市场物价水平会下降,顾客会转向购买低价格商品而形成一种压力,迫使企业把价格降低,反过来当供应小于需求时,市场物价水平上涨,高价下商品销路不受影响,企业可获得超额利润的机会。但价格变动也能改变供求状态,一种商品在市场中,价格不可能总是处于上涨,也不可能总是处于下降。

价格上涨会引起供应量增加,需求量减少,很容易出现供过于求的状况。价格下降会引起

供应量减少，需求量增加，因而也容易导致出现供不应求的状况，从而引起市场价格发生与原来变动方向相反的变动。

2）竞争因素

竞争是来自于市场的影响价格的因素，竞争激烈程度越高，可行的价格水平就越低。供应者之间的竞争是围绕争夺顾客这一中心开始的，谁能赢得较多的顾客，谁就能将产品更多的销售出去，就有机会实现较高销售收入和利润，这就是竞争优势。

3）货币价值

价格是产品同货币的交换比。产品价值量与单位货币所代表的价值量之间的比值，就是价格。在产品价值量不变的前提下，单位货币所代表的价值量越大，则商品价格越低，单位货币的价值量降低时，商品价格就会升高。

货币尤其是纸币的价值量通常是变动的。纸币发行量越多，则代表的价值量就会降低，这就是经济中发生通货膨胀，物价普遍上涨的原因。如果政府紧缩通货发行，市场流通的货币就会减少，商品价格也会降低。

4）国家政策

价格是市场和经济生活中最为敏感的因素，其涉及面广、影响深刻，因而总是国家或政府最为关注的因素。对此国家制定了一系列方针政策，对企业制定价格决策具有指导或约束作用，其中最主要的方针政策有稳定物价方针政策、反暴力政策、缩小工农产品的剪刀差、按质论价政策、反对乱收费和乱摊派、减轻农民负担、最高限价和最低保护价政策、合理安排商品比价、差价的政策等。

企业定价工作必须在党和国家方针政策给定的范围内进行，并自觉遵守国家各级物价部门的管理和监督，正确行使价格自主权。

四、定价的方法

随着经济体制市场化改革的不断推进和价格改革的深化，企业已成为价格的决策主体。企业只有正确运用定价方法，研究定价技巧，制定价格策略，才能实现公平竞争，降低交易成本，提高经济效益。当前企业常用的定价方法主要有成本导向定价法、需求导向定价法和竞争导向定价法。

1. 成本导向定价

成本导向定价，就是企业在定价时，以企业成本为中心，首先考虑收回在生产经营中投入的全部成本，在此基础上获得一定利润。成本导向定价可采用成本加成定价法、目标收益定价法。

1）总成本加成定价法

在这种定价方法下，把所有为生产某种产品而发生的耗费均计入成本的范围，计算单位产品的变动成本，合理分摊相应的固定成本，再按一定的目标利润率来决定价格。其计算公式为

单位产品价格＝单位产品总成本×（1＋目标利润率）

采用成本加成定价法，确定合理的成本利润率是一个关键问题，而成本利润率的确定，必须考虑市场环境、行业特点等多种因素。某一行业的某一产品在特定市场以相同的价格出售时，成本低的企业能够获得较高的利润率，并且在进行价格竞争时可以拥有更大的回旋空间。

成本加成定价法的优点在于：首先，这种方法简化了定价工作，便于企业开展经济核算；其次，若某个行业的所有企业都使用这种定价方法，它们的价格就会趋于相似，因而价格竞争就会

减到最少；最后，在成本加成的基础上制定出来的价格对买方和卖方来说都比较公平，卖方能得到正常利润，买方也不会觉得受到了额外剥削。

2）目标收益定价法

目标收益定价法又称投资收益率定价法，是根据企业的投资总额、预期销量和投资回收期等因素来确定价格。采用目标收益定价法确定价格的基本步骤如下。

（1）确定目标收益率。

目标收益率＝1/投资回收期×100％

（2）确定单位产品目标利润额。

单位产品目标利润额＝总投资额×目标收益率÷预期销量

（3）计算单位产品价格。

单位产品价格＝企业固定成本÷预期销量＋单位变动成本＋单位产品目标利润额

与成本加成定价法相类似，目标收益定价法很少考虑到市场竞争和需求的实际情况，只是从保证生产者的利益出发制定价格。另外，先确定产品销量，再计算产品价格的做法完全颠倒了价格与销量的因果关系，把销量看成是价格的决定因素，在实际上很难行得通。尤其是对于那些需求价格弹性较大的产品，用这种方法制定出来的价格，无法保证销量的必然实现。不过，对于需求比较稳定的大型制造业、供不应求且价格弹性小的商品、市场占有率高、具有垄断性的商品，以及大型公用事业、劳务工程和服务项目等，在科学预测价格、销量、成本和利润四要素的基础上，目标收益法仍不失为一种有效的定价方法。

3）盈亏平衡定价法

在销量既定的条件下，企业产品的价格必须达到一定的水平才能做到盈亏平衡、收支相抵。既定的销量就称为盈亏平衡点，这种制定价格的方法就称为盈亏平衡定价法。科学地预测销量和已知固定成本、变动成本是盈亏平衡定价的前提。

盈亏平衡点价格（P）＝固定总成本（FC）÷销量（Q）＋单位变动成本（VC）

以盈亏平衡点确定价格只能使企业的生产耗费得以补偿，而不能得到收益。因此，在实际中均将盈亏平衡点价格作为价格的最低限度，通常再加上单位产品目标利润后才作为最终市场价格。有时，为了开展价格竞争或应付供过于求的市场格局，企业通常采用这种定价方式以取得市场竞争的主动权。

2. 需求导向定价

需求导向定价是从目标市场需求出发来确定价格的方向。需求导向定价有两种方法：认知价值定价法、需求差别定价法。

1）认知价值定价法

所谓认知价值定价法是指企业根据目标市场消费者以对产品的认知价值来制定价格的一种方法。这种方法的立足点，是企业要确定顾客对产品价值的看法和认识，而不是企业的成本。认知价值定价法要掌握两个关键。

第一，企业应通过市场营销研究，探索消费者对本企业所产生的产品的市场上同类品牌的认知价值。

第二，企业还应估计和测量本企业营销组合中的非价格变量在目标市场中，将要建立起来的认知期望值，并比较产品差异和认知价值差异(与市场上同类产品其他品牌进行产品的性能、用途、质量、外观的认知比较认知价值比较)，然后给产品制定价格，这种价值要能反映消费者对产品的评价，而不是企业成本，更不是企业主观价值判断。

2）需求差别定价法

这种方法是指企业在制定价格时，根据需求差异性来决定同种产品在不同销售条件下的价格差异。在实际中，确定一个基本价格，然后根据不同顾客、不同规格、不同销售地点、不同时间、浮动价格。在应用这种方法时，应避免价格歧视引起顾客反感，还要注意产品在不同细分市场之间越界流动。

3. 竞争导向定价

这种定价方法一种企业为了应付市场竞争的需要而采取的特殊定价方法。竞争导向定价有三种方法：随行就市定价法、产品差别定价法、密封投标定价法。

1）随行就市定价法

在垄断竞争和完全竞争的市场结构条件下，任何一家企业都无法凭借自己的实力而在市场上取得绝对的优势，为了避免竞争特别是价格竞争带来的损失，大多数企业都采用随行就市定价法，即将本企业某产品价格保持在市场平均价格水平上，利用这样的价格来获得平均报酬。此外，采用随行就市定价法，企业就不必去全面了解消费者对不同价差的反应，也不会引起价格波动。

2）产品差别定价法

产品差别定价法是指企业通过不同营销手段，使同种同质的产品在消费者心目中树立起不同的产品形象，进而根据自身特点，选取低于或高于竞争者的价格作为本企业产品价格。因此，产品差别定价法是一种进攻性的定价方法。

3）密封投标定价法

在国内外，许多大宗商品、原材料、成套设备和建筑工程项目的买卖和承包，以及出售小型企业等，往往采用发包人招标、承包人投标的方式来选择承包者，确定最终承包价格。一般来说，招标方只有一个，处于相对垄断地位，而投标方有多个，处于相互竞争地位。标的物的价格由参与投标的各个企业在相互独立的条件下来确定。在买方招标的所有投标者中，报价最低的投标者通常中标，它的报价就是承包价格。这样一种竞争性的定价方法就称密封投标定价法。

企业定价方法很多，企业应根据不同经营战略和价格策略、不同市场环境和经济发展状况等，选择不同的定价方法。

从本质上说，成本导向定价法是一种卖方定价导向。它忽视了市场需求、竞争和价格水平的变化，有时候与定价目标相脱节。此外，运用这一方法制定的价格均是建立在对销量主观预测的基础上，从而降低了价格制定的科学性。因此，在采用成本导向定价法时，还需要充分考虑需求和竞争状况，来确定最终的市场价格水平。

竞争导向定价法是以竞争者的价格为导向的。它的特点如下：价格与商品成本和需求不发生直接关系；商品成本或市场需求变化了，但竞争者的价格未变，就应维持原价；反之，虽然成本或需求都没有变动，但竞争者的价格变动了，则相应地调整其商品价格。当然，为实现企业的定价目标和总体经营战略目标，谋求企业的生存或发展，企业可以在其他营销手段的配合下，将价格定得高于或低于竞争者的价格，并不一定要求和竞争对手的产品价格完全保持一致。

顾客导向定价法，是以市场需求为导向的定价方法，价格随市场需求的变化而变化，不与成本因素发生直接关系，符合现代市场营销观念要求，企业的一切生产经营以消费者需求为中心。

课后实训

(1) 某水泥生产企业采购某型号水泥 60 000 袋。通过调查可知,生产 60 000 袋水泥的固定成本为 420 000 元,每袋的变动成本为 8 元,水泥生产企业的目标利润率为 30%。请确定该水泥的出厂价格。

(2) 某洗衣机制造企业向市场推出了一种全自动滚筒式洗衣机,由于项目新颖,缺乏充分准确的成本资料。但经过对成本的分析后发现,目标成本控制为 2 300 元比较合适,由于该项目比较新颖,消费者的购买率会比较大,因而成本加成率可定位为 30%。求出厂价格。

(3) 一家生产电视机的企业,预计明年电视机销量为 30 000 台。企业的固定成本为 7 500 000元,单位变动成本为 1 000 元,如果该企业想要保本经营,价格应为多少?

任务二　进行采购成本控制

2002 年,美心公司与大多数高速发展的企业一样,开始面临增长瓶颈。掌门人夏明宪毅然采取以利润换市场的策略,大幅降低产品价格。然而,降价不久,风险不期而至,原材料钢材的价格突然飙升。继续低价销售——卖得越多,亏得越多;涨价销售——信誉扫地,再难立足。面对两难抉择,降低成本,尤其是降低原材料的采购成本就成了美心生死攸关的"救命稻草"。

夏明宪向采购部下达指令:从现在开始的三年内,企业的综合采购成本,必须以每年平均 10%的速度递减。

这让美心公司的采购部的员工们有点傻眼,甚至不服气。此前美心公司的"开架式采购招投标制度"属国内首创,既能有效降低成本,又能杜绝暗箱操作,中央电视台都为此做过专题报道。而且此举已经为美心节约了 15%的采购成本,还有什么魔法能够让青蛙变得更苗条?

【任务】 请你为美心公司想想,有什么方法可以进一步降低采购成本?如何做?

要想寻找降低采购成本的方法,首先应该具有一定的成本控制意识,能够对分析采购成本的组成,建立完善的企业采购制度,掌握相关的采购成本控制的方法,然后根据任务选择合适的采购成本控制方法,降低采购成本。

一、采购成本构成

1. 材料成本

材料成本是指材料的进价成本,又称购置成本,是指材料本身的价值,等于采购单价与采购数量的乘积。在一定时期进货总量既定的条件下,无论企业采购次数如何变动,材料的进价成本通常是保持相对稳定的。

2. 采购管理成本

采购管理成本是指企业向外部的供应商发出采购订单的成本费用，是企业为了实现一次采购而进行的各种活动的费用，如办公费、差旅费、邮资、电话电报费、运输费、检验费、入库搬运费等支出。采购管理成本中有一部分与订货次数无关，如专设采购机构的基本开支等，这类固定性进货费用则属于决策的无关成本。

另一部分与订货次数有关，如差旅费等与进货次数成正比例变动，也就是说采购管理成本包括与下列活动相关的费用，如检查存货水平、编制并提出采购申请、对多个供应商进行调查比较、选择最合适的供应商、填写并发出采购单、填写核对采购单、结算资金并进行付款。

3. 储存成本

企业为持有存货而发生的费用即为存货的储存成本，主要包括存货资金占用费（以贷款购买存货的利息成本）或机会成本（以现金购买存货而同时损失的证券投资收益等）、仓储费用、保险费用、存货残损霉变损失等。与进货费用一样，存储成本可以按照与储存成本数额的关系分为变动性储存成本和固定性储存成本两类。其中，固定性储存成本与存货储存数额多少没有直接关系，如仓库折旧费、仓库职工的固定月工资等。这类成本属于决策的无关成本；而变动性储存成本则随着存货储存数额的增减成正比例变动关系，如存货资金的应计利息、存货残损和变质损失、存货的保险费用等，这类成本属于决策的相关成本。

二、建立和完善企业的采购制度

要很好地控制采购成本，建立完善的企业采购制度是必需的。建立和完善企业的采购制度主要包括下面几个方面。

1. 价格档案和价格评价体系

对所有采购材料建立价格档案，对每一批采购物品的报价，应首先与归档的材料价格进行比较，分析价格差异的原因。

对于重点材料的价格，要建立价格评价体系，由公司有关部门组成价格评价组，定期收集有关的供应价格信息，分析和评价现有的采购价格水平，确定最新的合理采购价格，及时更新归档的价格档案。

2. 供应商档案和准入制度

对企业的正式供应商要建立档案，并有专人负责管理。供应商档案除有编号、详细联系方式和地址外，还应有付款条件、交货条款、交货期限、品质评级、银行账号等，每一个供应商档案应经严格的审核才能归档。

企业的采购必须在已归档的供应商中进行，供应商档案内容应定期核对，对于变化的内容应该及时更新。同时，要建立供应商准入制度，重点材料的供应商必须经质检、物料、财务等部门联合考核后才能进入，如有可能要实地到供应生产地考核。

企业要制定严格的考核程序和指标，要对考核的问题逐一评分，只有达到或超过评分标准者才能成为归档供应商。对于归档供应商也应该定期进行考核和评价，同时应具备符合准入条件的预备供应商，用于顶替考核不合格的归档供应商。

3. 利用标准采购价格考核采购人员的工作业绩

财务部门应根据市场的变化和产品标准成本，对重点监控的材料定期作出标准采购价格，促使采购人员积极寻找货源，货比三家，不断地降低采购价格。根据采购人员的采购价格偏离标准及采购价格的幅度，确立奖惩的比例。

低于标准采购价格完成企业采购任务的采购人员按比例给予奖励，对高于标准采购价格进行采购，而无法完成成本下降任务的采购人员，若无特殊理由，应按比例给予惩罚。标准采购价格的实施可与价格评价体系结合起来进行。

三、控制和降低采购成本的主要途径

1. 付款条件的选择

如果企业资金充裕，或者银行利率较低，可采用现金交易或货到付款的方式，这样往往能带来较大的价格折扣。对于进口材料，应注意外汇币种的选择，并及时掌握汇率走势。

2. 把握价格变动的时机，掌握市场行情

当今物资市场呈现出如下一些特点。

(1) 供货市场大、渠道多。要充分利用这一优势，挖掘市场潜力，在降低采购成本上找规律、做文章。

(2) 差价幅度大、变动速度快。必须把握市场脉搏，随机应变，不放过采购物资的有利时机。

(3) 质量良莠不齐，假冒伪劣混杂其中。必须认真鉴别，严把质量关，避免不应有的损失。可见，了解市场、掌握行情是提高物资采购效益的重要条件。

因此要把握价格变动的时机，掌握市场行情，需要做到以下几点。

(1) 监测行情。要随时监测市场的直接行情(包括品名、质量、价格、数量、交货地点与期限、卖方、运输情况等)和间接行情(包括政治、经济、法律、金融、技术、环境的变化等)，以及同行业之间的动态(包括生产建设、物资需求与库存、资金实力等)。根据本企业的需要进行整理和传递，直到采购。

(2) 测定价格。价格的高低是能否降低采购成本的关键，在市场经济条件下更是如此，企业作为物资的采购者，采购成本降低的幅度，取决于进货价格的合理性与各项费用水平的高低，尤其是前者。随着市场经济的发展，企业物资供应越来越关注如何运用市场机制来降低采购成本，抑制产品成本中材料消耗的增长，增强产品的市场竞争潜力。

3. 严格计划管理，加强物资采购的计划性

1) 全过程的管理

对编制物资计划和采购计划、考察市场、选择客户、商务谈判、确定价格、支付货款、验收入库等过程有联系的各个部门、各个环节之间建立相互制约、相互监督的内部控制系统，并注意发挥财务、审计部门和使用单位的监督作用。做到职责分明、连锁制衡、减少失误，使有限资金的使用达到最大的经济效果。

首先是科学核定物资储备定额。要既能满足生产需要，又不造成库存积压。并把每种物资定额输入计算机储存，月终计算机根据定额储备与实际储备的差量，自动生成物资采购计划。其次是对难以纳入储备定额管理的物资采购，也要定期编制计划严格审核。物资采购计划一式三份，一份由物资计划部门留存；一份交采购部门或招标小组执行；一份交财务部门作报销依据。

2）重点环节的管理

（1）采购计划审查。采购计划是指企业管理人员在了解市场供求情况，认识企业生产经营活动过程中和掌握物料消耗规律的基础上对计划期内物料采购管理活动所做的预见性的安排和部署。采购计划是根据生产部门或其他使用部门的计划制定的包括采购物料、采购数量、需求日期等内容的计划表格。采购计划是采购活动的开始，对采购计划进行严格审查，能保证在源头上控制采购活动的开展。

（2）采购价格把关。采购价格是指企业进行采购作业时，通过某种方式与供应商之间确定的所需采购的物品和服务价格。采购价格是控制采购成本的关键，控制好采购价格，采购成本的控制效果也就立竿见影了。

（3）严格验收。采购活动从制订采购计划、发放招标文件、组织采购，到采购结果验收是一套完整的管理过程。各个环节之间都是环环相扣、紧密衔接的，只有每个环节都做到精益求精，才能最终保证整个采购工作取得良好的效果。

4．强化采购业务内部控制

（1）完善企业采购业务处理程序。采购业务处理程序是指从事采购业务的当事人及相关人员在办理采购业务活动时应遵循和遵守的顺序、步骤和方法。

（2）明确采购业务中的岗位要求。采购业务中的不相容岗位必须实行"三员分开"和"三员见面"。"三员分开"是指材料采购人员、仓储管理人员、材料核算人员的职责分开，以利于相互牵制、相互监督。"三员见面"是指采购员材料采购完结后与仓储管理人员见面，交仓储人员点收无误后办理入库手续；采购员凭仓储员的有关手续到核算人员处报销；月末，核算人员应与仓储人员对账无误。

（3）严格执行内部监督与控制制度。运用凭证监督、控制，这种"认证不认人"的做法也是进行内部控制的一个有效手段。

四、降低成本的采购战略

1．集中采购

将各部门的需求集中起来，采购单位便可用较大的采购量作为砝码得到较好的数量折扣价格。规格标准化后，可以取得供应商标准品的优惠价格，库存量也可以相对降低。如此，行政费用的支出也会因采购统一作业而减少，采购部便可以有很多的时间将资源用于开发新的供应商。

2．整合采购数量

集中采购有时会给人一种僵化、没有弹性的感觉。此时，可以采用由使用量最多的单位来整合所有采购数量这种比较折中的方法降低采购成本，并主导采购议价。这种方法除了可以拥有与集中采购相同的数量优势之外，还有一个更重要的优点是能促进采购部门与使用部门的紧密合作，充分掌握使用部门的需求状况。另外，其他如由各相关部门代表组成的产品委员会，联合采购，长期合约以及期货交易也都是可以交互使用的。

3．利用价值分析

利用价值分析也是降低成本的重要方法之一。它是将产品设计简单化从而降低生产成本，并使用替代性材料和相应的生产程序的方法。另外，采用提供较佳付款条件的供应商，采购二手机器设备，选择具有价格优势的运输公司或考虑改变运输方式等也可达到降低成本的目的。

五、常见的采购控制方法

1. ABC 控制法

ABC 控制法的基本原理是处理事情要分清主次、轻重，区别关键的少数和次要的多数，根据不同情况进行分类管理。

企业的物资种类繁多，价格不等，数量不均，有的物资品种很多单价值不高。由于企业的资源有限，因此要对所有物资给予相同程度的重视和管理是很困难的，因此，企业为了提高效率，使有限的时间、资金和人力、物力等企业资源得到有效利用，应该将物资分类，将管理放在重要的物资上，进行分类管理和控制，根据物资的重要程度分别进行不同的管理。

ABC 控制法是将采购商品的数量和价值按照年度货币的占用量分为三类。为了确定 ABC 分析法所需要的年度货币量，将每个品种的年需求量与每件采购成本相乘。A 级是年度货币量最高的采购品种，这些品种可能只占采购总数的 15%，但用于它们的采购成本占到总数的 70%～80%；B 级是年度货币量中等的采购品种，这些品种占全部库采购量的 30%，占总价值的 15%～25%；那些年度货币量较低的为 C 级库存品种，它们只占全部年度货币量的 5%，但却占采购总量总数的 55%。

因此利用 ABC 控制法可以保证更好地预测物资的现场控制、供应商的信赖度，以及减少安全库存和库存投资。通过将物料分级，采购经理就能为每一级的物料品种制定不同的策略，实施不同的控制方式。

1）ABC 三类物资的区分

任何采购物品可以区分为以下三大类。

（1）A 类物资。高值——其价值占采购总值 70%～80%的相对少数物品，通常为物品的 15%～20%。

（2）B 类物资。中值——其价值占采购总值的 15%～25%，物品数居中，通常为物品的 30%～40%。

（3）C 类物资。低值——其采购总值很少，其价值占采购总值的 5%～10%，是物品的大多数，通常为物品的 60%～70%。

分为 A、B、C 三类之后，很多公司还会做进一步的分类，例如加一个 D 类或把 A 类物资再分为 AAA、AA 与 A 三等。每类物资，还可以在该类之中做 ABC 分类。

2）分类步骤

（1）列出所需采购物品及年度使用量，然后用单价乘以年度使用量，算出年度使用金额，如表 6-3 所示。

表 6-3 某公司所需采购物品和年需求量

需采购的物品	物品每年采购件数	单位价格本/元	年度采购金额/元
F-11	40 000	0.07	2 800
F-20	195 000	0.11	21 450
F-31	4 000	0.10	400
F-45	100 000	0.05	5 000

续表

需采购的物品	物品每年采购件数	单位价格本/元	年度采购金额/元
F-51	2 000	0.14	280
L-16	240 000	0.07	16 800
L-17	16 000	0.08	1 280
N-8	80 000	0.06	4 800
N-91	10 000	0.07	700
N-100	5 000	0.09	450

(2) 按年度使用金额排列这些物品,并计算出累计年使用金额与累计百分数。如果任意地决定A类物品——这些物品的最前面的20%,则A类物品包括第一类和第二类物品。第三至第五这3类物品将属于B类物品,它们占总物品数的30%。其余50%的物品将属于C类物品。如表6-4所示。

表6-4 按年度使用金额排序

需采购的物品	年度使用金额/元	累计年使用金额/元	累计百分数/(%)	类别
F-20	21 450	21 450	39.8	A
L-16	16 800	38 250	71.0	A
L-45	5 000	43 250	80.2	B
N-8	4 800	48 050	89.2	B
F-11	2 800	50 850	94.4	B
L-17	1 280	52 130	96.7	C
N-91	700	52 830	97.9	C
N-100	450	53 280	98.9	C
F-31	400	53 680	99.6	C
L-51	200	53 960	100.0	C

(3) 由此ABC分析可归纳列表显示。如果把最大精力集中于A类物品采购,可以使库存压缩25%,这就是总库存相当可观的一笔压缩,即使C类物品由于控制不严而增加了50%也不要紧。分析归纳结果如表6-5所示。

表6-5 分析归纳结果

分　　类	物品百分数/(%)	每组的年使用金额/元	金额的百分数/(%)
A(F-20,L-16)	20	38 250	71.0
B(L-45,N-8,F-11)	30	12 600	23.4
C(其他)	50	3 110	5.6
总计	100	53 960	100

ABC控制法的4条基本法则如表6-6所示。

表 6-6　ABC 控制法的基本法则

名称	具体内容
控制程度	A 类：严格控制，完备准确的记录，最高监督层的评审、频繁交货、使用情况紧密跟踪、压缩提前期等 B 类：正常控制，良好的记录常规的关注 C 类：最简单的方法控制，定期检查、简化记录、大库存和大订货量等
采购记录	A 类：最准确完备的记录，实时更新。对事务文件、报废损失、收货与发货严密控制 B 类：正常记录，成批更新 C 类：不用记录或简单记录，成批更新
优先级	A＞B＞C
订货过程	A 类：提供准确详细的订货量 B 类：每季度或当发生主要变化时评审一次 EOQ 与订货点技术 C 类：不要求做 EOQ 或订货点技术

2. 产品寿命周期法

1）产品寿命周期法的概念

产品寿命周期法（也称产品生命周期）是指产品从“孕育”到“消亡”的全过程，包括产品初始设计、产品开发与测试、生产、销售、顾客使用五个阶段。产品在上述五个阶段所发生的全部耗费即产品的生命周期成本。近年来由于对环境的日益重视，有关专家认为将废品废置之后对环境的影响所造成的产品废置成本考虑进去，以便更加全面地反映其生命周期成本。

2）全面计量和分析产品寿命周期成本的目的

（1）帮助企业更好地计算产品的全部成本，便于企业在将产品推向市场之前，做好总体的效益预测，以判断开发该产品的收益。

（2）帮助企业根据产品生命周期成本各阶段的分布状况来确定进行成本控制的主要阶段。产品的研究开发与设计阶段已经成为供应链管理所关注的焦点，这不仅因为开发与设计本身的成本很高，而且因为设计方案确定之后，导致相关成本增加，据专家测算，这一阶段所确定的产品成本占全部成本的比例高达 75％～90％。这意味着其成本确定后，各阶段只能在这一框架内进行小幅度调整，成本降低余地不大。

（3）由于扩大了对成本范围的理解，有利于在产品设计阶段考虑顾客使用与产品废置成本，以便有效地进行成本管理。

3）操作步骤

（1）确定作业周期：确定何时启动、何时停顿、何时维护保养等。

（2）确定利用系数：确定设备各种状态下的运转率，如正常状态下的运作率为 70％。

（3）确认所有的成本的元素。

（4）决定关键性成本参数：如预防保养周期、平均失效时间、平均修复时间及其概率分配等。

（5）以当期价格计算所有成本。

（6）调整各期的人工和物料成本。

（7）将所有成本以基期折现。

(8) 综合所有成本(包括折现的和未折现的)。

该方法显示:通常设备的原始成本取得较高,其寿命周期成本反而较低,可见原始取得成本高的设备不一定不好。

4) 产品寿命周期成本法案例分析

某设备产品寿命成本的分析过程。某公司采购电子设备,有甲、乙两个供应商,相关数据如表 6-7 所示。

表 6-7 寿命周期成本变数与资料来源

成本变数	资料来源	甲供应商估计	乙供应商估计
设备价格	制造商	2 000 000 元	170 000 元
设备寿命	客户	2 年	3 年
初步工程费	制造商	20 000 元	30 000 元
装置费	制造商	3 000 元	4 000 元
操作员数量	制造商	1 人	2 人
故障间隔平均时间	制造商	500 小时	450 小时
平均修理费用	制造商	1 星期	2 星期
周期	制造商	160 小时	180 小时
停工时期	制造商	4 小时	8 小时
部件成本(价格百分比)	制造商	1%/年	2%/年
耗电量/小时	制造商	8 kW·h	9 kW·h
维护保养费用/小时	市场价格	6 元	6 元
作业时数	客户自定	全年 1/3	全年 1/3
工资/小时	客户、市价	8 元	8 元
电费/(kW·h)	客户	0.8 元	0.8 元

成本目标为 300 000 元,计算过程如下。

(1) 维护保养人工费。

甲供应商:

$$维护保养次数=全年预计作业时数/周期=(365\times24)/(3\times160)次=18.25\ 次(即\ 19\ 次)$$

$$维护保养耗费时数=19\times4\times2\ 小时/两年=152\ 小时/两年$$

$$两年的维护保养人工费用=152\times6\ 元=912\ 元$$

乙供应商:

$$两年的维护保养人工费用=(365\times24)/(3\times180)\times8\times2\times6\ 元=1557.3\ 元$$

(2) 两年的修理费。

甲供应商:

$$\begin{aligned}维修费用&=2\times(年作业时数/故障间隔平均数)\times平均修理时间\times人工费\\&=2\times(2\ 920/500)\times40\times6\ 元=2\ 803.2\ 元\end{aligned}$$

乙供应商:

$$维修费用=2\times(年作业时数/故障间隔平均数)\times平均修理时间\times人工费$$

$$=2\times(2\ 920/450)\times80\times6\ 元=6\ 229.3\ 元$$

(3) 设备操作人工费。

甲供应商：

$$人工费=365\times2\times8\times8\ 元=46\ 720\ 元$$

乙供应商：

$$人工费=365\times2\times8\times8\times2\ 元=93\ 440\ 元$$

(4) 电费。

甲供应商：

$$电费=2\ 920\times8\times0.8\times2\ 元=37\ 376\ 元$$

乙供应商：

$$电费=2\ 920\times9\times0.8\times2\ 元=42\ 048\ 元$$

(5) 配件费。

甲供应商：

$$设备配件费=2\times200\ 000\times1/100\ 元=4\ 000\ 元$$

乙供应商：

$$设备配件费=2\times170\ 000\times2/100\ 元=6\ 800\ 元$$

(6) 汇总。

将以上计算结果汇总，见表 6-8。

表 6-8　产品寿命成本估算表

成本类别	甲供应商	乙供应商
设备价格/元	200 000	170 000
工程费/元	20 000	30 000
装置费/元	3 000	4 000
设备操作工人费用(两年)/元	46 720	93 440
维护保养人工费(两年)/元	912	1 557.37
修理费(两年)/元	2 803.2	6 229.3
电费(两年)/元	37 376	42 048
配件费(两年)/元	4 000	6 800
总计/元	314 811.2	354 074.67

3. 网上采购法

网上采购是指通过互联网来完成采购的全过程。包括网上提交采购需求、网上确认采购资金和采购方式，网上发布采购信息、接受供应商网上投标报价、网上开标定标、网上公布采购结果，以及网上办理结算手续等。网上采购减少了采购需要的书面文档材料，减少了对电话传真等传统通讯工具的依赖，提高了采购效率，降低了采购成本，有效地保证了采购质量，并在一定程度上减少了采购过程中的人为干扰因素。

4. JIT 采购

JIT 采购又称为即时制采购，它是由准时化生产(just in time)管理思想演变而来的。它的基本思想是：把合适的数量、合适质量的物品、在合适的时间供应到合适的地点。

课后实训

Acreage Foods，美国一个主要的跨国食品加工企业。贝蒂是这家公司负责购进生产所需要的水果产品的老采购员。公司在其产品中使用各种浓缩果汁、浓汤、调味料。贝蒂的职责之一是每年与供应商就这些配料购买合同进行磋商。其中一种配料——番石榴浓缩汁在世界多个国家季节性生长和收获。

贝蒂现在正在检查一项支出。这笔支出是用于支付给一家菲律宾的番石榴种植及加工商的。该公司已经和这个高质量的供应商合作多年了。番石榴浓缩汁产于菲律宾一个偏远的地区，要运至加工厂进行浓缩、包装，然后出口海外。口味独特的番石榴系列产品以其美味著称，而其特殊口味的制成来源于供应商所采用的特殊加工过程。

番石榴浓缩汁目前 FOB 价为 0.29 美元/磅，用银箔进行内包装，每包有产品 50 磅，配以皱纹纸箱外包装。这些纸箱堆在托板上，每个托板堆 40 个纸箱，以便装入集装箱。每个集装箱可装 20 个托板，通过海运运出。海运费用为每集装箱 2 300 美元。集装箱到了美国港口后，再以每箱 250 美元的运费运至本地仓库储存。美国海关收取货物本身价格(不含运费)15%的关税。该公司每个月需要一集装箱番石榴浓缩汁。

集装箱在本地存储到需要提货加工为止。月库存费用为每托板 5.5 美元。此外，仓库收取每托板 6 美元的进出费作为管理成本。Acreage Foods 公司的资本成本为 18%。假设 1 年中番石榴浓缩汁的需求不变。

厂家需要番石榴浓缩汁时，集装箱由本地运输公司从仓库运来，每箱运价 150 美元，每托板质量控制成本约为 2 美元，公司估计由于产品的特性，购买和储存番石榴浓缩汁会有一定的损失，并入公司产品预算时，番石榴浓缩汁以 97%计，另外 3%为产品损耗，这些损耗品是不可以从生产商处兑换的。

一些事前未发现的腐坏变质的番石榴浓缩汁要从商店的货架上撤掉并回收，每次产品回收会发生的现付成本为 20 000 美元，供应商不承担弥补这些损失的责任。公司记录表明，这种事件平均每 8 个月发生 1 次。此外，公司会计政策要求划出全部采购总额的 15%作为管理成本。

(1) 计算每磅番石榴浓缩汁从菲律宾运到美国的成本。

(2) 计算每磅番石榴浓缩汁从码头运到仓库的成本。

(3) 计算每磅番石榴浓缩汁从仓库到进入生产的成本。

(4) 计算该公司购买每磅番石榴浓缩汁的全部相关成本，需要考虑案例中提出的全部相关成本。

(5) 如果该公司的目标就是降低采购该原料的总成本，讨论公司在该原料上降低成本的具体可选方案。

学习情境七

采购洽商

WULIU
CAIGOU
GUANLISHIWU

知识目标

(1) 了解采购谈判的意义与作用、合同法的有关知识。

(2) 熟悉采购谈判的基本原则与流程。

(3) 掌握采购谈判技巧与策略。

能力目标

(1) 能够完善采购合同内容。

(2) 能够编写与审核采购合同。

(3) 签订采购合同。

(4) 能够进行采购合同管理工作。

(5) 能够处理采购中出现的索赔和理赔事宜。

国际采购洽谈的成功

中国某冶金公司要向美国购买一套先进的组合炉，派高级工程师梁明辉与美商谈判，为了不负使命，梁工做了充分地准备工作，查找了大量有关冶炼组合炉的资料，花很大的精力对国际市场上组合炉的行情及美国这家公司的历史和现状、经营情况等进行了了解。谈判开始，美商一开口要价 150 万美元。中方梁工列举各国成交价格，使美商目瞪口呆，终于以 80 万美元达成协议。当谈判购买冶炼自动设备时，美商报价 230 万美元，经过讨价还价压到 130 万美元，中方仍然不同意，坚持出价 100 万美元。美商表示不愿继续谈下去，把合同往中方梁工面前一扔，说："我们已经做了这么大的让步，贵公司仍不愿合作，看来你们没有诚意，这笔生意就算了，明天我们回国了。"梁工闻言轻轻一笑，把手一伸，做了一个优雅的请的动作。美商真的走了，冶金公司的其他人有些着急，甚至埋怨梁工不该抠得这么紧。梁工说："放心吧，他们会回来的。同样的设备，去年他们供应给法国只要 95 万美元，国际市场上这种设备的价格 100 万美元是正常的。"果然不出所料，一个星期后美方又回来继续谈判了。梁工向美商明确了他们与法国的成交价格，美商又愣住了，没有想到眼前这位中国商人如此精明，于是不敢再报虚价，只得说："现在物价上涨得厉害，比不了去年。"梁工说："每年物价上涨指数没有超过 6%。一年时间，你们算算，该涨多少？"美商被问得哑口无言，在事实面前，不得不让步，最终以 101 万美元达成了这笔交易。

在这个案例中，中方在谈判中取得成功的原因是：中方工程师对于谈判技巧的运用更为恰当准确，赢得有利于己方利益的谈判结果也是一种必然。

问题：

(1) 如何掌握谈判的主动权？

(2) 谈判方案应如何设计才会具有可操作性？

(3) 应如何进行谈判，才能不至于失去策略？

任务一　进行采购谈判

采购谈判中回扣的危害

在采购活动中，“回扣”可谓是谈论的热点，也是采购活动中的焦点问题。采购人(需方主体)是供应商的“上帝”和“追捧”者，也更是吃回扣的主要当事人。某些采购谈判的成功与否，往往与供方给采购人员回扣的多少有很大关系。这一点有时也体现在政府部门采购中。

例如有一个贪官被查处后，在他的清单上显示，这位贪官对每件烟酒饮料都收取了20%～30%不等的回扣。例如，一瓶3斤装轩尼诗XO，采购价是每瓶1680元，实际价是每瓶1176元，一瓶就收取504元的回扣，3瓶共“赚”了1512元。这个贪官贪婪成性，连实价6毛5一瓶的矿泉水也不放过，每瓶照样收了3毛5的好处，采购360瓶水还“赚”了126块钱。

后来这位送回扣的酒水商也被牵涉进来，在纪委的调查中，酒水商说：“我们在谈判时，该官就表明立场，每瓶酒至少都要给他500元的回扣。否则，今天的采购谈判就免了。”

【任务1】　请就以上资料分析，谈判是属于什么行为？谈判中什么因素占主导地位？

【任务2】　我们应如何进行采购谈判？

谈判时，作为采购人员应意识到谈判属于组织行为。采购谈判是采购员代表企业或者组织同供方的企业或者组织销售代表实施谈判。因此采购员个人素质决定着谈判的成败。如果某个采购员对某家供应商带有异样眼光，很容易导致采购谈判的失败。

首先我们在收集、整理对方信息上要做到准确，详尽，全面；其次，在谈判方案的设计上，应做到多样多种，以免仓促应对。总之，采购洽谈中的各种技巧，对于在各种商战中为自己赢得有利位置，实现自己利益的最大化有着极其重要的作用，但我们也要注意的是，技巧与诡计、花招并不相同，前者要求得是恰如其分，既要赢，也要赢得让对方心服口服，赢得有理有据。只有这样，对于谈判技巧的运用，才真正做到游刃有余。

一、谈判概述

谈判是一个过程，是指在一定的时间和空间条件下，参与谈判的各方为满足各自的需要和维护各自的利益，就不同的观点、条件和利益等进行协商的过程。谈判的各方可以是个人，也可以是团体。

谈判，有广义和狭义之分。广义的谈判除包括正式场合的谈判以外，其他一切“对话”、“协商”、“交涉”等都可以看做是谈判。狭义的谈判则是指正式场合下的谈判。它实质上是一种双方都致力于说服对方接受已方要求时所运用的一种交换意见的手段，是一种知识性、技能性极强的公关活动。谈判的最终目的和结果就是要达成一项对双方都有利的协议，使谈判双方都感觉到通过谈判自己有所收获，并对这种收获感到满意。

总之，谈判的本质应是一种合作的起始过程，是一种行为过程的协调，必须落实在追求共同的利益之上。一场成功的谈判，每一方都应该是胜者，每一次成功的谈判即是下一次合作的开始，能够达到"双赢"的目的。

谈判之所以能够进行，并能够最终达成协议，取决于以下几方面：一是双方各有尚未满足的需要；二是双方有共同的利益，又有分歧之处；三是双方都有解决问题和分歧的愿望；四是双方能彼此信任到某一程度，愿意采取行动达成协议；五是最后结果能使双方互利互惠。

以上条件为谈判的进行确立了基础，也为双方的合作提供了前提。因此，谈判作为人们为满足各自的某种需要而进行的一种交往活动，在它的发生和发展过程中具有以下几个一般特征。

1. 谈判是"给"与"取"兼而有之的一种互动过程

双方之所以要谈判，根本原因是双方都要从对方那里获取一种或几种需要的满足，谈判的双方也都要有所给予，要使对方的需要得到直接或间接的满足。这就是谈判的"给"与"取"的一种互动。但是，单方面的"给"或单方面的"取"，不论是自愿的还是被动的，都不能算做谈判，只能说是援助、受援、赠送、授予、接受等。

2. 谈判同时含有"合作"与"冲突"两种成分

任何一方谈判都想达成一个满足自己利益的协议，为了达成协议，参与谈判的各方均必须具备某一程度的合作性，缺乏合作性，双方就坐不到一块来。但是，为了使自身需要能获得最大的满足，参与谈判的各方又必然会处于利害冲突的对抗状态中，否则，谈判就没有必要，尽管在不同的谈判场合下，合作程度与冲突程度各不相同，但可以肯定的是，任何一种谈判均含有一定程度的合作与冲突。

3. 谈判是为达到"互惠的"目的，但并非绝对均等

正常情况下，互利互惠、皆大欢喜是谈判的一般结局。那种企图造成所谓一方全赢或全输的结果，势必导致谈判的失败以致今后交往的中断，大量实践表明，这不是谈判发展的趋势。谈判的结果应是互惠的，但是这种互惠又不是绝对均等的，其中有可能一方获利多一些，另一方获利则少一些。造成这种谈判结果的主要原因在于：由于双方的需求有差异，对利益的认识、分析、评价标准也不一致。同时，谈判双方所拥有的实力、地位与谈判的技能也各不相同，因而不可能达到谈判利益的绝对均等。

4. 谈判是"公平"的

尽管谈判的结果不是绝对均等的，但是，谈判作为一种竞技活动，在智力的较量、策略、技巧的运用上，双方是各具有自由度的。同时，谈判的双方对谈判结果均具有否决权，因此，可以说谈判是"公平"的。

二、采购谈判

采购谈判是一种商务行为，商务行为是指一切有形资产和无形资产的交换或买卖事宜。商务行为可分为以下几种：①直接的商品交易活动；②直接为商品交易服务的活动；③间接为商品交易服务的活动；④具有服务性质的活动。

采购谈判，是指企业为采购商品，购进厂房、设备和原材料等生产经营所必需的物资、场所或服务，作为买方（即采购方），与卖方厂商（即供应方）对购销业务有关事项，如商品的品种、规格、技术标准、质量保证、订购数量、包装要求、售后服务、价格、交货日期与地点、运输方式、付款条件等内容进行反复磋商，以明确双方的权利和义务，达成双方购销协议的过程。

采购谈判的程序可分为准备阶段、开局阶段、正式洽谈阶段和成交阶段。

（一）准备阶段

这一阶段的主要工作内容有以下几点。

1. 明确谈判的内容

搜集与谈判内容有关的各项采购业务资料，如供应商的产销能力、供货服务水平、采购市场供求状况和价格动态等。

2. 确定谈判的目标

1）谈判目标

具体明确的谈判目标有助于谈判的成功，盲目和含糊不清的目标将导致谈判的失败。谈判目标是指在采购目标确定之后，准备在谈判中实现的目标。采购目标要根据采购性质而定，如单项采购或加工配件，其数量、价格、质量、技术性能等都要有明确的要求。谈判目标分为三个层次：理想目标，即谈判者通过谈判期望达到的上限目标；现实目标，即谈判者通过谈判期待达到的下限目标；立意目标，介于理想目标和现实目标之间的目标。

2）对目标的可行性研究

谈判目标的确定是主观上的认识，与现实目标有一定的距离，要缩短这个距离促使目标实现，就要求对企业内部实力与外部环境做比较分析，寻找可行的途径以达到目标要求。这需要掌握以下信息：①市场信息，市场可供资源量、产品质量、市场价格、产品流通渠道、供销网点分布等；②科技信息，新产品、替代品、新技术的应用，产品质量，检验方法等；③环境信息，影响企业采购活动的外部信息，如国家经济政策的制定、价格体系的改革、进出口政策方针的制定、价格体系的改革等；④企业内部需求信息，企业所需原材料、零配件需用量计划，企业计划任务的变更，资金状况等；⑤谈判对手的信息，供货商生产能力、技术水平、信誉等。通过对各种信息的综合，整理、分析、讨论，最后制定恰当的谈判目标，有助于取得谈判的成功。

3. 制订谈判计划

制订谈判的整体计划，从而有助于把握谈判的整体进程。

（二）开局阶段

开局阶段是指谈判双方见面后到进入具体实质性谈判之前的那段时间和经过，在谈判准备阶段之后，采购谈判双方进入面对面谈判的开始阶段，即谈判的开局阶段。在这一阶段中，谈判双方对谈判尚无实质性的感知认识，各项工作千头万绪，免不了会遇到新情况，碰到新问题。所以，在这个阶段一般不进行实质性谈判，而只是进行见面、介绍、寒暄以及谈判一些不关键的问题。这一阶段虽然只占整个谈判程序中的很小部分，但是很重要。在谈判开局阶段，需要做好以下几项工作。

1. 创造和谐的谈判气氛

谈判者要在谈判气氛形成过程中起主导作用，心平气和、坦诚相见，不要在一开始就设计有分歧的议题，不要在刚一见面就提出要求。

2. 正确处理开局阶段的“破冰”期

这一阶段，要注意如下几个问题：①行为、举止和言语不要太生硬，感情自然流露；②不要紧张；③说话不要唠叨；④不要急于进入正题；⑤不要与谈判对方较劲；⑥不要举止轻狂。

3. 探测对方情况了解对方虚实

这一阶段，要注意如下几个问题：①最好要对方先谈看法；②当对方在谈判开局发言时，应对对方进行察言观色；③要避免过于保守或过于激进的倾向。

一般来讲，经过以上的步骤，采购谈判的开局阶段进行完毕，就可以进行下一步的正式磋商了。

（三）正式洽谈阶段

这一阶段可细分为开始洽谈阶段和业务洽谈阶段。

1. 开始洽谈阶段

这个阶段，所有参加谈判的人员的精力都很充沛，双方开始进入最初的洽谈议题。这个阶段要阐述为什么要谈判，谈判的内容是什么，预计谈多长时间等。双方各自发表自己的立场，进一步巩固已建立起来的轻松、诚挚的气氛。

这个阶段虽然很短，但却建立了洽谈的格局，双方都从对方的言行、举动中观察与判断对方的特点，以确定自己的行动方式。

2. 业务洽谈阶段

业务洽谈阶段具体包括摸底和磋商两个阶段。

1）摸底阶段

在合作性洽谈中，摸底阶段双方分别阐述对会谈内容的理解，希望得到哪些利益，可以采取何种方式为双方共同获得利益做出贡献，以及双方的合作前景。这种陈述要简明扼要，将谈判的内容横向展开。

为了更好达到陈述的目的，谈判人员还应注意以下几点。

（1）陈述时，内容要简明扼要，把握重点。同时，也要对谈判表示出应有的热情。

（2）陈述之后，应注意对方的反应，仔细认真地回答对方的提问。

（3）陈述的内容要得到对方的首肯。因为对方的首肯意味着双方在最初谈判阶段意见相合，从而打开成功谈判的大门。

（4）陈述时要注意言词和态度，避免一开始由于说话不慎或态度不好而激怒对方，引起对方的反感，甚至产生敌意。

（5）己方陈述之后，应留一定时间让对方陈述。对方陈述时，要仔细倾听，并将对方的观点和意见加以归纳、整理，分析对手的谈判态度、目的、策略和意图，找出双方立场、观点的共同点和差别，以进一步调整、确定己方的策略。

（6）通过积极提问，努力试探出对方在每一项交易谈判条件上所持立场的坚定程度，以便在以后的磋商中有的放矢地进行讨价还价。在涉外谈判中，由于语言文化的差异，更应如此，哪怕再三追问也不要紧。

（7）采购谈判是寻求各种机会取得符合双方利益的积极成果。因此，开场陈述既要简明扼要，内容又要广泛，尽量避免话题单一，使谈判误入歧途。

（8）陈述时间不宜太长。因为从生理角度来讲，人们在开始阶段精力最充沛，精神最集中，效率也最高，若将时间拖得太长，将导致人们进入正题后精神恍惚，这必然会影响谈判进程的效率。如果对方在陈述时离题万里，把时间拖得太长，可以用巧妙的语句把话题引到正题上来。

2）磋商阶段

所有要讨论的内容都横向铺开，以合作的方式，反复磋商，逐步推进谈判内容。通过对所采购商品的质量、价格、交货方式、付款方式、付款条件等各项议题进行反复讨论，互作让步，寻找双方都有利的最佳方案。

这个阶段，要注意双方共同寻找解决问题的最佳方法。当在某一个具体问题上出现僵局时，应征求对方同意，暂时绕过难题，转换另一个问题进行磋商，以便通过这一议题的解决打开前一问题的僵局。

在这一阶段，要做好谈判记录，把双方已经同意解决的问题在适当时机进行归纳小结，请对方确认。如果通过反复磋商，所有议题得到圆满解决，则谈判进入成交阶段。

（四）成交阶段

这一阶段，要草拟经磋商所达成的协议初稿，经双方进一步修改认可，签订正式协议书，据以签订正式合同，整个谈判过程至此结束。

三、驾驭采购谈判常用知识

开局、磋商、终局三部曲为掌握谈判进程提供了可以遵循的基本框架。在谈判进程中各阶段的策略与技巧是不同的，能够得心应手地运用谈判技巧，有助于驾驭整个谈判过程。

准备阶段注意：始终抓住谈判对手，以保证信息畅通并保留文字资料。

正确驾驭谈判过程，要做到以下几点。

（1）首场开场驾驭（做好首场准备；礼貌友好；安排紧凑）。

（2）续场开场驾驭（正常情况下的续场；紧张情况下的续场）。

（3）成功的展开谈判（明确达到目标需要解决多少问题；抓住分歧的实质）。

（4）不断进行小结，并能够提出任务。

（5）掌握谈判的节奏（谈判初期，要“快”；中期，要“稳健”；后期，要“快慢结合”）。

正确驾驭谈判终局：把握成交机会；把握合同签字过程（签字人的选择，合同审核，选择恰当的签字仪式）。

驾驭谈判的基本方法如下。

（1）正确处理分歧（争取评估和调整谈判，合理驾驭谈判议程，打破出现的僵局，合理让步）。

（2）打破谈判僵局（暂时休会，交换话题，更换主持人，寻找其他解决的方案，由各方专家单独会谈）。学会让步，用好语言工具。

常见的让步策略有以下几种。

（1）理想的让步方式是遵守步步为营的原则，不可一步让到位。

（2）互惠的让步是指以采购方在某一问题的让步来换取供应商在某一问题的让步。

（3）丝毫无损的让步，这实质上是一种高姿态的让步方式。

（4）长、短期利益相结合的让步方式。

语言技巧的运用要注意以下几点。

(1) 注意正确使用语言(简明扼要,准确易懂;第一次要说准;语言富有弹性)。

(2) 提问技巧(提问的方式;提问的时机;提问的其他注意事项)。

(3) 答复技巧(不要彻底答复对方的提问;针对提问者的真实心理答复;不要确切答复对方的提问;降低提问者追问的兴趣;让自己获得充分的思考时间;礼貌地拒绝不值得回答的问题;找借口拖延答复)。

(4) 说服技巧(说服原则;说服的具体技巧)。

谈判心理:是指在谈判活动中谈判者的各种心理活动,是指围绕谈判活动而产生的各种心理现象及其心态反应,包括谈判前、谈判中和谈判结果形成,以及履行协议的谈判双方当事人的心理活动与心态效应。谈判心理的特点:可观测性、个体差异性。

影响谈判的心理因素:需要心理;心理挫折;知觉。在谈判中,需要心理主要表现在权力、交际和成就等方面。知觉对谈判行为的影响主要表现在:晕轮效应;先入为主;首要印象。不同气质的人,在采购谈判中会有不同的表现,分为多血质、胆汁质、黏液质。

说服的具体技巧包括以下几点:①所讨论的问题要先易后难;②多向对方提出要求、传递信息,多次重复某些信息和观点,影响对方意见;③强调一致、淡化差异;④先谈好后谈坏;⑤强调合同有利于对方的条件;⑥待讨论赞成和反对意见后,再提出己方的意见。

课后实训

江西某市G工厂与C进口公司(以下称中方)联合组团赴法国巴黎与法国P公司(以下称法方)洽谈铝电解电容器用铝箔生产线的技术与商务条件。由于工程进度要求,此行希望能够在双方技术交流的基础上完成最终签署合同的谈判。为此,该谈判组共有各类专家9人,时间定为两周。带队的是G工厂的F厂长与C公司主管业务部门的B经理,阵容虽说不上庞大,可力量不容小视,摆出一幅决战的架势。

到了巴黎后,法国P公司总经理、生产经理、设备经理、律师迎战中方谈判组。技术谈判仅用了两天双方即交换了意见,进入了草拟技术文件的阶段。当进入价格谈判时,法方态度开始强硬,480万美元的报价,不论中方怎么说,在调整5%的价格后,就不动了。为了充分利用时间,中方建议价格谈判与合同文本谈判同时进行,法方表示同意。双方将人员分成两组,继续谈判。在法方律师与中方B经理的努力下,合同文本的大部分条款在两天之中也谈得差不多了,但价格小组的谈判几近停顿。更严重的是P公司的总经理不露面了,当问及对方律师时,答案是"他到国外开会去了。什么时候回来不知道"。中方谈判组陷于困境。

法方在想什么?中方应如何办?一周不到,谈判就中断了,是回国还是继续留下?虽然对价格手上还有余地,但能否让出?让出后是否就能成交呢?谈判组围绕这些问题进行了认真分析。最后统一的意见是:先沉住气,进一步摸清情况后,再做打算。于是决定分头行动,一部分人收集市场信息,以分析价格条件;另一部分人把握谈判形势,B经理设法与对方律师接触,拉关系、套信息。

B经理与律师联系上了,谈得还很投机。由于交易成功律师收入更高,再说他还想找机会游览中国,所以他也很乐意与中国人交朋友。两人很愿意单独约会。律师邀请B经理去他家做客,B经理欣然接受,因为这正是他需要的。

B经理按地址找到了律师的家,他的家在一个公寓的五层。因为他是单身汉,两居室的房子摆设很简单,地上放着垫子就算床,桌子上放着杂七杂八的东西,一看就是不拘小节的人。B

经理送上中国特产作为见面礼，然后从家庭、生活、兴趣、朋友、文化的话题逐步转移到交易的谈判上。由于彼此聊得痛快，生意上的事也当生活见解倾诉出来。

律师："P公司经理不够意思，既让中国朋友来了，就应安排好。再有分歧，坐下来谈嘛！"

B经理："可能总经理是有急事需出国处理。"

律师："事是有，但可以定个时间表。"

B经理："他太忙，无法确定日程，也可能我们的交易额太小，不值得优先考虑。"

律师："贵公司的交易对他来说很重要。这是他第一次将其产品与技术卖到中国。贵方来之前，他与助手们多次商量，不像不重视。只是此人是日耳曼移民，性格较直率，处理问题手法较简单。加上这回他可能真有急事出差了，显得失礼。"

B经理："难怪与他对话不像与您这样的当地法国朋友容易呢！"

律师："他是总经理，自以为身份高，太傲气，不好交朋友，就是我与他交谈也觉得别扭。"

B经理："可是为了交易，我们得找到彼此能理解交流的方法。"

说到这里，两人又沉默了，交易谈不成两人都不舒服。

B经理突然情绪高涨起来，对律师说："我们是朋友，我也信任您。有些话不好对总经理先生说，可对您讲，您可以从中帮助我们沟通，也可给我方提建议。"

律师："可以啊！我很乐意做这件工作。"

B经理："我认为总经理先生是压我方让步。也许他已回办公室了，只是不想见我们。非要我方让步才恢复谈判。我可以告诉您，我们是可以让步，但要成交，必须双方让步。按P公司目前的谈判态度，我们即使可以让步也不会让。"

律师："我能理解中方的立场，但如果这样下去，我很难看到贵方本次巴黎谈判的结果。"

这是个很实际的问题。B经理看着律师严肃地点了点头，承认其看法，表示宁可空手回国，也不会接受P公司现在的交易条件。两人又聊了些轻松的话题，吃完饭，律师送B经理出门。这时，B经理试探性地问律师："我有个想法不知行不行。"律师说："请讲。"B经理说："若有可能，请你转告P公司总经理，我方的交易条件可以调整，但我方对他目前的态度与做法有意见。他不改变，我们将无法谈判。这样的话，我们就准备回国了。此外，如您能施加影响，说服他带助手到中国来，我们将欢迎他并可恢复谈判。否则，我们将另做打算。"律师说："当然可以转达贵方的意见。我也会尽全力说服他到中国去。"说完，两人告别。

B经理将情况与谈判组人员沟通后，决定缩短在法逗留时间，利用2～3天调查研究并适当参观巴黎文化景点，同时再通过律师与P公司联系一次，看总经理是否回巴黎或是否愿意恢复谈判，再决定具体回国日期与航班。两天后，B经理与律师通话，得知P经理仍未回国，于是全团决定提前回国。

中方回国一个月后，律师来电，说P公司总经理回国后即与其交换了意见，他表达了歉意，但同时表示重视与中方的交易，若中方邀请，他们可组团来华谈判。双方很快办妥了相关手续。

P公司的谈判组几乎是巴黎谈判时的原班人马，只是多了总经理的夫人。在为法方人员接风的晚宴上，双方人员很兴奋，尤其总经理夫人更是高兴，她说："中国的菜，色、味、香俱全，真是艺术品，还是营养品。虽说法国菜不能与中国菜比，但在西餐中，法国菜是第一，下次贵方到巴黎时，我一定要请你们品尝法国菜。"B经理接道："我们在两个月前到巴黎去过，并与您的丈夫商讨交易事宜。"总经理夫人惊讶地问："我怎么不知道呢？"她转身面对丈夫。总经理很尴尬地点头。B经理接着说："我们去巴黎没几天，总经理说要出差，把会停下来了。"这时，夫人盯着总经理的眼神变化很多，但仍说："把中国客人邀请来巴黎，自己却走了，这不太礼貌。"总经理的脸有些泛红，也不知是不好意思还是酒劲上涌。席间，说说笑笑，气氛还算融洽。双方看到了谈判成功的希望。

这次谈判仍分两组进行，一组谈判价格，一组陪总经理夫人去游玩。由于这是上次谈判的继续，双方均同意先谈关键分歧点。虽然在巴黎时双方差距有50%，但这次谈判双方真正体现了互相配合求公正的态度。P公司承担了22%的差距，加上在巴黎谈判时改善的5%，总量达27%；中方承担了28%的差距，退让似乎比法方大，但总体差不多。双方人员迅速整理交易内容及合同文本，中方组织人员打印合同。在签字仪式后的庆祝宴会上（这次是法方出钱宴请中方），中心人物是P公司总经理的夫人，她替其丈夫招呼中方客人。中方人员一方面向总经理敬酒，一方面赞扬其夫人："她一出马，谈判就成功。"

该合同执行得非常顺利。

实训要求：

(1) 如中方在听到P公司总经理称"出国开会"后，即拿出新条件吸引其继续谈判行吗？

(2) B经理与律师谈话中直接说出中方交易条件让其转达，效果又会如何？

(3) 如果P公司谈判组没有在较短的时间内来华谈判，怎么办？

(4) P公司谈判组来华谈判，若仍达不成协议，后果会如何？

任务二　签订采购合同

采购合同纠纷案例分析

甲乙双方于2009年7月12日签订了一份购销合同，约定乙方向甲方购买50万米涤纶哔叽，由于当时货物的价格市场变化大，不便将价格在合同中定死，双方一致同意合同价格只写明以市场价而定，同时双方约定交货时间为2009年年底，除上述约定，合同中便无其他条款。

合同签署之后，甲方开始组织生产，到2009年11月底甲方已生产40万米货物，为防止仓库仓储货物过多，同时为便于及时收取部分货款，甲方遂电告乙方，要求乙方先交付已生产的40万米货物的价钱。乙方复函表示同意。货物送达乙方后，乙方根据相关验收标准组织相关工作人员进行了初步检验，认为货物中跳丝、接头太多，遂提出产品质量问题，但乙方同时考虑到该产品在市场上仍有销路，且与甲方有多年的良好合作关系，遂同意接受了该批货物. 并对剩下的10万米货物提出了明确的质量要求。在收取货物的15天后，乙方按5元/米的价格向甲方汇去了200万元人民币货款。甲方收到货款后认为价格过低，提出市场价格为6.8元/米，乙方应按照6.8元/米价格计算，补足全部货款，但是乙方一直未予回复。

2007年12月20日，甲方向乙方发函提出剩下货物已经生产完毕，要求发货并要求乙方补足第一批货物货款，乙方提出该批货物质量太差，没有销路，要求退回全部货物，双方因此发生纠纷并诉之法院。

【任务1】 分析案例中的甲乙双方所签订的合同有哪些问题？你认为应该如何完善这份合同才能避免纠纷？

【任务2】 采购合同的构成要素有哪些？

任务分析

(1) 很明显，该合同的要件不完备；另外涉及的合同异议没有明确的还盘，这就给合同的后续履行埋下了隐患。双方应该就合同的质量条款中的异议进一步谈判，明确主要质量条款后才能进行下一步。

(2) 合同、合约、协议等作为正式契约，应该条款具体、内容详细完整。一份完整的采购合同主要由首部、正文与尾部三部分组成。

一、采购合同的含义、特征

1. 采购合同的含义

合同是双方或多方确立、变更和终止相互权利和义务关系的协议。合同的种类很多，但生活中最常见、最普遍的合同是经济合同，它是法人之间为实现一定的经济目的，明确双方权利义务关系的协议。它的基本特征在于：经济合同的主体限于法人；经济合同的内容限于法人之间为进行其经济义务行为的各种事项。采购合同是经济合同的一种，是供需双方为执行供销任务，明确双方权利和义务而签订的具有法律效力的书面协议。随着商品流通的发展，采购合同正成为维护商品流通秩序和促进商品市场发展完善的法规。

2. 采购合同的特征

采购合同具有以下主要特征。

1）它是转移标的物所有权或经营权的合同

物品采购合同的基本内容是卖方向买方转移合同标的物的所有权或经营权，买方向卖方支付相应货款，因此它必然导致标的物所有权或经营权的转移。当合同当事人一方是全民所有制主体，而另一方是非全民所有制主体，或者双方都是非全民所有制主体时，物品采购合同导致标的物所有权的转移；当双方当事人都是全民所有制主体时，物品采购合同导致标的物经营权的转移。

2）物品采购合同的主体比较广泛

从国家对物品流通市场的管理和物品采购的实践来看，除生产企业外，流通企业也是物品采购合同的重要主体，其他社会组织和具有法律资格的自然人也是物品采购合同的主体。

3）物品采购合同与物品流通过程密切联系

物品流通是社会再生产的重要环节之一，对国民经济和社会发展有着重大影响，重要的工业品生产资料的采购关系始终是国家调控的重要方面。物品采购合同是物品采购关系的一种法律形式，它以物品采购这一客观经济关系作为设立的基础，直接反映物品采购的具体内容，与物品流通过程密切相连。

二、采购合同的组成

合同、合约、协议等作为正式契约，应该条款具体、内容详细完整。一份买卖合同主要由首部、正文与尾部三部分组成。

1. 首部

合同的首部主要包括以下内容。

(1) 名称，如生产用原材料采购合同、品质协议书、设备采购合同、知识产权协议、加工合同。

(2) 编号，如 2010 年第 1 号。

(3) 签订日期。

(4) 签订地点。

(5) 买卖双方的名称。

(6) 合同序言。

2. 正文

1) 主要内容

合同的正文主要包括以下内容。

(1) 商品名称。商品名称是指所要采购物品的名称。

(2) 品质规格。品质是指商品所具有的内在质量与外观形态的结合，包括各种性能指标和外观造型。该条款的主要内容有技术规范、质量标准、规格和品牌。

品质控制的方法有两种：一是使用实物或样品；二是使用设计图纸或说明书。在使用实物或样品确定商品品质时，供应商提供的物品品质要与样品的品质完全一致；使用设计图纸或说明书来确定商品品质时，供应商提供的物品品质要符合设计图纸或说明书的要求。

(3) 数量。数量是指用一定的度量制度来确定买卖商品的重量、个数、长度、面积、容积等。该条款的主要内容有交货数量、单位、计量方式等，必要时还应该清楚地说明误差范围及交付数量超出或不足等。

(4) 单价与总价。单价是指交易物品每一计量单位的货币数值。如一台计算机 8 000 元。该条款的主要内容包括计量单位的价格金额、货币类型、国际贸易术语(如 FOB、CIF、CPT 等)、物品的定价方式(固定价格、变动价格)等。

(5) 包装。包装是为了有效地保护商品在运输存放过程中的质量和数量，并有利于分拣和环保而把货物装进适当容器的操作。该条款的主要内容有包装标志、包装方法、包装材料要求、包装容量、质量要求、环保要求、规格、成本、分拣运输成本等。

(6) 装运。装运是把货物装上运输工具并运送到交货地点。该条款的主要内容包含有运输方式、装运时间、装运地与目的地、装运方式(分批、转运)和装运通知等。在 FOB、CIF 和 CFR 合同中，卖方只要按合同规定把货物装上船或者其他运输工具，并取得提单，就算履行了合同中的交货义务。提单签发的时间和地点即为交货时间和地点。

(7) 到货期限。到货期限是指约定的到货最晚时间，到货期限要以不延误企业生产为标准。

(8) 到货地点。到货地点是货物到达的目的地。到货地点的确定并不一定总是以企业的生产所在地为标准，有时为了节约运输费用，在不影响企业生产的前提下，也可以选择交通便利的港口等。

(9) 付款方式。国际贸易中的支付是指采用一定的手段,在指定的时间、地点,使用确定的方式方法支付货款,付款条款的主要内容有支付手段、付款方式、支付时间、支付地点。

(10) 保险。保险是企业向保险公司投保,并交纳保险费;货物在运输过程受到损失时,保险公司向企业提供经济上的补偿。该条款的主要内容包括确定保险类别及其保险金额,指明投保人并支付保险费。根据国际惯例,凡是按照 CIF 和 CIP 条件成交的出口物资,一般都有供应商投保;按照 FOB、CFR 和 CPT 条件成交的进口物资由采购方办理保险。

(11) 商品检验。商品检验是指商品到达后按照事先约定的质量条款进行检验,对于不符合要求的产品要及时处理。

(12) 纷争与仲裁。仲裁条款以仲裁协议为具体体现,是指买卖双方自愿将其争议事项提交第三方进行裁决。仲裁协议的主要内容有仲裁机构、适用的仲裁程序、仲裁地点、裁决效力。

(13) 不可抗力。不可抗力是指在合同执行过程中发生的、不能预见的、人力难以控制的意外事故,如战争、洪水、台风、地震等,致使合同执行被迫中断。遭遇不可抗力的一方可因此免除合同责任。不可抗力条款的主要内容包括不可抗力的含义、适用范围、法律后果、双方的权利义务等。

(14) 违约责任。签约一方不履行合同,必将影响另一方经济活动的进行,因此违约方应负物质责任,赔偿对方遭受的损失。

(15) 合同的变更和解除的条件。合同中应规定,在什么情况下可变更或解除合同,什么情况下不可变更或解除合同,通过什么手续来变更或解除合同等。

此外,采购合同应视实际情况,增加若干具体的补充规定,使签订的合同更切实际,更加行之有效。

2) 选择内容

合同正文可以选择以下几部分内容:①保值条款;②价格调整条款;③误差范围条款;④法律适用条款:买卖双方在合同中明确说明合同适用何国、何地法律的条款,即法律适用条款。

对大批量、大金额、重要设备及项目的采购合同,要求全面详细地描述每一条款;对于金额不大、批量较多的小五金、土特产等,而且买卖双方已签有供货、分销、代理等长期协议(认证环节完成)的,则每次采购交易使用简单订单合同,索赔、仲裁和不可抗力等条款已经被包含在长期认证合同中。

对于企业因频繁批量采购而与供应商签订的合同可以分为两个部分:认证合同和订单合同。认证合同解决在买卖之间长期需要遵守的协议条款,由认证人员在认证环节完成,是对企业采购环境的一个需求;订单合同就每次物料采购的需求数量、交货日期,以及其他特殊要求等条款进行表述。

3. 尾部

合同的尾部包括以下几个方面。

(1) 合同的份数。

(2) 使用语言及效力。

(3) 附件。

(4) 合同的生效日期。

(5) 双方的签字盖章。

三、采购合同的订立

采购合同的签订，是买方和卖方双方当事人在平等自愿的基础上，就合同的主要条款经过协商取得一致意见，最终建立起物品采购合同关系的法律行为。

1. 采购合同订立前的准备工作

合同依法订立后，双方必须严格执行。因此，采购人员在签订采购合同前，必须审查卖方当事人的合同资格、资信及履约能力，按经济合同法的要求，逐条订立采购合同的各项必备条款。

1）审查卖方当事人的合同资格

为了避免和减少采购合同执行过程中的纠纷，在正式签订合同之前，采购人员首先应审查卖方当事人作为合同主体的资格。所谓合同资格，是指订立合同的当事人及其经办人，必须具有法定的订立经济合同的权利。审查卖方当事人的合同资格，目的在于确定对方是否具有合法的签约能力，这一点直接关系到所签订的合同是否具有法律效力。

（1）法人资格审查。认真审查卖方当事人是否属于经国家规定的审批程序成立的法人组织。法人是指拥有独立的必要财产、有一定的经营场所、依法成立并能独立承担民事责任的组织机构。判断一个组织是否具有法人资格，主要看其是否持有工商行政管理局颁发的营业执照。经工商登记的国有企业，集体企业，私营企业，各种经济联合体，实行独立核算的国家机关、事业单位和社会团体，都具有法人资格，都可以成为合法的签约对象。

在审查卖方法人资格时应注意：没有取得法人资格的社会组织及已被取消法人资格的企业或组织，无权签订采购合同。要特别警惕一些根本没有依法办理工商登记手续或未经批准的所谓“公司”，它们或私刻公章，冒充法人，或假借他人名义订立合同，旨在骗取买方的贷款或定金；同时，要注意识别那些没有设备、技术、资金和组织机构的“四无”企业，它们往往在申请营业执照时弄虚作假，以假验资、以假机构骗取营业执照，虽签订供货合同并收取贷款或定金，但根本不具备供货能力。

（2）法人能力审查。审查卖方的经营活动是否超出营业执照批准的范围。超越业务范围以外的经济合同，属无效合同。

法人能力审查还包括对签约的具体经办人的审查。采购合同必须由法定代表人或法定代表人授权证明的承办人签订。法定代表人就是法人的主要负责人，如厂长、经理等。他们对外代表法人签订合同。法定代表人也可授权业务人员如推销员、采购员作为承办人，以法定代表人的名义订立采购合同。承办人必须有正式授权证明书，方可对外签订采购合同。法定代表人在签订采购合同时，应出示身份证明、营业执照或副本；法定代表人委托的承办人在签订采购合同时，应出示本人的身份证明、法定代表人的委托书、营业执照或副本。

2）审查卖方当事人的资信和履约能力

资信，即资金和信用。审查卖方当事人的资信情况，了解当事人对采购合同的履行能力，对于在采购合同中确定权利义务条款，具有非常重要的作用。

（1）资信审查。具有固定的生产经营场所、生产设备和与生产经营规模相适应的资金，特别是拥有一定比例的自有资金，是一个法人对外签订采购合同起码的物质基础。在准备采购合同签订，采购人员在向卖方当事人提供自己的资信情况说明的同时，要认真审查卖方的资信情况，从而建立起相互依赖的关系。

（2）履约能力审查。履约能力是指当事人除资信以外的技术和生产能力、原材料与能源供应、工艺流程、加工能力、产品质量、信誉高低等方面的综合情况。总之,就是要了解对方有没有履行采购合同所必需的人力、物力、财力和信誉保证。

如果经审查发现卖方资金短缺、技术落后、加工能力不足、无履约供货能力,或者信誉不佳,都不能与其签订采购合同。只有在对卖方的履约能力充分了解的基础上签订采购合同,才能有可靠的供货保障。

审查卖方的资信和履约能力的主要方法有:通过卖方的开户银行,了解其债权债务情况和资金情况;通过卖方的主管部门,了解其生产经营情况、资产情况、技术装备情况、产品质量情况;通过卖方的其他用户,可以直接了解其产品质量、供货情况、维修情况;通过卖方所在地的工商行政管理部门,了解其是否具有法人资格和注册资本、经营范围、核算形式;通过有关的消费者协会和法院、仲裁机构,了解卖方的产品是否经常遭到消费者投诉,是否曾经牵涉到诉讼。对于大批量的性能复杂、质量要求高的产品或巨额的机器设备的采购,在上述审查的基础上,还可以由采购人员、技术人员、财务人员组成考察小组,到卖方的经营加工场所实地考察,以确知卖方的资信和履约能力。采购人员在日常工作中,应当注意搜集有关企业的履约情况和有关商情,作为以后签订合同的参考依据。

2. 采购合同订立的原则

(1) 合同的当事人必须具备法人资格。这里所指的法人,是有一定的组织机构和独立支配财产,能够独立从事商品流通活动或其他经济活动,享有权利和承担义务,依照法定程序成立的企业。

(2) 合同必须合法。也就是必须遵照国家的法律、法令、方针和政策签订合同,其内容和手续应符合有关合同管理的具体条例和实施细则的规定。

(3) 签订合同必须坚持平等互利、充分协商的原则。

(4) 签订合同必须坚持等价、有偿的原则。

(5) 当事人应当以自己的名义签订经济合同,委托别人代签,必须要有委托证明。

(6) 采购合同应当采用书面形式。

3. 采购合同签订的程序

签订采购合同的程序根据不同的采购方式而有所不同,这里主要谈采购合同订立的一般程序。普遍运用的采购合同的签订要经过要约和承诺两个阶段。

1) 要约阶段

这是指当事人一方向他方提出订立经济合同的建议。提出建议的一方叫要约人。要约是订立采购合同的第一步,要约应具有如下几个特征。

(1) 要约是要约人单方的意思表示,它可向特定的对象发出,也可向非特定的对象发出。当向某一特定的对象发出要约时,要约人在要约期限内不得再向第三人提出同样的要约,不得与第三人订立同样的采购合同。

(2) 要约内容必须明确、真实、具体、肯定,不能含糊其辞,模棱两可。

(3) 要约是要约人向对方做出的允诺,因此要约人要对要约承担责任,并且要受要约的约束。如果对方在要约一方规定的期限内做出承诺,要约人就有接受承诺并与对方订立采购合同的义务。

(4) 要约人可以在得到对方接受要约表示前撤回自己的要约,但撤回要约的通知必须不迟于要约到达。对已撤回的要约或超过承诺期限的要约,要约人不再承担法律责任。

2）承诺阶段

承诺表示当事人另一方完全接受要约人的订约建议，同意订立采购合同的意思表示。接受要约的一方叫承诺人，承诺是订立合同的第二步。它具有如下几个特征。

(1) 承诺由接受要约的一方向要约人做出。

(2) 承诺必须是完全接受要约人的要约条款，不能附带任何其他条件。即承诺内容与要约内容必须完全一致，这时协议即成立。如果对要约提出代表性意见或附加条款，则是拒绝原要约，提出新要约，这时要约人与承诺人之间的地位发生了交换。在实践中，很少有对要约人提出的条款一次性完全接受的，往往要经过反复的业务洽谈，经过协商，取得一致的意见后，最后达成协议。

供需双方经过反复磋商，经过要约与承诺的反复，形成具有文字的草拟合约，再经过签订合同和合同签证两个环节，一份具有法律效力的采购合同便正式形成了。签订合同是在草拟合约确认的基础上，由双方法定代表签署，确定合同的有效日期。合同签证是合同管理机关根据供需双方当事人的申请，依法证明其真实性与合法性的一项制度。在订立采购合同时，特别是在签订金额数目较大及大宗商品的采购合同时，必须经过工商行政管理部门或立约双方的主管部门签证。

4. 采购合同签订的形式

1）口头合同形式

口头合同形式即指合同双方当事人只是通过语言进行意思表示，而不是用文字等书面表达合同内容而订立合同的形式。采用口头形式订立物品采购合同的优点是：当事人建立合同关系简便、迅速，缔约成本低。但这类合同发生纠纷时，当事人举证困难，不易分清责任。

《中华人民共和国合同法》(以下简称《合同法》)在合同形式的规定方面，放松了对当事人的要求，承认多种合同形式的合法性，将选择合同形式的权利交给当事人，对当事人自愿选择口头形式订立物品采购合同的行为予以保护，体现了合同形式自由的原则，这与旧合同法的规定有很大不同。但是《合同法》同时规定："法律规定采用书面形式的合同，必须采用书面形式。"这是法律从交易安全和易于举证的角度考虑，对一些重要合同要求当事人必须签订书面合同。

2）书面合同形式

《合同法》第 11 条明确规定："书面形式是指合同书、信件和数据电文(包括电报、电传、传真、电子数据交换和电子邮件)等可以有形地表现所载内容的形式。"简单地说，书面形式是以文字为表现形式的合同形式。所谓"有形地表现所载内容"是相对于口头形式而言的，口头合同只有当事人内心知道合同内容，如果不告知，外界无法知道合同内容；而书面合同不同，人们只要看到书面载体，就会了解合同的内容。书面合同的优点是：有据可查、权利义务记载清楚，便于履行，发生纠纷时容易举证和分清责任。在我国目前市场经济制度尚未完善之际，当事人订立物品采购合同，适宜采用书面合同形式。

书面合同是物品采购实践中采用最广泛的一种合同形式。《合同法》第 10 条第 2 款规定："法律、行政法规规定采用书面形式的，应当采用书面形式；当事人约定采用书面形式的，应当采用书面形式。"可见，书面形式是一种十分重要的合同形式。

3）其他合同形式

其他合同形式是指除口头合同与书面合同以外的其他合同形式，主要包括默示形式和推定形式。

四、采购合同的管理

采购合同管理涉及从合同签订到合同终止期间内，供应商或者采购方的关于合同的所有活动。合同管理的目标是解决合同期间出现的任何问题，确保供应商履行合同规定的义务。

1. 争议与索赔的处理

在采购过程中，买卖双方往往会因彼此之间的责任和权利问题引起争议，并由此引发索赔、理赔、仲裁及诉讼等。为了防止争议的产生，并在争议发生后能获得妥善的处理和解决，买卖双方通常都在签订合同时，对违约后的索赔、免责事项等内容事先做出明确规定。这些内容反映在合同里，就是违约责任条款。

在采购业务中，处理好争议和索赔是一项重要工作。索赔一般有三种情况：买卖双方间的贸易索赔、向承运人的运输索赔、向保险人的保险索赔。

1）违反合同的责任区分

在采购合同履行过程中，采购商品未能按合同要求送达采购方时，首先应分清是供、需方责任还是运输方责任，认清索赔对象。

(1）违反采购合同的责任。

供方的责任主要有以下两个方面的内容。

①商品的品种、规格、数量、质量和包装等不符合合同的规定，或者未按合同规定日期交货，应偿付违约金、赔偿金。

②商品错发到货地点或接货单位（人），除按合同规定负责运到规定的到货地点或接货单位（人）外，并承担因此而多支付的运杂费；如果造成逾期交货，偿付逾期交货违约金。

需方的责任有以下三个方面的内容。

①中途退货应偿付违约金、赔偿金。

②未按合同规定日期付款或提货，应偿付违约金。

③错填或临时变更到货地点，承担因此多支出的费用。

(2）违反货物运输合同的责任。当商品需要从供方所在地托运到需方收货地点时，如果未能按采购合同要求到货，应分清是货物承运方责任还是托运方责任。

承运方的责任主要有以下五个方面的内容。

①不按运输合同规定的时间和要求发运的，偿付托运方违约金。

②商品错运到货地点或接货人，应无偿运至合同规定的到货地点或接货人；如果货物运到时已逾期，偿付逾期交货的违约金。

③运输过程中商品的灭失、短少、变质、污染、损坏，按其实际损失（包括包装费、运杂费）赔偿。

④联运的商品发生灭失、短少、变质、污染、损坏，应由承运方承担赔偿责任的，由终点阶段的承运方按照规定赔偿，再由终点阶段的承运方向负有责任的其他承运方追偿。

⑤在符合法律和合同规定条件下的运输，由于下列原因造成商品灭失、短少、变质、污染、损坏的，承运方不承担违约责任：如不可抗力的地震、洪水、风暴等自然灾害；商品本身的自然性质；商品的合理损耗；托运方或收货方本身的过错。

托运方的责任主要有以下三个方面的内容。

①未按运输合同规定的时间和要求提供运输，偿付承运方违约金。

②由于在普通商品中夹带、藏匿危险商品，错报笨重货物重量等而导致商品摔损、爆炸、腐蚀等事故，承担赔偿责任。

③罐车发运的商品，因未随车附带规格质量证明或化验报告，造成收货方无法卸货时，托运方需偿付承运方卸车等存费及违约金。

(3) 已投财产保险时，保险方的责任。对于保险事故造成的损失和费用，在保险金额的范围内承担赔偿责任。被保险方为了避免或减少保险责任范围内的损失而进行的施救、保护、整理、诉讼等所支出的合理费用，依据保险合同规定偿付。

2) 索赔和理赔应注意的问题

发生合同争议后，首先要分清责任属供方、需方，还是运输方。如需方在采购活动中因供方或运输方责任蒙受了经济损失，就可以通过与其协商交涉，进行索赔。

索赔和理赔既是一项维护当事人权益和信誉的重要工作，又是一项涉及面广、业务技术性强的细致工作。因此，提出索赔和处理理赔时，必须注意下列问题。

(1) 索赔的期限。索赔的期限是指，争取索赔的当事人向违约一方提出索赔要求的违约期限。关于索赔期限，《合同法》有规定的必须依法执行；没有规定的，应根据不同商品的具体情况做出不同的规定。如果逾期提出索赔，对方可以不予理赔。一般地，农产品、食品等索赔期限短一些，对于一般商品索赔期限长一些，机器设备的索赔期限则定得更长一些。

(2) 索赔的依据。提出索赔时，必须出具因对方违约而造成需方损失的证据(保险索赔另外规定)，当争议条款为商品的质量条款或数量条款时，该证明要与合同中检验条款相一致，同时出示检验的出证机构。如果索赔时证据不全、不足或不清，以及出证机构不符合规定，都可能遭到对方的拒赔。

(3) 索赔额及赔偿办法。关于处理索赔的办法和索赔的金额，除了个别情况外，通常在合同中只做一般笼统的规定，而不做具体规定。因为违约的情况较为复杂，当事人在签订合同时往往难以预计。有关当事人双方应根据合同规定和违约事实，本着平等互利和实事求是的精神，合理确定损害赔偿的金额或其他处理的办法，如退货、换货、补货、整修、延期付款、延期交货等。

当商品因出现与合同规定不符的质量问题而造成采购方蒙受经济损失时，如果违约金能够补偿损失，则不再另行支付赔偿金；如违约金不足以抵补损失，还应根据所蒙受经济损失的情况，支付赔偿金以补偿其差额部分。

国际贸易中发生索赔时，根据联合国国际货物销售合同规定：一方当事人违反合同应付的损害赔偿额，应与另一方当事人因其违反合同而遭受的包括利润在内的损失额相等；如果合同被宣告无效，而在宣告无效后一段合理时间内，买方以合理方式购买替代货物，或者卖方以合理方式把货物转卖，则要求损害赔偿的一方可以取得合同价格和替代货物交易价格之间的差额。

3) 仲裁

经济仲裁是指签订经济合同的当事人双方发生争议时，如通过协商不能解决，当事人一方或双方自愿将有关争议提交给双方同意的第三者依照专门的裁决规则进行裁决，裁决的结果对双方都有约束力，双方必须依照执行。

当采购方与供应商发生纠纷需要仲裁时，可按照一般的仲裁程序到相应的受理机构提出仲裁申请，仲裁机构受理后，经调查取证，先行调解，如调解不成，再进行庭审，开庭裁决。

(1) 仲裁的受理机构。根据我国实际情况和有关的法律规定：凡是我国法人之间及法人与自然人之间的经济合同纠纷案件，统一由国家工商行政管理局设立的经济合同仲裁委员会仲裁管辖；凡是有涉外因素的经济纠纷或海事纠纷案件，即争议的一方或双方是外国法人或自然人的案件，以及中国商号、公司或其他经济组织间有关外贸合同和交易中所发生的争议案件，由民间性(非政府的)社会团体——中国国际贸易促进委员会附设的对外经济贸易仲裁委员会和海事仲裁委员会仲裁管辖，前者属于国内经济仲裁的范畴，后者则属于涉外经济仲裁的范畴。

①国内经济仲裁的受理机构。我国经济法规定，国内采购合同纠纷一般由采购合同履行地或者合同签订地的仲裁机关管辖，执行中有困难的，也可以由被诉方所在地的仲裁机关管辖——由合同履行地的仲裁机关管辖，便于查清发生纠纷的原因和事实，做出裁决之后也好执行。这里所说的合同履行地，通常是指不履行或不适当履行合同义务行为的地点。在一般情况下，也就是被诉方的所在地，但有时也可能并不一致。

争议金额的大小，按照案件的不同情况，可分别向县、地区、省和国家工商行政管理局的四级仲裁机关申请仲裁。一般经济合同纠纷案件，由县(市)、市辖区仲裁机关受理。如果案件影响较大，争议金额高或者跨省、市，跨部门，则分别就不同情况，用下述办法确定仲裁的受理机构：有较大影响或者争议金额 50 万元至 500 万元的经济合同纠纷案件，由地区直辖市、自治州仲裁机关管辖受理；有重大影响或者争议金额在 500 万元至 1 000 万元的经济合同纠纷案件，由省、直辖市、自治区仲裁机关管辖受理；在全国范围内有重大影响或者省、市、自治区之间，中央部门与省、市、自治区之间、中央各部门之间争议金额在 1 000 万元以上的经济合同纠纷案件，则由国家工商行政管理局的经济合同仲裁机关管辖受理。

②涉外经济仲裁的受理机构。目前在我国的进出口业务所签订的采购合同中，仲裁受理地点主要有以下 3 种形式：规定在我国由中国国际贸易促进委员会对外经济贸易委员会仲裁，规定在被诉方所在国家仲裁，规定在双方同意的第三国进行仲裁。至于同我国有贸易协定的国家，仲裁地点应按照协定的规定办理。

外贸采购合同中不仅规定了仲裁地点，而且规定了仲裁机构及仲裁程序和仲裁费用等。国际商事仲裁机构分为常设机构和临时性机构，前者又分为国际性或区域性的仲裁机关，如国际商会仲裁院，全国性仲裁机构，如瑞典斯德哥尔摩商会仲裁院、美国仲裁协会等，中国国际贸易促进委员会内设立的对外经济贸易仲裁委员会也属全国性的仲裁机构；另外，还有附设在特定行业内的专业性仲裁机构。

(2) 仲裁的程序。仲裁的程序主要由以下五个部分组成。

①提出仲裁申请。向仲裁机关申请仲裁，应按仲裁规则的规定递交申请书，并按照被诉人数提交副本。当事人向仲裁机关申请仲裁，应从其权利被侵害之日起 1 年内提出，但侵权人愿意承担债务的不受该时效限制；否则，超过期限，一般不予受理。

仲裁申请人必须是与本案有直接利害关系的当事人。所写申请书应当写明以下事项：一是申诉人的名称、地址，以及法人代表的姓名、职务；二是被诉人的名称、地址，以及法人代表的姓名、职务；三是申请的理由和要求；四是证据、证人姓名和证人住址。仲裁申请书的上述内容要明确具体，如有缺欠者，应责令补齐，否则将直接影响仲裁机关下一步的工作。

②立案受理。仲裁机关收到仲裁申请书后，经过审查符合仲裁条例规定的，应当在 7 日内立案；不符合规定的，应在 7 日内通知申诉人不予受理，并说明理由。

案件受理后，应当在 5 日内将申请书副本发送被诉人；被诉人收到申请书副本后，应当在 15 日内提交答辩书和有关证据。被诉人没有按时提交或者不提交答辩书的，不影响案件的受理。

③调查取证。仲裁员必须认真审阅申请书、答辩书，进行分析研究，确定调查方案及搜集证据的具体方法、步骤和手段。

为了调查取证，仲裁机关可向有关单位查阅与案件有关的档案、资料和原始凭证。有关单位应当如实地提供材料，协助进行调查，必要时应出具证明。仲裁机关在必要时可组织现场勘察或者对物证进行技术鉴定。

④先行调解。仲裁庭经过调查取证，在查明事实、分清责任的基础上，应当先行调解，促使当事人双方互谅互让、自愿达成和解协议。

调解达成协议，必须双方自愿，不得强迫。协议内容不得违背法律、行政法规和政策，不得损害公共利益和他人利益。达成协议的，仲裁庭应当制作调解书。调解书应当写明当事人的名称、地址，代表人或者代理人姓名、职务，纠纷的主要事实，责任，协议内容和费用的承担。调解书由当事人签字，仲裁员、书记员署名，并加盖仲裁机关的印章。

调解书送达后即发生法律效力，双方当事人必须自动履行。调解未达成协议或者在调解书送达前一方或双方反悔的，仲裁庭应当进行仲裁。

⑤开庭裁决。仲裁庭决定仲裁后，应当在开庭之前，将开庭审理的时间、地点，以书面形式通知当事人。

在庭审过程中，当事人可以充分行使自己的诉讼权利，即申诉、答辩、反诉和变更诉讼请求的权利，委托律师代办诉讼的权利，申请保金的权利，申请回避的权利等。仲裁庭认真听取当事人陈述和辩论，出示有关证据，然后按申诉人、被诉人的顺序征询双方最后意见，可再行调解，调解无效由仲裁庭评议后裁决，并宣布裁决结果。闭庭后 10 日内将裁决书送达当事人。

2. 采购合同的变更与解除

当一方要求变更或解除合同时，在新的协议未达成之前，原合同仍然有效。但要求变更或解除合同的一方应采取书面形式（文书、电报等）及时通知对方，对方在接到通知后 15 日内（另有规定或当事人另行商定期限者除外）予以答复，逾期不答复的视为默认。

变更或解除合同的日期，以双方达成协议的日期为准，需报经上级主管部门批准的，以批准的日期为准。

另外，签订合同有笔误需要修正的，需经双方协商同意后才生效。

课后实训

采购谈判案例——细节决定成败

东北某林区木材厂是一个近几年生意红火的中型木器制造厂。几年来，依靠原材料有保证的优势，就地制造成本比较低的传统木器，获得了可观的经济效益。但是该厂的设备落后，产品工艺比较陈旧，限制了工厂的发展。因此，该厂决定投入巨资引进设备技术，进一步提高生产效率，开拓更广阔的市场，于是他们通过某国际经济技术合作公司代理与外国某木工机械集团签订了引进设备合同，总价值 110 万美元。

外方按照合同规定，将设备到岸进厂，外方人员来厂进行调试安装。中方在验收时发现，该设备部分零件磨损痕迹严重，开机率不足 70%，根本不能投入生产。中方向外方指出，你方产品存在严重质量问题，没有达到合同机械性能保证的指标，并向外方征询解决办法。外方表示将派强有力的技术人员赴厂研究改进。2个月后，外方派来的工作组到厂，更换了不符合标准的部分零件，对机器进行了再次的调试，但经过验收仍然不符合合同规定的技术标准。调试研究后外方应允回去研究，但一去3个月无下文。后来厂方经过代理公司协调，外方人员来厂进行一次调试，验收仍未能通过。中方由于安装，调试引进的设备已基本停产，半年没有效益。为了尽快投入生产，中方认为不能再这样周旋下去，准备通过谈判，做出一些让步，只要保证整体符合生产要求即可。这正中外方下怀，中方提出这个建议后，他们马上答应，签署了设备验收备忘录，外方公司进行3次调试。但调试后，只有一项达到标准，中方认为不能通过验收。但外方公司认为已经达到规定标准，双方遂起纠纷。

本来，外方产品质量存在严重问题，中方完全有理由表示强硬态度，据理力争，但双方纠纷发生后，外方却显得理直气壮，反而搞得中方苦不堪言。其症结到底在哪里呢？

原来，双方签署的备忘录中，经中方同意，去掉了部分保证指标，并对一些原规定指标进行了宽松的调整，实际上是中方做出了让步。但是让步必须是有目的的和有价值的，重新拟定的条款更需做有利于中方的、明确清晰的规定，不然可能造成新的被动。但该备忘录中竟然拟定了这样的条款标准：某些零部件的磨损程度“以手摸光滑为准”；某某部件“不得出现明显损伤”等。这种空泛的、无可量化的、无可依据的条款让外方钻了空子。根据这样的模糊规定，外方坚持认为达到了以上标准，双方争执不下。你中国人摸着不光滑，我外国人摸着就是光滑。拿什么来做共同依据呢？中方面对自己同意的条款义正词严，但对于白纸黑字却说不清道不明。显然，中方掉在外方设的圈套里面了。

外国公司所采取的是精心炮制好了的策略，一段套着一段走。一开始，他们给你一套不合格的设备，能蒙就蒙，能骗就骗，如果骗不过去，就采取第二步，就是拖，逼着你主动让步。结果就拖出一个备忘录来。外方的调试显得很有耐心，但中方的效益却随之流失。中方的一位负责人说，签订合同时，有关索赔条款的很多内容他都不是很清楚，也未请律师，当时只把索赔看成了一种可有可无的合同模式，也根本未想到会出现纠纷。可见这位负责人的法律意识是多么的淡薄？中方在外商一改“耐心诚恳”的态度，拒不承认产品质量不符合标准的情况下，终于被迫求助于法律，聘请了律师，要求外方按原合同赔偿损失。外方在千方百计地拖延一个月之后，才表示愿意按实际损失来赔偿。中方认为，赔偿后至少可以保本，但结果又是南柯一梦！在原合同中，精明的外方在索赔条款中写进了一个索赔公式，由于这个公式相当复杂，签约时中方人员根本没有认真研究就接受了。他们没有想到会有纠纷，也根本没有把这公式当回事。现在，外方拿来这个公式，面对面地给你算细账。结果一出来，外方看着屏幕微笑，中国人看着屏幕发呆。原来，按照这个公式计算，即使这套设备完全不符合要求，视同报废，外方也仅仅赔偿设备引进总价的0.8%。还没说你已承认其中一项指标符合标准。110万美元的损失只赔偿约1万美元，中方负责人被激怒了，外方却始终彬彬有礼地微笑着……

此时，纠纷的解决已无可能，律师写上建议依法提出仲裁。但查看合同有关仲裁的条款时，令人大吃一惊。如按合同进行仲裁，吃亏的仍然是中方。因为合同中写道：“如果在本合同中，发生一切纠纷，均需执行仲裁，仲裁在被诉一方所在国进行。”这就是说，如果中方向提出仲裁，只能在对方所在国进行，中方将要付出巨大的代价；但如果不提出仲裁，也将受到巨大的损失。外方不可能提出仲裁。如果中方要让外方提出仲裁，中方只有一种方法，就是拒付货款。在国际贸易中，中国银行出具的不可撤销的保证函已与合同一起生效，银行方面保证信誉，遵守国际惯例，根本不可能拒付。也就是说，中方违约不存在客观可能性。在这种情况下，仲裁与否，中方真是进退两难。

对方对此胸有成竹，他们深深了解中方想仲裁而又不愿意到外国仲裁的矛盾。当中方每次提出干脆以仲裁的方式解决时，他们马上旁敲侧击提醒你他们国家仲裁历时要多么长，花销要多么大，等等。而中方一次次望而却步时，他们却又要新的花招，开始新的进攻。他们在中方这种欲进不能、欲罢不止的情况下，一再提出所谓的新的解决方案。最后，中方在万般无奈的情况下，接受了对方总额为12%的赔偿，同时提供另外3%零件的最终方案。那台机器两年来根本就不能运转，没有创造任何经济效益。现在，虽然能勉强运转，仍需要不断地调整修理。即便如此，也只有60%左右的生产效率。

实训要求：

(1) 请同学们熟读案例，然后组成两个谈判组，模拟案例情境进行谈判。

(2) 就案例内容进行分析。

学习情境八

采购合同的履行

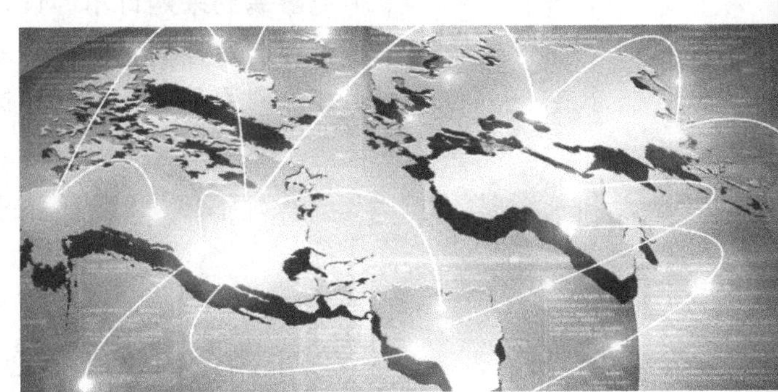

WULIU
CAIGOU
GUANLISHIWU

知识目标

(1) 了解采购订单的含义及采购质量管理的含义、作用。

(2) 熟悉采购订单的跟踪过程。

(3) 掌握采购订单的格式及采购订单的操作规范。

(4) 掌握采购质量控制的基本做法。

(5) 掌握采购付款的程序、采购结算的方式,以及各种结算方式的业务流程。

能力目标

(1) 能够编制采购订单并设计采购订单的管理流程。

(2) 能够制定控制采购品质的解决方案。

(3) 能够利用现金结算和票据结算两种结算方式进行采购付款。

案例引导

采购合同管理不善造成资产大量流失

一些企业对于含有大额预付款项的购销合同,管理不善,货款面临重大风险,企业承受严重的经济损失。

下面以大兴公司三次对外采购活动为例进行说明。

(1) 大兴公司××年与黑龙江省桦南县某经济开发中心签订了一份采购大豆合同,合同金额534万元,货物交售期为三年半,预付款500万元。但大兴公司在签订采购合同的前2天,就已签发了500万元预付款的转账支票。这份履约期长达三年半,且预付款比例达93%的采购合同,最后使大兴公司200多万元的余款无法收回。

(2) 大兴公司××年向哈尔滨市某公司贸易部购买大豆。在没有签订采购合同或协议的情况下,大兴公司以预付款的方式先后汇款1 000多万元,其中900多万元汇给对方业务员,后因该业务员辞职和失踪造成大兴公司损失200多万元。

(3) 大兴公司××年向汕头某公司订购进口毛菜油15 000吨,总金额10 980万元。双方约定由汕头某公司负责办理进口报关手续,大兴公司须在申请开立进口货款信用证前5天预付3 000万元。由于该批货物涉嫌走私被南京海关没收,造成大兴公司损失3 000万元。

请思考:

(1) 大兴公司采购合同管理的主要问题在哪里?

(2) 采购结算应如何进行?

【案例启示】

通过以上案例,企业应该加强采购合同管理。首先,企业领导要重视采购合同管理工作,防止因采购合同管理不善造成的损失。其次,企业应建立健全内部控制制度,规范采购合同的审核、履行行为,确保采购合同资金安全。最后,应充分发挥企业内部审计的监督作用,加强对采购合同的签订和执行过程的监督，规避经营风险。

任务一　采购订单管理

学校网络机房计划要购买一批电脑，经过市场调查之后，现决定采购长沙美承数码有限责任公司销售的联想台式机——扬天 M2610N 500 台，并且由教师小李完成采购任务。小李与美承公司的业务员小王经过了反复协商之后，最终以每台 2 500 元的价格成交，并由美承公司在三天内送货上门并进行安装。

【任务 1】　请大家讨论，业务谈成之后，小王与小李之间是不是要生成书面单据？

【任务 2】　这种书面单据是什么？

任务分析

很明显，业务谈成之后，是要生成书面单据的，这个书面单据一方面要记录商品的相关信息，另一方面也是公司发货和学校收货验收时的凭据，当然这个书面单据也是当双方出现争议时处理纠纷的原始凭证。这个书面单据就是本任务要解析的采购订单。

一、采购订单概述

采购订单伴随着订单和物料的流动贯穿了整个采购过程。订单的目的是实施订单计划，从采购环境中购买物料项目，为生产过程输送合格的原材料和配件，同时对供应商群体绩效表现进行评价和反馈。

1. 采购订单的定义

采购订单有时也被称为采购合同，一般在选择供应商之后订立采购订单。采购部门拟定采购合同时必须特别注意用词，因为它是具有法律效力的文件。几乎所有的采购订单都包括与违约相关的标准法律条款。采购订单描述了采购所需的重要细节信息：采购订单号码、物料规格、数量、质量要求、价格、交货日期、交货方式、送达地址，位于订单的正面。通常在采购订单的背面，多会有附加条款的规定，也构成订购条件的一部分，其主要内容包括以下几点。

（1）验收方式：检验设备、检验费用、不合格品退换等规定，超交或短交数量之处理。

（2）罚金：延迟交货或品质不符之，扣款或取消合约之规定。

（3）履约保证金：按合约总价百分之几，退还或没收的规定。

（4）品质保证：保用或保固期限，无偿或有偿换修等规定。

（5）仲裁或诉讼：买卖双方之纷争，仲裁的地点或诉讼之法院。

（6）其他：例如卖方保证买方不受专利权分割之控诉。

2. 采购订单样本

表 8-1 所示为一份采购订单样本。

表 8-1 采购订单

<table>
<tr><td colspan="5">公司管理形式</td></tr>
<tr><td colspan="2">账户代码号/费用核定订单</td><td>订货方</td><td>订货编号</td><td>卖方编号</td></tr>
<tr><td colspan="3" rowspan="4"></td><td colspan="2">采购订单</td></tr>
<tr><td colspan="2">编号</td></tr>
<tr><td colspan="2">(采购订单编号必须显示在所有的文件、确认通知、运输单据、装货单、包装单、发票和来往信函上)</td></tr>
<tr><td colspan="2">一式三份发票
注意:应付账款</td></tr>
<tr><td>签订日期</td><td>要求发货的日期</td><td>离岸价格</td><td>部门或位置</td><td>条款</td></tr>
<tr><td></td><td></td><td></td><td></td><td></td></tr>
<tr><td colspan="3">至

此订单以背面条款为准</td><td colspan="2">发货指示

□付税 □免税</td></tr>
<tr><td>项目编号</td><td>数量</td><td colspan="2">货品</td><td>价格</td></tr>
<tr><td></td><td></td><td colspan="2"></td><td></td></tr>
</table>

重要说明: 公司名称

如不能在规定日期前运送物料或

提供服务请立即通知我们

________ ________ ________

采购代理 中介方 买方

注意此合同中涉及的所有设备物料及服务必须服从国家政府关于选址及雇用的安全法规,包括职业安全及卫生条例。

3. 采购订单的格式

采购订单就其样式和在公司内的传递路线而言各不相同。不过,任何实用的采购订单所必备的要素均包括头部、正文和尾部。

订单头部:订单名称、订单编号、采供双方的企业名称、签订地点、签订时间。

订单正文:物料名称与规格、物料的数量条款、物料的质量条款、物料的包装条款、价格条款、运输方式、支付条款、交料地点、检验条款、保险条款、违约责任条款、仲裁条款、不可抗力条款等。

订单尾部:订单份数及生效日期、签订人的签名、采供双方公司的公章。

我们经常会提出要注意采购订单的主要条款的签订,这里的采购订单的主要条款其实就是采购订单正文的内容。下面详细探讨订单正文的内容。

1）质量条款

质量是指物料所具有的内在质量与外观形态的综合，包括各种性能指标和外观造型。条款的主要内容有技术规范、质量标准、规格、品牌名。

在采购作业中，须以最明确的方式去界定物料可接受的质量标准，一般有三种方式来表达物料的质量：第一种是用图纸或技术文件来界定物料的质量标准；第二种是用国际标准、国家标准或行业标准来界定物料的质量标准；第三种是用样品来界定物料的质量标准，当用文字或图示难以表达时，常用样品来表示，同时样品也可作为物料的辅助性规格，与图纸或技术文件结合使用。

2）价格条款

价格是指交易物料每一计量单位的货币数值。价格条款的主要内容有价格术语的选用、结算币种、单价、总价等，具体为计量单位的价格金额、货币类型、交料地点、国际贸易术语、物料定价方式等。

3）数量条款

数量是指采用一定的度量制度对物料进行量化，以表示出物料的重量、个数、长度、面积、容积等。数量条款的主要内容是交料数量、单位、计量方式，必要时还应清楚说明误差范围。

4）包装条款

包装是为了有效地保护物料在运输存放过程中的质量和数量要求，并利于分拣和环保，把物料装进适当容器的操作。包装条款的主要内容有包装材料、包装方式、包装费用和运输标志等，具体为标志、包装方式、材料要求、环保要求、规格、成本、分拣运输标志等。

5）装运条款

装运是指把物料装上运载工具并运送到交料地点。装运条款的主要内容有运输方式、装运时间、装运地与目的地、装运方式（分批、转运）、装运通知等。

6）检验条款

在一般的买卖交易过程中，物品的检验是指按照合同条件对交货进行检查并验收，涉及质量、数量、包装等条款，主要包括检验时间、检验机构、检验工具、检验标准及方法等。

7）支付条款

支付是指采用一定的手段，在指定的时间、地点，使用确定的方式支付货款。这里首先要说明支付手段，可以有货币和汇票两种方式，一般是汇票；其次要说明付款方式，可以是银行提供信用方式（信用证），银行不提供信用但可作为代理（如直接付款和托收）方式；最后要说明支付时间，包括预付款、即期付款、延期付款；第四要说明支付地点，一般是付款人或指定银行所在地。

8）保险条款

保险是企业向保险公司投保，并交纳保险费的过程。物料在运输过程中受到损失时，保险公司会依据投保单向企业提供经济上的补偿。保险条款的主要内容包括：确定保险类别及其保险金额，指明投保人并支付保险费。

9）不可抗力条款

不可抗力是指在合同执行过程中发生的、不能预见的、人力难以控制的意外事故，如战争、洪水、台风、地震等，致使合同执行过程被迫中断。遭遇不可抗力的一方可因此免除合同责任。不可抗力条款的主要内容包括：不可抗力的含义、适用范围、法律后果、双方的权利义务等。

10）仲裁条款

仲裁条款以仲裁协议为具体体现，是指买卖双方自愿将其争议事项提交第三方仲裁机构进行裁决。仲裁协议的主要内容有仲裁机构、适用的仲裁程序、运用地点、裁决效力等。

4. 采购订单的使用

对于尚未使用电脑系统的公司，一份订单通常有7～9份副本。而在计算机化的条件下，将一份采购订单的副本送到每个部门的电子邮箱就可以了。供应商在原件上签字后将其送回买方，这表明供应商已收到订单并同意订单的内容。用法律术语讲，发送订单的采购部门构成了合同提供者，而确认订单的供应商构成合同接受者，提交和接受是具有法律约束力的合同的两个重要组成部分。

采购部门将一份订单副本送达会计部门(例如应支付账款)，提出需求的部门接收并进行交易(电子或人工)。采购部门通常保留有几份订单的副本及相关收据，其他部门应对采购订单和收款收据有很高的透明度。

(1) 会计部门能够得知未来的支付条件，它还持有一份订单副本，以便在物料到达时对付款收据进行核对。

(2) 采购订单有订单编号以便相关部门备案。

(3) 接收部门持有与物料收据相匹配的订单副本，该部门还可以用特殊的采购订单帮助预测进货的作业量。

(4) 提出需求者在需要查询一份订单状况时可参考的采购订单数字。

(5) 运输部门明确交货要求，针对每一次交货时应安排承运人或使用公司内部运输。

(6) 采购部门使用订单副本来进行后续调查和监控开放式订单。

(7) 订单将在所有的部门长期有效，直到买方公司确认货物已收且符合质量及数量要求为止。

二、采购订单操作规范

在认证环节为企业准备好了采购的环境之后，订单人员便可进行物料的采购，订单操作一般包括以下几个过程。

1. 订单准备

订单合同是采购方与供应商之间达成的成文性协议，具有法律效力。订单人员在接到采购计划部门的订单计划之后，不要立即向供应商下达订单，而先要进行订单准备工作。订单准备过程如图8-1所示。

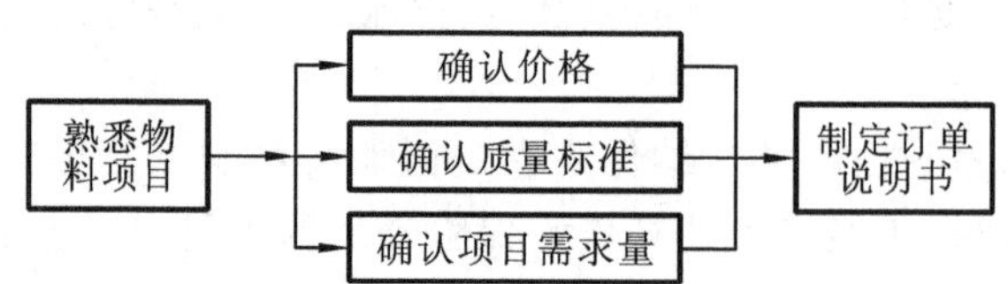

图8-1　订单准备过程示意图

1) 熟悉物料项目

订单的种类很多，有的可能是从来没有采购过的物料项目，其采购环境不一定熟知，需要采购人员花时间去了解物料项目的技术资料等。

2) 确认价格

由于采购环境的变化，作为订单人员应对采购最终的价格负责，订单人员有权利向采购环节（供应商群体）价格最低的供应商下达订单合同，以维护采购的最大利益。

3）确认质量标准

订单人员日常与供应商的接触较多，由于供应商实力的变化，前一订单的质量标准是否需要调整，订单人员应随时掌握。

4）确认项目需求量

订单计划的需求量应等于或小于采购环境订单容量，如果大于则提醒认证人员扩展采购环境容量；另外对计划人员的错误操作，订单人员应及时提出以保证订单计划的需求量与采购换环境订单容量相匹配。

5）制定订单说明书

订单说明书主要内容包括项目名称、确认的价格、确认的质量标准、确认的需求量、是否需要扩展采购环境容量等方面，另附有必要的图纸、技术规范、检验标准等。

2. 选择供应商

订单准备工作完毕后，订单人员的下一步工作就是最终确定某次采购活动的供应商。确定某次具体采购活动的供应商，其过程如图 8-2 所示。

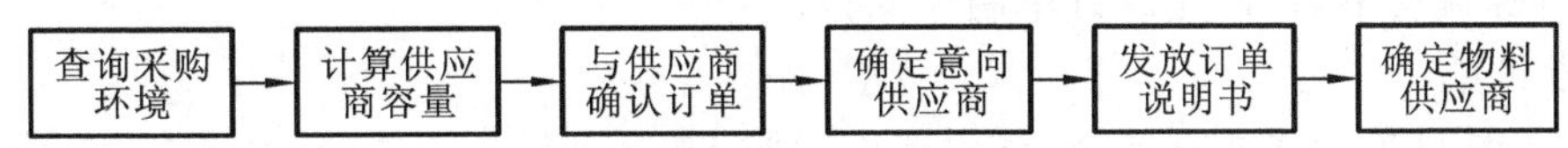

图 8-2 选择供应商的过程示意图

1）查询采购环境

订单人员在完成订单的准备后，要查询采购环境信息系统，以寻找适应本次物料供应的供应商群体。认证环节结束后会形成公司物料项目的采购环境，用于订单操作，对小规模的采购，采购环境可能记录在认证报告文档上；对于大规模的采购，采购环境则使用信息系统来管理。一般来说，一项物料应有三家以上的供应商，特殊情况下也会出现一家供应商。

2）计算供应商容量

如果向一个容量已经饱和的供应商下单，那么订单很难被正常执行，最后导致订单操作的失败。订单人员首先要计算一下采购环境中供应商的容量，哪些是饱和的，哪些有空余容量。如果全部饱和，请立即通知相关认证人员，并进行紧急处理。

3）与供应商确认订单

从主观上对供应商的了解需要得到供应商的确认，供应商组织结构的调整、设备的变化、厂房的扩建等都影响供应商的订单容量，有时需要进行实地考察，尤其要注意谎报订单容量的供应商。

4）确定意向供应商

订单人员在权衡利弊（既考虑原定的订单分配比例，又要考虑现实容量情况）后可以初步确定意向供应商，以便确定本次订单由哪一家供应商供应，这是订单操作实质性进展的一步。

5）发放订单说明书

既然是意向，就应该向供应商发放相关技术资料，一般来说，采购环境中的供应商应具备已通过认证的生产工艺文件。供应商在接到技术资料并分析后，即向订单人员做出“接单”还是“不接单”的答复。

6）确定物料供应商

通过以上过程，订单人员就可以决定本次订单计划所投向的供应商，必要时可上报主管审批。

3. 签订订单

在选定供应商之后，接下来要做的工作就是同供应商签订正式的采购订单。签订采购订单一般需要经过以下过程，如图 8-3 所示。

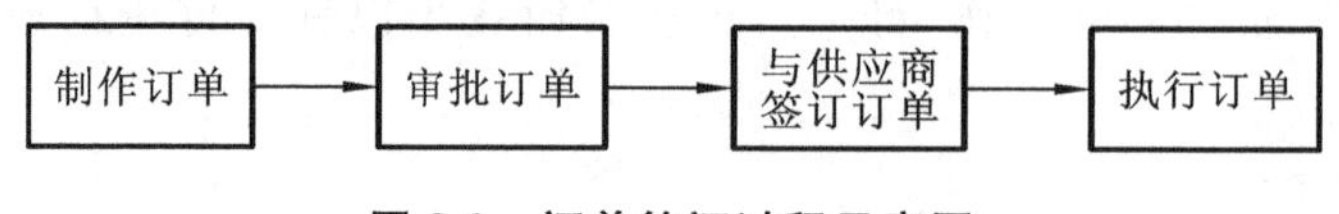

图 8-3　订单签订过程示意图

1）制作订单

拥有采购信息管理系统的企业，订单人员直接在信息系统中生成订单，在其他情况下，需要订单制作者自行编排打印。通常企业都有固定标准的订单格式，而且这种格式是供应商认可的，订单人员只需要在标准合同中填写相关参数（物料名称代码、单位、数量、单价、总价、交货期等）及一些特殊说明书后，即完成订单制作操作。

2）审批订单

审批订单是订单操作的重要环节，一般由专职人员负责。审查内容主要为以下几点。

（1）合同与采购环境的物料描述是否相符。

（2）合同与订单计划是否相符。

（3）确保订单人员仿照订单计划在采购环境中操作。

（4）所选供应商均为采购环境之内的合格供应商。

（5）价格在允许价格之内，到货期符合订单计划的到货要求等。

3）与供应商签订订单

经过审批的订单，即可传至供应商确定并盖章签字，签订订单的方式有以下四种。

（1）与供应商面对面签订订单，买卖双方现场盖章签字。

（2）订单人员使用传真将打印好的订单传至供应商，并且供应商以同样的方式传回。

（3）使用 E-mail 进行合同的签订，买方向供应商发订单 E-mail，则表示接受订单并完成签字。

（4）建立专用的订单信息管理系统，完成订单信息在买卖双方之间的传递。

4）执行订单

在完成订单签订之后，即转入订单的执行时期。加工型供应商要进行备料、加工、组装、调试等过程，存货型供应商只需从库房中调集相关产品及适当处理，即可送往买家。

4. 订单跟踪

1）跟踪供应商工艺文件的准备

工艺文件是进行加工生产的第一步，对任何外购件（需要供应商加工的物料）的采购，订单人员都应对供应商的工艺文件进行跟踪。如果发现供应商没有相关工艺文件，或者工艺文件有质量、货期问题，应及时提醒供应商修改，并提醒供应商如果不能保质、保量、准时到货，则要按照合同条款进行赔偿。

2）确认原材料的准备

备齐原材料是供应商执行工艺流程的第一步，有经验的订单人员会发现供应商有时说谎，如有可能必须实地考察。

3）跟踪加工过程进展状态

不同物料的加工过程不同，为了保证货期、质量，订单人员需要对加工进行监控。有些物料采购，其加工过程的监工小组要有订单人员参加，如一次性、大开支的项目采购、设备采购和建筑采购等。

4）跟踪组装调试检测过程进展状态

组装调测是产品生产的重要环节，这一环节的完成表明订单人员对货期有一个结论性答案。订单人员需要有较好的专业背景和行业工作经验，否则，即使跟踪也难以达到效果。

5）确认包装入库

此环节是整个跟踪环节的结束点，订单人员可以向供应商了解物料最终完成的包装入库信息。如果有可能，最好去供应商现场考察。

三、采购订单的监控管理

订单监控是采购人员的重要职责，订单监控的目的有三个方面：促进订单合同正常执行、满足企业的物料需求、保持合理的库存水平。在实际订单操作过程中，合同、需求、库存三者之间会产生相互矛盾，突出的表现为：由于各种原因合同难以执行、需求不能满足导致缺料、库存难以控制。采购订单监控过程如图 8-4 所示。

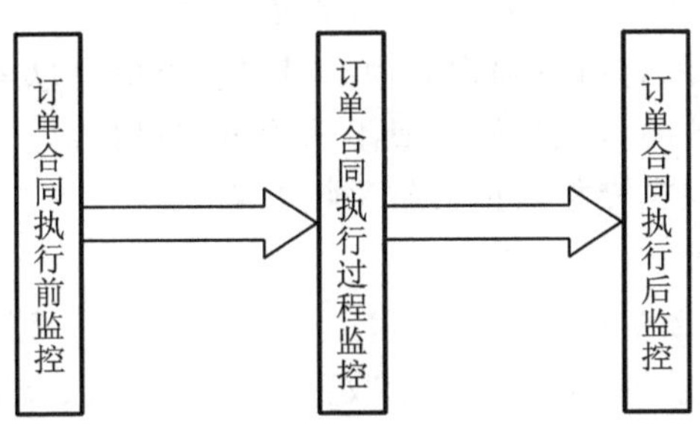

图 8-4　采购订单监控过程图

1. 采购订单执行前监控

当制定完一个订单合同之后，订单人员要及时了解供应商是否接受订单，是否及时签订等情况。

在采购环境里，同一物料往往有几家供应商可供选择，独家供应商的情况很少。尽管每个供应商都有分配比例，但在具体操作时可能会遇到因为各种原因的拒单现象，由于时间变化，供应商可能要提出改变“认证合同条款”，包括价格、质量、货期等。作为订单人员应充分与供应商进行沟通，确定本次物料可供应的供应商，如果供应商按时签返订单合同，则供应商的选择正确；如果供应商确定难以接受订单，可以再采购环境里另外选择其他供应商，必要时要求认证人员协助办理。与供应商正式签订过的订单合同要及时存档，以备后查。

2. 采购订单执行过程监控

与供应商签订的订单合同具有法律效力，订单人员应全力监控，确定需要变更时要征得供应商的同意，不可一意孤行。订单合同监控应把握以下几个事项。

1）紧密监管合同供应商准备物料的详细过程，保证订单正常执行

发现问题要及时反馈，需要中途变更的要立即解决，不可贻误时间。不同种类的物料，其准备也不同，总体上可分为两类：一类是供应商需要按照样品或图纸定制的物料，需要加工过程，周期长、变数多；另一类是供应商有存货，不需要加工过程，周期短。前者监控过程复杂，后者相对比较简单。

2）紧密响应生产需求形势

如果因市场生产需求紧急，要本批物料立即到货，应马上与供应商协商，必要时可帮助供应商解决疑难问题，保证需求物料的准时供应，常把供应商比作企业的战略合作伙伴，这时正是需要伙伴出力的时候。有时市场需求出现滞销，企业经研究决定延缓或取消本次订单物料供应，订单人员也应尽快与供应商进行沟通，确定其可承受的延缓时间，或者终止本次订单操作，给供应商相应的赔款。

3）慎重处理库存控制

库存水平在某种程度上体现了订单人员的水平。既不能让生产缺料，又要保持最低的库存水平，这确实是一项难以对付的问题，订单人员的经验表现在何处，在此一见高低。当然，库存问题还与采购环境的柔性有关，这个方面反映出认证人员的水平，库存问题也与计划人员有关。

4）控制好物料验收环节

物料到达订单规定的交货地点，对国内供应商一般是企业原材料库房，对境外交货是企业国际物流中转中心。境外交货的情况下，供应商在交货前会将到货情况表单传真给订单人员，订单操作者应按照原先所下的订单对到货的物品、批量、单价及总金额进行确认，并进行录入归档，开始办理付款手续。境外的付款条件一般不采用延期付款，与供应商进行一手交钱、一手交货的方式，因此订单人员必须在交货前把付款手续办妥。

3. 采购订单执行后监控

应按合同规定的支付条款对供应商进行付款，并进行监控。订单执行完毕的柔性条件之一是供应商收到本次订单的货款，如果供应商未收到货款，订单人员有责任督促付款人员按照流程规定加快操作，否则会影响企业信誉。

物料在使用过程中，可能会出现问题，偶发性的小问题可由采购人员或现场检验者联系供应商解决，重要问题可由质检人员、认证人员解决。

课后实训

山东食品机械生产公司意向武钢发出以下物料采购订单，物料需求信息见表 8-2。

表 8-2　物料需求信息表

序号	物料号	物料描述	计量单位	采购的基本信息						
				采购数量	要求的交货时间	采购组	质量执行标准	物料的目标使用寿命/天	技术要求
1	A1170302	大型槽钢 220×77×7 Q235b	kg	20 297	2009.08.10	201	GB/T700—1988 GB/T707—1988		
2	A1170801	大型槽钢 32＃a Q235b	kg	3 311	2009.08.10	201	GB/T700—1988 GB/T707—1988		

续表

序号	物料号	物料描述	计量单位	采购的基本信息					
				采购数量	要求的交货时间	采购组	质量执行标准	物料的目标使用寿命/天	技术要求
3	A1320129	热轧碳结圆钢 120mm/45＃	kg	30 000	2009.08.17	201	GB/T699—1999 GB/T702—1986		
4	A1320134	热轧碳结圆钢 170mm/45＃	kg	5 000	2009.08.03	201	GB/T699—1999 GB/T702—1986 GB/T908—1987		

实训要求：

请根据表 8-2 中信息编制采购订单。

任务二　采购质量管理

在采购部，审核组看到《采购部工作手册》中规定采购部质量目标的一个内容是："采购物资合格率 100%。"审核员问采购部经理："采购来的物资能保证都是 100%合格吗？"经理说："凡是不合格的物资我们都退货，所以进库物资可以保证 100%合格。"审核员问："你们对于退货的情况有记录吗？"经理答："没有记录。"

【任务】 请大家讨论：采购部这种做法合理吗？

既然不合格的物资都退货，当然进库的物资应是 100%合格了，这个目标定的意义不大。采购部可以把目标改为：例如"进货物资一次交验合格率 98%"。采购部应该记录供方进货物资的一次交验结果，这实际上也是对供方的一次评价记录，每个月进行汇总分析，以便对供方合格率进行控制，作为对供方质量重新评价的依据。本案例说明了采购部没有制定出一套科学的合理的有关于采购质量管理的方案。因此本任务要解析的是如何进行采购质量管理。

一、采购质量与采购质量管理

1. 采购质量

质量是反映实体（产品、过程或活动等）满足明确或暗含的需要的能力的特征总和。采购质量是指一个组织通过建立采购质量管理保证体系，对供应商提供的产品进行选择、评价、验证，从而确保采购的产品符合规定的质量要求。采购质量的高低由采购品或服务是否达到规定的质量来决定。采购质量对采购活动提出了三个必须要面对和解决的问题:第一,怎样把质量管理的思想运用到采购部门的自身的各项活动中去;第二,怎样与供应商合作,不断改进和提高产品的质量;第三,怎样建立采购质量保证体系。

2. 采购质量管理

采购质量管理是指对采购质量的计划、组织、协调和控制,通过对供应商质量的评估和认证,从而建立采购管理质量保证体系,保证企业物资供应的相关活动的总称。采购质量管理是整个企业管理的组成部分,也是全面质量管理的一个方面,它决定了采购工作的好坏。采购质量管理要做到在适当的时间、在适当的地点、从适当的供应商处购买适当数量的、适当质量的产品,满足生产经营和销售的需要,提高下游客户的满意度,提高服务质量。因此采购质量管理要遵守五个适当的原则:适当的质量、适当的供应商、适当的时间、适当的数量和适当的地点。值得注意的是,“适当”是关键,过度和不足均会对质量产生负面影响,比如产品质量过高会造成功能过剩,造成不必要的成本浪费。产品过于经久耐用,将影响企业后续产品的销售,也不符合人们“喜新厌旧”的消费观。采购质量管理具有重要作用,体现在以下几个方面。

(1) 有利于提高企业产品质量。购买到高质量的原材料,才能生产出优质产品。

(2) 有利于保证企业生产有节奏、持续的进行。因为能在适当的时候,得到适当数量和适当质量的产品,生产就可以有条不紊地、按计划连续进行。

(3) 有利于保证企业产品生产和使用环节的安全。优质原材料和产品的购入,可以保证生产和使用风险降低。

(4) 有利于全面质量管理的成功实施。

(5) 有利于服务下游客户,提高企业声誉,增强企业市场竞争力。

二、采购质量管理的规划方案

采购部门在品质管理方面的作业要点可分为事前规划、事中执行与事后考核三大部分。每个部分的详细内容如表 8-3 所示。

表 8-3 采购品质管理作业要点

事前规划	事中执行	事后考核
• 决定品质标准并开列公平的规格 • 买卖双方确认规格及图样 • 了解供应商的承制能力 • 买卖双方确认验收标准 • 要求供应商实施品管制度(品管认证等级) • 准备核正检验工具或仪器	• 检视供应商是否按照规范施工 • 提供试制品以供品质检测 • 派驻检验员抽查在制品的品质 • 品管措施是否落实	• 解决买卖双方有关品质分歧 • 严格执行验收标准 • 提供品质异常报告 • 要求卖方承担保证责任 • 淘汰不合格供应商

1. 事前规划

在事前规划方面,主要着重于产品规格的制定、供应商的选择和合约控制等。

1) 制定产品规格

就制定规格而言,应同时考虑设计、生产要素、商业及行销四种不同的因素。设计因素的考虑,即尽可能在不改变原设计的情况下,获得符合需求的原物料规格;生产要素的考虑即为配合机器设备的操作要求，选择适当规格的物料；而行销因素的考虑则着重于消费者的接受程度，如环保要求及购买力等；而考虑到商业性采购因素时，采购人员必须进行下列几项调查。

(1) 研究品质的需求状况。

(2) 确定品质需求已经完整且明确地在规格说明有所规定。

(3) 调查供应商合理与相对的成本。

(4) 确定品质是以一般通用的规格写成，让有潜力的供应商也能参与竞争。

(5) 决定合适的品质是否可由现有的供应商来制造。

(6) 确定监督与测试的方法，维护良好的品质水准。

某些原料和成分在这些方面的调查比较容易，但是有些就比较复杂，如新产品的规格。在一些公司中，把品质工程师安排在采购部门中，担任幕僚的工作，协助分析一些复杂的问题。当有技术性的品质问题产生时，品质工程师与采购人员会共同审视产品规格，并将适当的品质需求推荐给产品设计工程师，进行适当的修改。

规格设计有如下一些基本原则可供依循。

(1) 通用原则。一般性物料尽量采用国际性及通用性的规格，其理由如下。

①符合标准化要求，可以保证品质优良。

②假如不使用通用规格，必须特别加工，势必提高成本。

③容易把握资源，后续补充也容易。

(2) 新颖原则。规格设计力求新颖，并以适应新发明的原料及制造方法为原则。

(3) 标准公差原则。

①易于获得。没有合理的公差，厂商多不愿承制。

②可获得较合理的价格。无公差之产品，厂商无交货把握，定会提高报价以避免风险。

③可迅速交货。这是因为有了合理公差，就容易把握制造品质，容易控制时效。

(4) 区分规格原则。主要规格力求清晰和明确；次要规格应具有弹性，避免严苛。这是因为：主要规格，如不明确开列，订得过于简单粗陋，不但失去设定品质标准的意义，而且供应商亦失去其制造的依据，日后交货检验，必生争端；次要规格，避免有不必要的限制，如果指定厂牌，一般厂商无法供应。规格恰当与否是采购成败的关键因素之一，然而制定规格并不容易，因此可以参考一些通用的规格，其采用的顺序如下所述。

国内采购规格选用顺序。一是国家标准，凡有国家标准可用者，原则上不应使用其他规格采购；二是各公会或协会制定的标准，如无国家标准可用时，则可考虑使用国内公会或协会、委员会制定的标准。

国外采购规格选用顺序。一是国际通用规格，凡有国际通用规格可采用者，不得使用其他规格采购；二是美国联邦规格，或其他国家规格且有通用性质者；三是美军军品规格而且为其他国家采用者。

辅助规格之使用及限制。一是厂商设计规格，如买方本身无能力编订规格时，可考虑国内具有工业水准及检验能力的厂商代为设计规格。厂商设计的规格，最好先经过专业人员审订后才能使用。二是以产品性能采购。采购时如无规格可供采用，可以性能作为采购物的要求条件，要求厂商先行提供规格，经选定可用规格后，再要求规格可用的厂商进行比价，决标签约。经选定的厂商规格，决标、签约、交货情形良好者，此种规格可列为日后采购的参考。三是蓝图、照片、说明书。仅能作为规格的补助资料，不能单独用以作为采购的唯一依据。

当品质标准与规格决定之后，应予以书面化，包括“规格说明书”或“规格规范手册”，作为买卖双方签订契约的依据。

2）选择优秀的供应商

采购在品质管理事前规划的另一个重点是供应商的选择。许多公司能够把它们的原料品质问题减至最低，就是因为它们在开始就选择了有能力而且愿意合作的供应商，因此品质水准得以维持并得到提升。

3）合约控制

企业与供应商之间通过合约控制来保证产品质量符合要求，合约控制的主要内容如表8-4所示。

表8-4　合约控制的主要内容

协议名称	目　　的	具体内容
质量保证协议	明确规定供应商应负的质量保证责任	• 信任供应商的质量体系 • 随发运的货物提交规定的检验/试验数据及过程控制记录 • 由供应商进行100%的检验/试验 • 由供应商进行批次接收抽样检验/试验 • 实施本企业规定的正式质量体系 • 由本企业或第三方对供应商的质量体系进行定期评价 • 内部接收检验或筛选
验证方法协议	与供应商就验证方法达成明确的协议，以验证产品是否符合要求	• 规定检验项目 • 检验条件 • 检验规程 • 抽样方法 • 抽样数据 • 合格品判断标准 • 供需双方需交换的检测资料 • 验证地点
解决争端协议	解决供应商和本企业之间的质量争端，就常规问题和非常规问题的处理做出决定	• 常规问题，即不符合产品技术标准的一般性质问题 • 非常规问题，即产品技术标准范围之外的质量问题或成批不合格或安全特征不合格等 • 制定疏通本企业和供应商之间处理质量事宜时的联系渠道和措施等

2. 品质管理的执行

品质检验不只是生产与品质管理部门的责任，采购部门也必须恪尽职守，不仅要检验供应商是否按照规范施工，还要派驻检验员抽查供应商在制品的品质，并提供试制品以供品质检测，以及检视供应商的品质管理措施是否落实，确保采购原物料的品质没有异常状况。

采购部门对执行品质管理必须有所依循，这也就是与供应商签订合作契约中的主要部分。在契约书中必须提到“品质保证协定”，这份协定主要是买卖双方为确保交货物品的品质，相互规定必须实施的事项，并根据这些事项，执行品质检验、维持与改善，对于双方的生产效率与利润均有助益。

在品质保证协定中，首先把品质规格的内容说明清楚，包括有关材料、零部件的标准规格，完成图面、工作图面，品质规格检验标准与方法及其他特殊需求的规格。其次，双方必须成立能充分实施品质管制的组织，在采购、制造、检验、包装、交货等作业，建立彼此相关的标准作业程序，以便双方能按照作业标准来完成合作事宜。对供应商的品质检验作业中，应包括下列三个阶段。

1）进料检验

供应商为了提供买方所需物品，其外购的材料、零件必须实施验收；当买方想了解进货的品质时，应提供相关资讯，也就是买方应追踪供应商购料的品质，以确保物品的品质水准。

2）制造过程中的品质管制

买方对于供应商加工及设备的保养，标准化作业的实行及其他必要的项目实施检查，防止制造过程中发生不良产品。也就是要派驻厂检验员抽查在制品的品质及检视供应商是否按照规范施工。

3）制成品出货的品质管制

采购部门在供应商进行大量生产以前，可以要求供应商提供试制品供工程人员进行品质检测，供应商在制成品出货时，必须按照双方谈好的标准实施出货检验，并且要附上相关资料（如制造厂商的试验检查表），让品质管制做到环环相扣。

一般而言，采购部门对于供应商运送来的物料，会先进行检验才可以入库。然而，若事先对供应商的品质管制做得相当彻底，就可以省略此步骤而直接入库，以便节省部分的人力与检验成本。当然，这种做法是建立于彼此对品质管理都非常严谨，而且合作无间的基础上的。目前盛行的全面品质管理就是试图要达到这样的地步。

大部分的采购部门对于进货的物品仍实施检验，在进货检验中，有以下几项重点：①制定抽样的标准和程序，作为双方配合的依据；②根据检验标准、规格、图面，针对供应商交货的物品进行检验、比对，以决定合格、退回修改或退回废弃；③在检验时，发现有不合格的地方，应要求供应商迅速调查原因，并报告处理对策。

3. *品质管理的考核*

采购部门对于供应商品质管理的考核，在于严格执行验收标准，并提供品质异常报告，要求供应商承担保证，设法解决买卖双方有关品质歧见的问题，考核的结果可作为淘汰不合格供应商的依据。因此，买卖双方在签订合作契约之前，要保持正确的品质管理信念，并了解彼此的要求，共同研发相关的规范，避免日后有品质方面的歧见。下列 10 项品质管理则是买卖双方在制定品质保证协定时应该要遵守的重要准绳。

（1）买方和卖方具有相互了解对方的品质管理体制，并协力实施品质管理的责任。

（2）买方和卖方务必互相尊重对方的自主性（双方对等、相互尊重）。

（3）买方有责任提供给卖方有关产品的充分资讯。

（4）买方和卖方在交易开始时，对于有关质、量、价格、交货期、付款条件等事项，须订合理的契约。

（5）卖方有责任保证产品是买方使用上可满足的品质，必要时有责任提供必要的客观资料。

（6）买方和卖方在订契约时，务必订定双方接受的评价方法。

（7）买方和卖方对于双方之间的各种争议解决方法及程序，务必于订约时订定。

（8）买方和卖方应相互站在对方的立场，交换双方实施品质管理所必要的资讯。

(9) 买方和卖方，为了双方的关系能够更圆满顺利，对于订购作业、生产管制、存货计划等，应经常做妥善管理。

(10) 买方和卖方在交易时，都应充分考虑最终消费者的利益。

买卖双方根据上述品质管理的原则建立彼此认同的品质规范，并依据这项协定做日后的考核与评价。考核的重点依产品的不同而不同，但是大都是以不良品率或不良品数作为计算品质绩效的基础。此外，处理品质问题的态度与解决的时效、品质提升计划的配合及执行成效也都是考核的重点。

每次进货的检验结果应该于月底编制“品质月报表”并提供品质异常报告，作为供应商奖惩的依据。

品质考核的目的在于通过对供应商的奖惩，期望品质能日益精良。对于绩效优的厂商给予荣誉奖牌，提前付款、订购量提高，以及当有新产品开发时，列入优先考虑的合作对象；对于绩效差的厂商则降低订购量、加强辅导、扣款、降低使用量，甚至淘汰。

课后实训

××公司进料验收管理办法(案例)

第一条　本公司对物料的验收以及入库均依本办法作业。

第二条　待收料

物料管理收料人员于接到采购部门转来已核准的“采购单”时，按供应商、物料类别及交货日期分别依序排列存档，并于交货前安排存放的库位以方便收料作业。

第三条　收料

1. 内购收料

(1) 材料进厂后，收料人员必须依“采购单”的内容，并核对供应商送来的物料名称、规格、数量和送货单及发票并清查数量无误后，将到货日期及实收数量填记于“请购单”，办理收料。

(2) 如发觉所送来的材料与“采购单”上所核准的内容不符时，应即时通知采购部门处理，并通知主管，原则上非“采购单”上所核准的材料不予接受，如采购部门要收下该等材料时，收料人员应告知主管，并于单据上注明实际收料状况，并会签采购部门。

2. 外购收料

(1) 材料进厂后，物料管理收料人员即会同检验单位依“装箱单”及“采购单”开柜(箱)核对材料名称、规格并清点数量，并将到货日期及实收数量填于“采购单”。

(2) 开柜(箱)后，如发觉所载的材料与“装箱单”或“采购单”所记载的内容不同时，通知办理进口人员及采购部门处理。

(3) 当发觉所装载的物料有倾覆、破损、变质、受潮等异常时，经初步计算损失将超过 5 000 元以上者(含)，收料人员即时通知采购人员联络公证处前来公证或通知代理商前来处理，并尽可能维持其状态以利公证作业，如未超过 5 000 元者，则依实际的数量办理收料，并于“采购单”上注明损失数量及情况。

(4) 对于由公证或代理商确认、物料管理收料人员开立“索赔处理单”，呈主管核实后，送会计部门及采购部门督促办理。

第四条　材料待验

进厂待验的材料，必须于物品的外包装上贴材料标签并详细注明料号、品名规格、数量及入厂日期，且与已检验者分开储存，并规划“待验区”以示区分。收料后，收料人员应将每日所收料品汇总填入“进货日报表”以作为入账清单的依据。

第五条 超交处理

交货数量超过“订购量”部分应予退回，但属买卖惯例，以重量或长度计算的材料，其超交量的3%(含)以下，由物料管理部门于收料时，在备注栏注明超交数量，经请购部门主管(含科长)同意后，始得收料，并通知采购人员。

第六条 短交处理

交货数量未达订购数量时，以补足为原则，但经请购部门主管(科长含)同意者，可免补交，短交如需补足时，物料管理部门应通知采购部门联络供应商处理。

第七条 急用品收料

紧急材料于厂商交货时，若物料管理部门尚未收到“请购单”时，收料人员应先洽询采购部门，确认无误后，始得依收料作业办理。

第八条 材料验收规范

为利于材料检验收料的作业，质量管理部门就材料重要性及特性等，适时召集使用部门及其他有关部门，依所需的材料质量研订“材料验收规范”，呈总经理核准后公布实施，作为采购及验收的依据。

第九条 材料检验结果的处理

1. 检验合格的材料

检验人员于外包装上贴合格标签，以示区别，物料管理人员再将合格品入库定位。

2. 不合格验收标准的材料

检验人员于物品包装贴不合格的标签，并于“材料检验报告表”上注明不良原因，经主管核示处理对策并转采购部门处理及通知请购单位，再送回物料管理凭此以办理退货，如果是特殊采购则办理收料。

第十条 退货作业

对于检验不合格的材料退货时，应开立“材料交运单”并检附有关的“材料检验报告表”呈主管签认后，凭此异常材料出厂。

第十一条 实施修正

本办法呈总经理核准后实施，修订时亦同。

实训要求：

结合上述案例，在实训模拟物料验收，注意验收过程中发现的问题，并提出解决的措施，完成实训报告。

任务三 采购结算

假如你在淘宝网购买了一个MP4，请大家相互讨论一下，请问有哪些付款方式可以完成付

款？假如你购买了一辆汽车，请大家再讨论一下，一般会采用什么付款方式？

在淘宝网购物，大家都比较熟悉，可能很多同学也曾在淘宝网上买过东西，付款方式可以有以下几种：①送货上门时付现金；②信用卡付款；③邮政汇款；④支付宝转账等。因为汽车价格比较高，付款金额大，多采用银行分期付款的方式进行付款。以上分析的这些采购行为是大家比较熟悉的个人采购行为，付款方式简单。但是企业采购不但采购量大，采购市场范围宽，而且采购环节多，因此货款支付就变得复杂得多。那究竟企业采购如何完成结算，就是本任务要解析的重点。

一、结算的方式

结算是货币结算或者说货币清算的简称。它是指国民经济各部门、各企业、事业单位、机关、团体、部队和其他单位，以及个人之间在进行商品交易、劳务供应、信贷存放、资金调拨等经济活动过程中产生的货币收付行为。结算可以从不同的角度进行不同的分类。

1. 结算按照其是否使用现金，可以分为现金结算和转账结算

现金结算是指利用现钞进行的货币收付行为，转账结算是不使用现钞，而是通过银行或非银行金融机构将款项由付款人账户转到收款人账户的货币收付行为。

2. 结算按其是否通过银行来办理，分为银行结算和非银行结算

所谓银行结算是指通过银行来办理的结算业务，它包括通过银行办理的现金结算和通过银行办理的转账结算；非银行结算是指不通过银行来办理的结算，包括现金结算和通过非银行金融机构办理的转账结算。

3. 结算按照收款人和付款人是否在同一城镇或同一规定区域，分为同城结算和异地结算

同城结算是指处于同一城镇或同一地区的收款人和付款人之间的货币收付行为；异地结算是指处于不同城镇或不同地区的收款人和付款人之间的货币收付行为。

二、现金结算与转账结算(票据结算)

1. 现金结算

所谓现金结算是指收款人和付款人之间使用现实的货币，即用现钞来进行的货币收付行为。现金结算主要有两种渠道：一种是付款人直接将现金支付给收款人，不通过银行等中介机构；另一种是付款人委托银行和非银行金融机构或非金融机构(如邮局)将现金支付给收款人。和转账结算相比，现金结算具有如下一些特点。

1）直接和便利

在现金结算方式下，买卖双方一手交钱，一手交货，当面钱货两清，无需通过中介，因而对买卖双方来说是最为直接和便利的，广泛地被社会大众所接受。

2）不安全性

由于现金使用极为广泛和便利，因而成为不法分子觊觎的最主要目标，很容易被偷盗、贪

污、挪用。在现实经济生活中，绝大多数的经济犯罪活动都和现金有关。此外，现金还容易因火灾、虫蛀、鼠咬等发生损失。

3）不易宏观控制和管理

由于现金结算大部分不通过银行进行，因而使国家很难对其进行控制。过多的现金结算会使流通中的现钞过多，从而容易造成通货膨胀，增大对物价的压力。

4）费用较高

使用现金结算各单位虽然可以减少银行的手续费用，但其清点、运送、保管的费用很大。对于整个国家来说，过多的现金结算会增大整个国家印制、保管、运送现金和回收废旧现钞等工作的费用和损失，浪费人力、物力和财力。因此国家实行现金管理，限制现金结算的范围。

2．转账结算（票据结算）

转账结算，是指不使用现金，通过银行将款项从付款单位（或个人）的银行账户直接划转到收款单位（或个人）的银行账户的货币资金结算方式。这里的"账"，指的是各单位在银行开定的存款账户。银行接受客户委托代收代付，即从付款单位存款账户划出款项，转入收款单位存款账户，以此完成经济单位之间债权债务的清算或资金的调拨。由于转账结算不动用现金，所以又称为非现金结算或划拨清算。转账结算方式是货币收付的程序和方法，即办理结算业务的具体组织形式。转账结算方式的主要内容包括：货款、费用收付或资金周转调拨的时间、地点和条件；票据、结算凭证的格式及其操作程序。我国目前的结算以汇票、支票、本票为主体，增强了结算方式的通用性、灵活性、安全性。

1）汇票

汇票是出票人签发的，委托付款人在见票时或在指定日期无条件支付确定的金额给收款人或者持票人的票据。汇票是一种无条件支付的委托，有三个当事人：出票人、付款人和收款人。

2）支票

支票是以银行为付款人的即期汇票，可以看做汇票的特例。是出票人签发的，委托办理支票存款业务的银行或者其他金融机构在见票时无条件支付确定的金额给收款人或持票人的票据。支票出票人的资格是银行存款户，签发的支票金额不得超出其在付款人处的存款金额，如果存款低于支票金额，银行将拒付。

3）本票

本票是由出票人签发的，承诺自己在见票时无条件支付确定的金额给收款人或持票人的票据。本票是一种无条件支付承诺，基本当事人仅两个，出票人等同于付款人。

3．汇票、支票、本票的联系与区别

1）具有相同的票据功能

（1）汇兑功能。凭借票据的这一功能，解决两地之间现金支付在空间上的障碍。

（2）信用功能。票据的使用可以解决现金支付在时间上的障碍。票据本身不是商品，它是建立在信用基础上的书面支付凭证。

（3）支付功能。票据的使用可以解决现金支付在手续上的麻烦。票据通过背书可作为多次转让，在市场上成为一种流通、支付工具，减少现金的使用。而且由于票据交换制度的发展，票据可以通过票据交换中心集中清算，简化结算手续，加速资金周转，提高社会资金使用效益。

2）不同点

（1）本票是承诺（约定本人付款）证券；汇票是委托（委托他人付款）证券；支票是委托支付

证券，但受托人只限于银行或其他法定金融机构。

(2) 我国的票据在使用区域上有区别。本票只用于同城范围的商品交易和劳务供应以及其他款项的结算；支票可用于同城或票据交换地区；汇票在同城和异地都可以使用。

(3) 付款期限不同。本票付款期为1个月，逾期兑付银行不予受理。我国汇票必须承兑，因此，承兑到期，持票人方能兑付。商业承兑汇票到期日付款人账户不足支付时、其开户银行应将商业承兑汇票退给收款人或被背书人，由其自行处理。银行承兑汇票到期日付款，但承兑到期日已过持票人没有要求兑付的如何处理，《银行结算办法》没有规定，各专业银行都自行作了一些补充规定。如中国工商银行规定超过承兑期日1个月持票人没有要求兑付的，承兑失效。支票付款期为5天(背书转让地区的转账支票付款期10天。从签发的次日算起，到期日遇惯例假日顺延)。

(4) 汇票和支票有三个基本当事人，即出票人、付款人、收款人；而本票只有出票人(付款人和出票人为同一个人)和收款人两个基本当事人。

(5) 支票的出票人与付款人之间必须先有资金关系，才能签发支票；汇票的出票人与付款人之间不必先有资金关系；本票的出票人与付款人为同一个人，不存在所谓的资金关系。

(6) 支票和本票的主债务人是出票人，而汇票的主债务人，在承兑前是出票人，在承兑后是承兑人。

(7) 远期汇票需要承兑，支票一般为即期无需承兑，本票也无需承兑。

(8) 汇票的出票人担保承兑付款，若另有承兑人，由承兑人担保付款；支票出票人担保支票付款；本票的出票人自负付款责任。

(9) 支票、本票持有人只对出票人有追索权，而汇票持有人在票据的有效期内，对出票人、背书人、承兑人都有追索权。

(10) 汇票有复本，而本票、支票则没有。

三、采购付款操作流程

(1) 物管部根据库管部递交的收货清单、结算单与订货合同、应付账款核对无误后，同意制订结算计划。结算计划有物管部负责人与往来会计根据订购合同的时间要求、供方的重要性、采购物资的时间、公司现有资金情况等制订，结算计划经物管部经理复核后报物管总监审批。

(2) 物管部根据结算计划按资金使用申请借款，结算部负责人对照总经理批准后的《资金计划》借出款项。借款只能用于支付货款，不得挪为他用。

(3) 支付货款时，结算部一般应采用银行划账的方法支付，采购员必须在付款后五日内向收款单位索要发票等有关票据或证明文件。如确实需要直接交付支票的，收款方应带正式发票(或收据、结算单等原始凭证)到结算部办理借款手续。

(4) 在向供方支付货款时，经办人、结算部应对照合同、收货清单等仔细复核，并同预付货款及应收账款等全部债权一起清理结算，防止重复付款。

课后实训

(1) 采购结算主要有哪些方式？常用的采购结算方式是什么？

(2) 调查一家采购企业的付款流程，请说明该企业的付款流程是否科学严密，如果要改进，应如何改进，并为其提出新的采购付款流程。

学习情境九

采购绩效评估

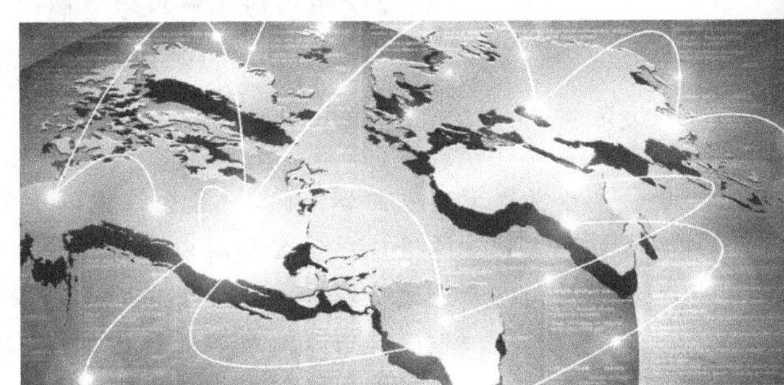

WULIU
CAIGOU
GUANLISHIWU

(1) 了解采购绩效和采购绩效评估的概念。
(2) 掌握采购绩效评估的指标体系及评估方法。
(3) 掌握供应商绩效评价指标体系。
(4) 掌握采购员绩效评价指标体系。

能力目标

(1) 能够对企业采购绩效进行评估及制定采购绩效评估指标。
(2) 能够制定供应商绩效评估指标及管理方案。
(3) 能够对采购员绩效做出中肯的评价。

企业在考察采购环节时，一般会注意以下问题：是否存在不按照采购计划规定的采购数量盲目地大批量购进造成资金积压以及储存费用增加？采购人员是否对市场价格未作调查、不了解市场价格而使进价增加？不少公司对于采购订单无法进行控制，当财务人员能够对库存的数量、单价及金额进行统计时，采购业务已完成，变成了事后统计与监督，对于企业采购计划的控制较薄弱。

一汽大众采用 SAP 公司的 ERP(企业资源计划)系统后，在采购上根据主生产计划和物料清单对库存量进行查对，由计算机快速计算出所缺物料的品种、数量和进货时间，将采购进货下达到各个厂。然后由采购人员从系统中查看各供应商的历史信息，根据其价格、供货质量、服务等指标来选择供应商。这既能准确、高质量地实现物料采购，又大大缩短了采购周期。

结合上述案例，请思考：

(1) 企业为什么要进行采购绩效考核？采购绩效考核应该考核一些什么内容？

(2) 企业应该如何建立一套完整的采购绩效考核评估方案？

任务一　采购绩效评估

在传统制造业中，采购成本一般占产品总成本的 50%～70%，随着供应链的发展和外包的深入，这一比重还将上升。采购环节的管理，已成为企业降低成本、提升运营效益的关键因素。

【任务】 请大家讨论，企业如何判断采购部门的工作绩效、工作效率及效益。

如今很多企业面临原材料成本上升、市场竞争加剧、利润空间下滑的重重压力，在这种情况

下尤其应该重视采购管理环节，特别应该加强对采购绩效的评估工作。企业采购工作是否达到了预期的目标，或者说创造了更大的效益，是要经过考核评估之后才能下结论的。采购绩效评估的作用在于降低采购运作成本和材料的采购价格，减少废品数量，产生更优的决策。采购绩效评估就是要建立一套科学的评估指标体系。本任务主要对这一内容进行了详细解析。

一、采购绩效的构成

采购行为所产生效果和效率的综合程度就是采购绩效。

所谓采购效果，是指通过特定的活动，实现预先确定的目标和标准额的程度。它与采购业务的目标有关，即从合适的地方采购最好的价格、最便宜的材料并以最优质的服务及时地运送到最佳的地点。因此可以从三个方面来测评采购效果，即采购物料的价格、成本方面、采购物流(进货)方面。

所谓采购效率，是为了实现预先确定的目标，计划耗费和实际耗费之间的关系。它与实现预期目标所需要的资源以及实现这一目标的相关活动有关，例如计划成本与实际成本之间的关系，从而必然涉及采购业务的组织和管理。因此可以从采购组织的管理制度、人员、信息沟通体系方面来测评。

图 9-1 提供了采购绩效在四个方面的测评范围和由此所包含的基本内容、相应的指标体系的选取，这与管理人员如何看待采购业务的重要性及采购职能在组织结构中的地位有很大关系。

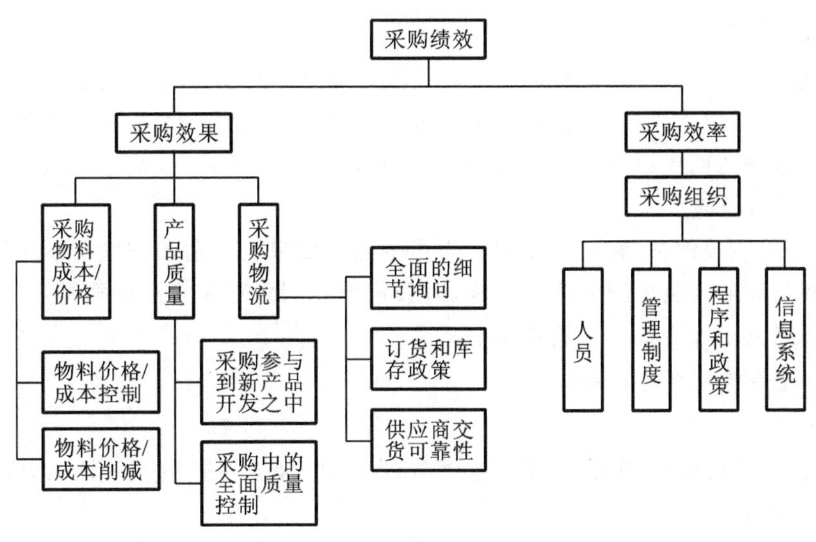

图 9-1　采购绩效的构成

二、采购绩效评估

1. 采购绩效评估的目的

许多企业与机构，到现在仍然把采购人员看作“行政人员”，对他们的工作绩效还是以“工作品质""工作能力""工作知识""工作量""合作""勤勉"等一般性的项目来考核,使采购人员的专业功能与绩效,未受到应有的尊重与公正的评量。实际上,若能对采购工作做好绩效评估,通常可以达到下列几个目的。

1）确保采购目标的实现

各企业的采购目标互有不同。例如,政府采购的采购单位偏重"防弊",采购作业以"如期"、"如质"、"如量"为目标;而民营企业的采购单位则注重"兴利",采购工作除了维持正常的产销活动外,非常注重产销成本的降低。因此,各企业可以针对采购单位所应追求的主要目标加以评估,并督促它的实现。

2）提供改进绩效的依据

绩效评估制度,可以提供客观的标准,来衡量采购目标是否达成,也可以确定采购部门目前的工作表现如何。正确的绩效评估,有助于指出采购作业的缺失所在,而据以拟订改善措施,而达到"检讨过去、策励将来"之效。

3）作为个人或部门奖惩的参考

良好的绩效评估方法,能将采购部门的绩效,独立于其他部门而凸显出来,并反映采购人员的个人表现,作为各种人事考核的参考资料。依据客观的绩效评估,达成公正的奖惩,可以激励采购人员不断前进,发挥团队合作精神,使整个部门发挥合作效能。

4）协助甄选人员与训练

根据绩效评估结果,可针对现有采购人员的工作能力缺陷,拟订改进的计划,例如安排参加专业性的教育训练;若发现整个部门缺乏某种特殊人才,则可另行由公司内部甄选或向外界招募,例如成本分析员或机械制图人员等。

5）促进部门关系

采购部门的绩效,受其他部门配合与否的影响非常大。故采购部门的职责是否明确,表单、流程是否简单、合理,付款条件及交货方式是否符合公司的管理制度,各部门之目标是否一致等,均可透过绩效评估而予以判定,并可以改善部门间的合作关系,提高企业整体的运作效率。

6）提高人员的士气

有效且公平的绩效评估制度,将使采购人员的努力成果获得适当回馈与认定。采购人员通过绩效评估,将与业务人员或财务人员一样,对公司的利润贡献有客观的衡量尺度,成为受到肯定的工作伙伴,对其士气之提升大有帮助。

2. 采购绩效评估制度的要求

1）公开化

企业应以公正无私的立场,来制定采购绩效评估制度,绝不能使绩效评估制度成为采购部门本位主义的产物。

2）必须切实符合企业的特性

必须带有企业个性色彩,切实符合企业特性。评估制度不是摆设,在制定前要对企业的业务运营进行深入调查,使采购绩效评估制度能和企业实际结合起来,从而发挥最大效用。

3）评估的目的必须明确化

评估的目的是引导员工行为的指南,明确的目的能使员工加深对制度的理解,保障企业利益最大化。

3. 采购绩效评估的标准

有了绩效评估的指标之后，必须考虑依据何种标准，作为与目前实际绩效比较的基础。一般常见的标准如下。

1）历史绩效

选择公司以往的绩效，作为评估目前绩效的基础，是相当正确、有效的做法。但只有在公司采购部门的组织、职责或人员等都没有重大变动的情况下，才适合使用此项标准。

2）预算或标准绩效

若过去的绩效难以取得或采购业务变化甚大，则可以用预算或标准绩效作为衡量基础。标准绩效的设定有下列三种原则：第一，固定的标准，评估的标准一旦建立，则不再做改动；第二，理想的标准，指在完美的工作条件下，应有的绩效；第三，可达成的标准，即在现实情况下，应该可以做到的水平，常依据当前的绩效加以考量设定。

3）同业平均绩效

若企业与其他同业公司在采购组织、职责及人员等方面相似，则可与其进行绩效比较，以辨别彼此在采购工作成效上的优势。若个别公司的绩效资料不可得，则可以和整个同业绩效的平均水准来比较。

4）目标绩效

预算或标准绩效代表在现况下，“应该”可以达成的工作绩效；而目标绩效则是在现况下，需经过一番特别的努力，否则无法完成的较高境界。目标绩效代表公司管理当局对工作人员追求最佳绩效的“期望值”。

4. 采购绩效考核与评估的指标体系

采购人员在其工作职责上，必须达成适时、适量、适质、适价及适地等基本任务，因此，其绩效评估应以此“五适”为中心，并以数量化的指标作为衡量绩效的尺度。

1）质量绩效指标

质量绩效指标指供应商的质量水平及供应商所提供的产品或服务的质量表现，它包括供应商质量体系、物料质量水平等方面，可通过验收记录及生产记录来判断。

2）数量绩效指标

数量绩效指标包括存储费用指标：现有存货利息及保管费用与正常水准存货利息及保管费用的差额；呆料、废料处理损失指标：处理呆料、废料的收入与其取得成本的差额。存货积压越多，利息及保管的费用越大。呆料、废料处理的损失越高，显示采购人员的数量绩效越差。不过此项数量绩效，有时受到公司营业状况、物料管理制度、生产技术变更或投机采购的影响，故并不一定完全归咎采购人员。

3）时间绩效指标

这项指标主要是用以衡量采购人员处理订单的效率。延迟交货固然可能形成缺货现象，但是提早交货也可能导致买方负担不必要的存货成本或提前付款的利息费用。例如，紧急采购费用指标：紧急运输方式（如空运）的费用与正常运输方式的差额。停工断料损失指标：停工期间造成作业人员薪资损失、顾客订单损失，作业人员离职，以及恢复正常作业机器必须做的各项调整等。紧急采购会使得购入的价格偏高，品质欠佳，连带也会产生赶工时间，导致必须支付额外的加班费用。这些费用与损失，通常都未加以估算在此项绩效指标内。

4）价格绩效指标

价格绩效是企业最重视及最常见的衡量指标。通过价格指标，可以衡量采购人员议价能力。例如，年采购额：包括生产性原材料与零部件采购总额、非生产性采购总额（设备、备件、生产辅料、软件、服务等）、原材料采购总额占产品总成本的比例等；采购价格：包括各种各类原材料的年度基价、所有原材料的年平均采购基价、各原材料的目标价格、所有原材料的年平均目标价格等；付款方式，平均付款周期，目标付款期等。

5）采购效率指标

采购效率指标主要用来衡量采购人员的工作效率，具体有采购金额、采购金额占销货收入的百分比、采购完成率、错误采购次数、订单处理的时间等。指标完成率＝本月累计完成件数/本月累计请购次数。完成件数有两种计算标准：第一种标准是由采购人员签发订购单时即算；另一种标准则必须等供应商交货验收完成才算。

5. 采购绩效考核与评估方式

可以定期或不定期对采购人员进行工作绩效考核和评估。

（1）定期绩效考核与评估，一般以目标管理的方式进行，即从各种绩效指标当中，选择年度重要性比较高的项目定为考核目标，年终按目标实际达成程度加以考核，则必能提升个人或部门的采购绩效。使用这种方法主要是以工作业绩为考核重点，比较客观公正。但应避免人们特意追求考核目标的提高，而忽略其他方面，因此，要求目标的选择要高一些。

（2）不定期绩效考核与评估，一般以特定项目方式进行，适用于新产品开发计划、资本降低专项方案等，例如企业要求某项特定产品的采购成本要低于某一比例。

三、应用案例：采购绩效评估办法

下面列举一个实际案例，用以说明采购绩效评估的管理制度，供参考。

某公司采购绩效管理办法

一、总则

（一）制定目的

为提高采购人员的士气，提升各项采购绩效，特制定本办法。

（二）适用范围

本公司采购人员的绩效评估，依本办法办理。

（三）权责单位

（1）总经理负责本办法制定、修改、废止的起草工作。

（2）总经理负责本办法制定、修改、废止的核准。

二、采购绩效评估办法

（一）采购绩效评估的目的

本公司制定采购绩效评估的目的，包括以下几项。

（1）确保采购目标的达成。

（2）提供改进绩效的依据。

（3）作为个人或部门的奖惩参考之一。

（4）作为升迁、培训的参考。

（5）提高采购人员的士气。

（二）采购绩效评估的指标

采购人员绩效评估应以“五适”为核心，即适时、适质、适量、适价、适地，并用量化指标作为考核的尺度。

1. 时间绩效

由以下指标考核时间绩效。

(1) 停工断料影响工时。

(2) 紧急采购(如空运)的费用差额。

2. 品质绩效

由以下指标考核品质绩效。

(1) 进料品质合格率。

(2) 物料使用的不良率或退货率。

3. 数量绩效

由以下指标考核数量绩效。

(1) 呆滞物料金额。

(2) 呆料处理损失金额。

(3) 库存金额。

(4) 库存周转率。

4. 价格绩效

由以下指标考核价格绩效。

(1) 实际价格与标准成本的差额。

(2) 实际价格与过去移动平均价格的差额。

(3) 使用时的价格和采购时的价格的差额。

(4) 将当期采购价格与基期采购价格比率同当期物价指数与基期物价指数的比率相互比较。

5. 效率指标

其他采购绩效评估指标有以下几方面。

(1) 采购金额。

(2) 采购金额占销货收入的百分比。

(3) 采购部门的费用。

(4) 新开发供应商的数量。

(5) 采购完成率。

(6) 错误采购次数。

(7) 订单处理的时间。

(8) 其他指标。

（三）采购绩效评估的方式

本公司采购人员的绩效评估方式，采用目标管理与工作表现考核相结合的方式进行。

1. 绩效评估说明

(1) 目标管理考核占采购人员绩效评估的70％。

(2) 公司的人事(工作表现)考核占绩效评估的30％。

(3) 两次考核的总和即为采购人员的绩效，即

绩效分数＝目标管理考核×70％＋工作表现考核×30％

2. 目标管理考核规定

(1) 每年 12 月，公司制定年度目标与预算。

(2) 采购根据公司营业目标与预算，提出本部门次年度的工作目标。

(3) 采购部各级人员根据部门工作目标，制定个人次年度的工作目标。

(4) 采购部个人次年度的工作目标经采购部主管审核后，报人事部门存档。

(5) 采购依“目标管理卡”逐月对采购人员进行绩效评估。

(6) “目标管理卡”依个人自填、主管审核的方式进行。

3. 工作表现考核规定

(1) 依公司有关绩效考核的方式进行，参照《员工绩效考核管理办法》。

(2) 工作表现考核由直属主管每月对下属进行考核，并报上一级主管核准。

4. 绩效评估奖惩规定

(1) 依公司有关绩效奖惩管理规定给付绩效资金。

(2) 年度考核分数 80 分以上的人员，次年度可晋升一至三级工资，视公司整体工资制度规划而定。

(3) 拟晋升职务等级的采购人员，其年度考核分数应高于 85 分。

(4) 年度考核分数低于 60 分者，应调离采购岗位。

(5) 年度考核分数在 60～80 分之间者，应加强职位训练，以提升工作绩效。

课后实训

结合本任务中的案例，为你熟悉的采购企业制定采购绩效管理制度，其中要详细制定采购绩效评价指标。

任务二　供应商绩效评估

任务引入

随着经济的发展，全球化的推进，企业的竞争也日趋激烈。决定企业竞争实力的也不仅限于企业本身，其供应商群在其中扮演了很重要的角色。那么我们如何来甄别合格供应商，将其发展成优秀供应商，同时淘汰不合格供应商，最终提升供应商群的整体水平，以此增强企业的综合竞争力，使企业在纷繁复杂的商业社会中立于不败之地。

【任务】 请大家讨论这一问题的解决方法。

任务分析

对于上述问题，可以通过构建完善的供应商考核评估体系来解决。通过一系列指标对供应商进行全面科学的考核和评价，得出供应商企业的综合水平，这样就可以对供应商进行等级划

分，从而挑选出优秀供应商。实施供应商绩效管理，能够激励供应商不断地改进供应水平，从而最终提升供应商群的整体水平。本任务就是解析了如何对供应商进行绩效评估。

一、供应商绩效评估概述

供应商绩效评估是对现有供应商的日常表现进行定期监控和考核。传统上，虽然我们一直在进行供应商的考核工作，但是一般都只是对重要供应商的来货质量进行定期检查，而没有一整套的规范和程序。随着采购管理在企业中的地位越来越重要，供应商的管理水平也在不断上升，原有的考核方法已不再适应企业管理的需要。

1. 供应商绩效评估的目的

供应商绩效管理的主要目的是确保供应商供应的质量，同时在供应商之间进行比较，以便继续同优秀的供应商进行合作，而淘汰绩效差的供应商。供应商的绩效管理同时也是了解供应商存在的不足之处，将不足之处反馈给供应商，可以促进供应商改善其业绩，为日后更好地完成供应活动打下良好的基础。

2. 供应商绩效评估的基本原则

(1) 供应商绩效管理必须持续进行，要定期地检查目标达成的程度。当供应商知道会定期地被评估时，自然就会致力于改善自身的绩效，从而提高供应质量。

(2) 要从供应商和企业自身各自的整体运作方面来进行评估已确立整体的目标。

(3) 供应商的绩效总会受到各种外来因素的影响，因此对供应商的绩效进行评估时，要考虑到外在因素带来的影响，不能仅仅衡量绩效。

3. 供应商绩效评估的范围

不同的单位针对供应商表现的考评要求不同，相应的考评指标也就不一样，最简单的做法是仅衡量供应商的交货质量。成熟一些的除考核质量外，也跟踪供应商的交货表现；较先进的系统则进一步扩展到供应商的支持与服务、供应商参与本公司产品开发等表现，也就是由考评订单、交单实现过程延伸到产品开发过程。

世界先进水平的厂家则会做到以下几点。

(1) 考评所有的供应商，并且文件规定好考评什么、何时考评、怎样考评、由谁考评。

(2) 事先确定好考评指标，并通过信息系统自动计算考评结果。

(3) 考评指标明确、合理，与公司的大目标保持一致。

(4) 考评指标具体，考评准则体现跨功能精神。

(5) 考评表现反馈给供应商，并通报到公司内部相关人员。

(6) 组织供应商会议跟踪相应的改善行动。

(7) 设定明确的改进目标。

4. 供应商绩效评估的准备工作

要实施供应商考评，就必须制定一个供应商考评办法或工作程序，以便有关部门或人员以文件实施。实施过程中要对供应商的表现(如质量、交货、服务等)进行监测记录，为考评提供量化依据。考评前还要选定被考评的供应商，将考评做法、标准及要求同相应的供应商进行充分沟通，并在本公司内对参与考评的部门或人员做好沟通协调。供应商考评工作常由采购人员牵头组织，品质、企划等人员共同参与。

二、供应商的绩效评估指标体系

为了科学、客观地反映供应商供应活动的运作情况，应该建立与之相适应的供应商绩效考核指标体系。在制定考核指标体系时，应该突出重点，对关键指标进行重点分析，尽可能地采用实时分析与考核的方法，要把绩效度量范围扩大到能反映供应活动时间运行的信息上去，因为这要比做事后分析有价值得多。评估供应商绩效的因素主要有质量指标，供应指标，经济指标，支持、配合与服务指标等。

1. 质量指标

供应商质量指标是供应商考评的最基本指标，包括来料批次合格率、来料抽检缺陷率、来料在线报废率、供应商来料免检率等。其中，来料批次合格率是最为常用的质量考核指标之一。

来料批次合格率＝(合格来料批次÷来料总批次)×100％

来料抽检缺陷率＝(抽检缺陷总数÷抽检样品总数)×100％

来料在线报废率＝(来料总报废数÷来料总数)×100％

其中，总报废数包括在线生产时发现的废样品。

来料免检率＝(来料免检的种类数÷该供应商供应的产品总种类数)×100％

此外，还有的公司将供应商体系，质量信息，供应商是否使用、如何使用 SPC 于质量控制等也纳入考核项目，比如供应商是否通过了 ISO 9000 认证或供应商的质量体系审核是否达到一定水平。还有些公司要求供应商在提供产品的同时，要提供相应的质量文件，如质量检验报告、出货质量检验报告、产品成分性能测试报告等。

2. 供应指标

供应指标又称为企业指标，是同供应商的交货表现及供应商企业管理水平相关的考核因素，其中最主要的是准时交货率、交货周期、订单变化接受率等。交货周期是指自订单开出到收货日的时间长度，常以天为单位；订单变化接受率是衡量供应商对订单变化灵活反应的一个指标，是指在双方确认的交货周期中可接受的订单增加或减少的比率。

准时交货率＝(按时按量交货的实际批次÷订单确认的交货总批次)×100％

订单变化接受率＝(订单增加(或减少)的交货数量÷订单原订的交货数量)×100％

值得一提的是，供应商能够接受的订单增加接受率与订单减少接受率往往不同，前者取决于供应商的生产能力的弹性、生产计划与反应快慢及库存大小与状态(原材料、半成品或成品)；后者主要取决于供应的反应、库存(包括原材料与在制品)大小及因减单带来的可能损失的承受力。

3. 经济指标

供应商考核的经济指标总是与采购价格、成本相联系的。与质量及供应指标不同的是，质量与供应考核通常每月进行一次，而经济指标则相对稳定，多数企业是每季度考核一次；此外经济指标往往都是定性的，难以量化。具体考核点有以下几个方面。

(1) 价格水平：往往同本公司所掌握的市场行情比较或根据供应商的实际成本结构及利润率进行判断。

(2) 报价是否及时:报价单是否客观、具体、透明(分解成原材料费用、加工费用、包装费用、运输费用、税金、利润等,以及相对应的交货预付款条件)

(3) 降低成本的态度及行动:是否真诚地配合本公司或主动地开展降低成本活动,制订改进计划,实施改进行动,是否定期与本公司商讨价格。

(4) 分享降价成果:是否将降低成本的好处也让利给本公司。

(5) 付款:是否积极配合响应本公司提出的付款条件要求与办法,开出付款发票是否准确、及时,是否符合有关财税要求。

有些单位还将供应商的财务管理水平与手段、财务状况及对整体成本的认识也纳入考核。

4. 支持、配合与服务指标

同经济指标一样,考核供应商在支持、配合与服务方面的表现通常也是定性的考核,每季度一次,相关的指标大致有诸如反应与沟通、表现合作态度、参与本公司的改进与开发项目、售后服务等,具体如下所述。

(1) 反应表现:对订单、交货、质量投诉等反应是否及时、迅速,答复是否完整,对退货品、挑选品是否及时处理。

(2) 沟通手段:是否有合适的人员与本公司沟通,沟通手段是否符合本公司的要求(电话、传真、电子邮件及文件书写所用软件与本公司的匹配程度等)。

(3) 合作态度:是否将本公司看成是重要客户,供应商高层领导或关键人物是否重视本公司的要求,供应商内部沟通协作(如市场、生产、计划、工程、质量等部门)是否能整体配合并满足本公司的要求。

(4) 共同改进:是否积极参与或主动参与本公司的相关质量、供应、成本等改进项目或活动,或者推行新的管理方法等,是否积极组织参与本公司共同召开的供应商改进会议,配合本公司开展的质量体系审核等。

(5) 售后服务:是否主动征询本公司的意见,主动访问本公司,主动解决或预防问题。

(6) 参与开发:是否参与本公司的各种相关开发项目,如何参与本公司的产品或业务开发过程。

(7) 其他支持:是否积极接纳本公司提出的有关参观、访问事宜,是否积极同意本公司要求的新产品报价与送样,是否妥善保存与本公司相关的文件等不予泄露,是否保证不与影响到本公司切身利益的相关公司或单位进行合作等。

课后实训

案例分析——沃尔玛对供应商的绩效考核

沃尔玛成功的秘密不仅仅在于先进的配送系统,更在于建立在配送系统之上的先进的供应链管理——“中央集权式采购”为主的供应商管理体系。沃尔玛所处的行业特点决定了其对供应商的绩效考核是关键。

零售业效益提升的最大问题是零售资源的抢夺的问题,即谁能以最快的速度、最低廉的成本,将优质的产品送达给顾客。所以,对供应商的管理能力将成为零售业下一步发展的核心竞争力。沃尔玛对供应商的绩效管理体系是一个完整的体系。

首先,设计对供应商的考核指标,具体如下。

第一个指标——陈列单位销售，也就是说每一直线陈列数销售一天的金额。这需要非常精细的测量：每一米的货架，一天的销售量是多少，能够给零售商带来的毛利是多少，一年的销售总额能够有多少等。

第二个指标——资金回报比率，也就是零售商把某个地方给供应商来做陈列，它的资金回报比率是多少。这个指标的权重最大。

第三个指标——营业外收入。

第四个指标——财务收益。账期天数（零售商和供应商之间结算的天数）和库存天数的差异，在银行当中产生的利息称为财务收益。

对零售商来说，关键看他在整个商品周期中的快速周转能力，商品周转得越快，与供应商的账期越短。对供应商来说，只要账期天数大于或等于库存天数，对于他们的采购考核就合格了。

沃尔玛利用拥有的强大渠道力量和客户信息强迫供应商与其一样努力地降低价格，而减少库存是这其中的重要步骤。沃尔玛要求所有的供应商都能通过网络实时了解自己产品的销售情况，以便及时地安排生产计划，帮助供应商大大地降低了库存水平。沃尔玛通过各种方式向供应商传递自己的需求信息，同时，让供应商通过网络实时地了解沃尔玛销售产品的成本构成，从而探求如何在生产中降低成本。

第五个指标——促进支持频率。一般来说，每个超市每个月都会有至少两次的海报活动，供应商愿意支持多少个促销单品，就是促进支持频率所要考核的内容。

第六个指标——促销力度。就是在零售商进行促销活动中，供应商愿意就产品价格进行多大幅度的降价。

第七个指标——产品的质量投诉。这是对供应商产品质量的考核。

沃尔玛的基本理念是“总成本最低”，即产品的销售成本和退货成本的总和最低。如果产品质量不能让客户满意而引起的退货一样会加大企业的成本。所以，在与供应商的合同中沃尔玛有权随时对供应商的产品进行质量检验，同时也可以在未经过供应商同意的情况下允许第三方对产品质量进行抽查。这就迫使供应商必须达到一定的产品质量标准。

第八个指标——缺货次数。对于零售业来说，资源就是竞争的砝码，特别是对畅销产品来说，缺货是面临的关键问题。因此，一家供应商缺货次数对于零售商选择长期合作伙伴也是一个不可或缺的评价指标。

第九个指标——退货期限。很多时候，供应商给零售商送货很愿意，退货就不太会重视了。沃尔玛会开出退货通知单，希望供应商能够在 14 天内给予一个积极的配合。因此在退货期限内，供应商的配合情况，也就成了一个新的考核指标。

另外，沃尔玛还制定了《供应商守则》，对合格供应商资格进行界定。只要在工厂发现雇用童工、使用强制劳动力、体罚殴打员工等六大问题中的任何一个，该工厂的供应商资格就会被一票否决。哪怕是某些企业宣称的暑期工、临时工，只要年龄未满 16 周岁，同样免不了“出局”命运。

其次，汇总分数，对供应商进行等级划分。这些考核标准最后汇总成为供应商的分数。事实上，零售商对于供应商的管理并不是“一刀切”的，根据不同的分数，也会将供应商划分为不同的等级。比如，考核分数在 80 分以上的，可以划为 A 类供应商，表示其业绩优秀；得分在 60～

80之间的，可以划分为B类供应商，表示其业绩合格；得分在50～60分之间的，可以划分为C类供应商，表示这部分供应商的业绩还需要改进；得分在50分以下的，就要归为D类供应商了，这部分供应商的业绩基本不合格。

最后，根据考核结果，对供应商进行绩效管理。不仅停留在考核本身，根据考核的分数，划分完等级之后，沃尔玛还要对不同等级的供应商进行绩效的管理。对于A类供应商，也就是优秀供应商，沃尔玛提供一系列优惠的政策，以此激励更多的供应商更加努力，争取得到这些优惠，比如：优先考虑优秀供应商产品摆放的位置，对优秀供应商产品放置通道的费用进行减免，适当地增加订单数量，收、退、换货优先考虑；对于B类供应商，也就是合格供应商，按照原先的正常程序进行；对于C类供应商，通道费用可能是加收的，订单也可能比较少，位置也不会特别好，但是为了提高他们的业绩，沃尔玛还为他们组织专门的培训；对于D类供应商，就有被替代的危险，很有可能被淘汰。

实训要求：

(1) 讨论沃尔玛为什么选定这些作为对供应商的绩效考核指标？

(2) 结合本案例，为你熟悉的企业选定供应商绩效评估指标，制定供应商绩效评估方案。

任务三　采购员绩效评估

作为一名采购部经理，如何判断每名采购员工作做得怎么样？请大家讨论。

任务分析

采购员是公司的宝贵财富，采购工作关系到企业的成本和效益，所以企业要重视采购工作，爱护采购员。只有对他们的工作做出客观的评定，在此基础上进行激励，才能发挥采购员的工作积极性，从而建立起一支优秀的采购队伍。本任务解析了如何对采购员的工作进行绩效评定。

一、采购员绩效评估方法

采购人员的绩效评估可按表9-1采购人员绩效考核表所示的内容进行。年初，由部门经理根据总经理提出的方针目标进行分解，下达到每个采购人员。采购人员据此作出工作计划并每月填写考核表，部门经理进行审核归档。年底，部门经理邀请设计人员、项目部人员对每个采购人员评价打分，并综合月度考核情况给出年度绩效评估结果，其中月度考核中自评占30％，部门经理占40％，设计部门、项目部人员占30％。

表 9-1　采购人员绩效考核表

项目及考核内容			配分	自评	上级审核
工作效率 30%		能时时跟进，追踪工作，提前完成工作任务	30		
		能跟踪、按期完成工作任务	25～29		
		在监督下能完成工作任务	15～25		
		在指导下也不能完成工作任务	15 以下		
成本意识 10%		成本意识强，能积极节省，避免浪费	10		
		具备成本意识，并能节约	9		
		尚有成本意识，尚能节约	8		
		缺乏成本意识，稍有浪费	3～7		
		无成本意识，经常浪费	3 以下		
工作业绩 30%	采购价格 5%	采购价格总会低于竞争对手	5		
		采购价格时常低于竞争对手	4		
		采购价格偶尔低于竞争对手	2～3		
		采购价格极少低于竞争对手	2 以下		
	信息管理 10%	收集、整理供方资源及市场信息很出色	10		
		收集、整理供方资源及市场信息积极主动	8～9		
		收集、整理供方资源及市场信息基本完成	5～7		
		收集、整理供方资源及市场信息做得很少	5 以下		
	采购质量 15%	采购质量从未遭投诉	15		
		采购质量偶尔遭投诉	12～14		
		采购质量时常遭投诉	7～11		
		采购质量经常遭投诉	7 以下		
工作能力 20%	市场了解与开发 10%	对市场与竞争格局了解很透彻，把握机会与开拓市场非常出色	10		
		对市场与竞争格局了解很透彻，把握机会与开拓市场较有成效	8～9		
		对市场与竞争格局大致了解，把握机会与开拓市场略有成效	5～7		
		对市场与竞争格局基本部了解，很少具有开拓市场的能力	5 以下		
	产品认识 10%	对产品、材料及相关技术的掌握全面而深刻	10		
		对产品、材料及相关技术的掌握很全面	8～9		
		对产品、材料及相关技术的掌握比较全面	5～7		
		对产品、材料及相关技术的掌握能应付	5 以下		

续表

项目及考核内容				配分	自评	上级审核
工作失误 10%	从未因停工停料造成损失			10		
	偶尔因停工停料造成损失			8～9		
	时常因停工停料造成损失			6～7		
	经常因停工停料造成损失			5以下		
考核人签名		部门经理确认		考核日期		

二、采购员绩效评估应用举例

下面列举一个实际案例，用以说明采购员绩效评估管理办法，仅供参考(见表9-2)。

表9-2 某公司采购员绩效评估办法

序号	考核项目	绩效工资比例	绩效评估标准及办法	评估结果
1	采购管理	20%	(1)根据公司生产的需要开发和维护供应商，使A类、B类的每个原料的供应商始终保持2～3家，未完成扣50元，每多开发一家稳定供货半年以上的A类、B类的每个原料的供应商则奖100元 (2)对供方供货业绩进行跟踪，及时处理业务关系，如因供货关系处理不当，造成供应不及时延误交货一天，则扣50元 (3)建立完整的供应商企业信息及其供货记录(含业绩评定)，少一份合同则扣20元	
2	供货量及库存的控制	30%	根据月材料需求和生产任务组织采购，因A类原料供应不及时，延误交货一天扣50元，两天以上扣100元；因B类原料供应不及时，延误交货一天扣50元，两天以上扣100元；因C类原料供应不及时，延误交货一天扣20元，两天以上扣50元	
3	供货质量的控制	30%	(1)采购物质进厂时，通知质量部门进行验证，如发生未经验证进入仓库或车间现场，每批次扣50元 (2)根据采购规范质量要求组织采购，因A、B类原料质量问题造成产品物理性能指标一般不合格则每批扣100元，严重不合格或批量不合格则扣完该项工资，造成产品外观质量指标严重不合格或批量不合格则扣50元；因C类原料质量问题造成严重不合格或批量不合格则扣20元 (3)因原料质量问题造成顾客批量不合格投诉或退货则扣完该项工资	

续表

序号	考核项目	绩效工资比例	绩效评估标准及办法	评估结果
4	供货价格、成本及资金管理	20%	(1)供货价格:按公司的采购价格控制指标或年度合同给定价格要求控制,采购价格超标2%及以上的则扣100元,直至扣完本项工资 (2)应付资金:在保证正常供应的前提下,应付资金应控制在月采购总额的1.5倍但不得低于0.5倍,每超过0.5倍则扣100元,节约50万元以上则奖50～150元 (3)预付资金:预付资金不得高于当批采购额的15%,否则扣超出部分的10%,直至扣完本项工资 (4)主要原料的市场价格的预测分析:每月根据市场动态预测市场价格,准确性达5%～15%奖200元,否则,按造成经济损失扣100元以上,直至扣完本项工资	

课后实训

到采购部门(如超市)进行调查,收集采购员绩效评估方面的有关资料,对所收集的资料进行分析、讨论,讨论为什么选用此指标,指标是否全面、客观,最后总结能否进一步改进。

【综合案例分析】

广东SW消防设备有限公司的采购绩效管理

广东SW消防设备有限公司(以下简称SW公司)是一家专业生产消防器材的中小型制造企业。公司于1993年成立,在创业之初,它抓住机遇,迅速发展,用9年的时间从一个只有十几个人的小作坊发展成为一个拥有员工达到400人的制造企业,成为消防行业的后起之秀。目前,公司具备产品科研设计、开发研制、开通调试的能力,能根据客户对各种使用方式、场所要求进行产品设计、制造、安装、维护的一条龙服务。公司产品现有灭火器、消防箱、水气体灭火系统和电子产品四大类,产品年销售额1.5亿元。经过对SW公司采购工作实践进行分析和总结后,SW公司采购管理工作主要存在以下的问题。

1. 业务优先原则混乱

采购部门有时按照采购申请单的部门员工职位的高低,有时按照订单交货期的紧急程度,有时又取决于物料申请部门的急催跟踪力度,长期以来没有一个正规、合理的处理原则。

2. 采购效率低

SW公司采购工作从接到用料单位采购申请单起到物料到货检验入仓库为止。目前,采购部门没有得到充分授权,SW公司现行的采购审批制度规定,所有采购物料无论金额大小,都必须报总经理批准,审批手续繁琐。因而公司采购部门虽然忙忙碌碌,但工作效率并不高,加之公司生产规模急速扩张,采购部门工作已成为公司正常经营活动的严重瓶颈。

3. 内部协调不充分

SW公司营销部门对客户订单交货期没有经过采购部等相关部门评审。目前,由于客户订单没有评审,采购部门多数时候接到的物料采购申请都是非常紧急的,采购部门为此叫苦不迭,随后可能导致的产品延迟交货将极大损害公司的经济利益和整体形象,同时也严重降低了采购部门员工的工作士气。

4. 外部管理不足

SW 公司采购部门对外管理工作主要指对供应商的管理。目前，采购部门还没有一套完整的关于寻找合适供应商、供应商调查、供应商分析、供应商甄选、供应商考核以及供应商奖惩等供应商管理体系。现有供应商整体管理水平不高，供应商履约情况不良等问题频频发生，而且经常还发生供应商已承诺准时交货，而到交货时间又未能交货的现象。

5. 缺乏持续改进

伴随 SW 公司快速发展，采购部门没有根据新的管理要求对相应管理制度和流程不断进行适应性的变革和调整，以和公司发展对采购部门的新工作要求相匹配。直到目前，采购部门也没有较科学的途径对不适应的采购管理制度和流程进行定期修订和完善。部分原因是部门领导管理能力不强，发现问题但不知如何解决，根本原因还是公司主要领导没有对持续改进给予足够重视。

鉴于以上原因，SW 公司决定实施 CRM 型系统，对 CRM 型采购管理方案进行评估，评估将分为评估指标体系的建立和评估方法两部分。

1）公司绩效评估指标体系

SW 公司 CRM 型采购管理绩效评估指标体系既包括了部分传统指标，同时也增加了一些新的指标和要求，部分内容如表 9-3 所示。

表 9-3　CRM 型采购管理绩效评估指标体系

序号	指　　标	考核目的
1	CRM 型采购制度完善率	考核采购部门建立和完善顾客关系型采购管理的进度
2	CRM 型采购实施率	考核在采购部门对客户服务过程中，是否按照客户关系管理的要求实施及实施情况
3	关系客户需求的满足率	考核 CRM 实施后关系客户需求的满足情况
4	沟通状况	考核是否充分沟通，积极沟通是协调工作的基础和保障
5	建立合作关系	考核与供应商合作伙伴建立状况
6	实施持续改进	考核是否根据公司运作实际要求对方案进行持续改进，持续改进可以针对方案实际运作状况对方案进行动态调整，以不断完善 CRM 型采购管理，同时也满足 CRM 不断更新、不断提高的管理新要求

2）评估方法

分析了 SW 公司现有采购工作管理水平，认为公司采购管理制度和流程尚不够完善，采购人员文化素质较低，采购部门开始实施 CRM 肯定会遇到很多的困难。所以建立的评估体系的特点是重在激励，即鼓励部门员工主动学习利用先进理论，切实提高管理水平，因此对 CRM 型采购管理绩效分别进行定量和定性评估，以求较全面客观地对方案实施绩效进行评估。首先将为各指标设定权重，然后建立指标和权重的对应数量关系，作为对采购部门定量评估的主要方法；对定性指标评估来说，建议目前主要以依靠公司高层或相关部门的定期指导、检查和监督，以及主动听取供应商和客户的反馈意见，积极改进的管理方法为主。对方案实施的绩效评估表如表 9-4 所示。

表 9-4　实施的绩效评估表

<table>
<tr><th>序号</th><th>指标划分</th><th>对象</th><th>指标内容</th><th>满分值</th><th>实际分值</th><th>权重</th><th>综合分值</th><th>合计总分</th></tr>
<tr><td rowspan="4">1</td><td rowspan="4">定量</td><td rowspan="2">部门内部</td><td>降低采购物料成本</td><td>30</td><td></td><td>0.3</td><td></td><td></td></tr>
<tr><td>每年的存货周转率</td><td>20</td><td></td><td>0.2</td><td></td><td></td></tr>
<tr><td>供应商管理</td><td>改善供应商的质量绩效</td><td>20</td><td></td><td>0.2</td><td></td><td></td></tr>
<tr><td>客户管理</td><td>降低未处理完的请购单数</td><td>30</td><td></td><td>0.3</td><td></td><td></td></tr>
<tr><td rowspan="13">2</td><td rowspan="13">定性</td><td rowspan="5">部门内部</td><td>降低错误的请购</td><td colspan="5" rowspan="5">定期指导、检查和监督</td></tr>
<tr><td>对商品做深入的市场研究调查</td></tr>
<tr><td>研究新物料或制造工艺</td></tr>
<tr><td>CRM 型采购制度完善率</td></tr>
<tr><td>持续改进实施状况</td></tr>
<tr><td rowspan="3">供应商管理</td><td>沟通状况</td><td colspan="5" rowspan="3">定期指导、检查和监督</td></tr>
<tr><td>改善供应商的交货绩效</td></tr>
<tr><td>增加质量认证供应商</td></tr>
<tr><td rowspan="5">客户管理</td><td>合作伙伴关系的建立</td><td colspan="5" rowspan="5">定期指导、检查和监督</td></tr>
<tr><td>沟通状况</td></tr>
<tr><td>降低平均请购作业的时间</td></tr>
<tr><td>CRM 型采购实施率</td></tr>
<tr><td>关系客户需求的满足率</td></tr>
</table>

3）总结

利用必要的控制手段来保障 CRM 按照既定目标实施，而绩效评估是对 CRM 执行结果的一种客观描述，是对 CRM 实施效果的综合评定。由知而行、反复实践才是不断完善评估体系的正确方法。

结合上述案例，请思考：

(1) 什么是 CRM 型采购？CRM 型采购绩效管理都包括一些什么内容？

(2) 采购绩效评估的方法有哪些？本案例是如何进行 CRM 型采购绩效评估的？

(3) 谈谈你对本案例中的采购绩效评估方案的认识与看法。

参考文献

CANKAOWENXIAN

[1] 史忠健.物流采购与供应管理[M].北京:中国劳动社会保障出版社,2006.

[2] 司银霞.采购与供应管理实务[M].北京:人民邮电出版社,2011.

[3] 李方峻.采购管理实务[M].北京:北京大学出版社,2010.

[4] 赵继新.采购管理[M].北京:高等教育出版社,2010.

[5] 饶坤罗,李方峻.采购实务[M].大连:大连理工大学出版社,2010.

[6] 王志文.物流采购管理[M].上海:上海交通大学出版社,2009.

[7] 赵道致.采购与供应管理[M].北京:清华大学出版社,2009.

[8] 阙祖平.商品采购管理[M].大连:东北财经大学出版社,2008.

[9] 覃常员.采购管理实务[M].广州:广东高等教育出版社,2009.

[10] 潘波.现代物流采购[M].北京:机械工业出版社,2010.

[11] 张为民,等.采购管理[M].北京:化学工业出版社,2009.

[12] 阙组平.商品采购管理[M].大连:东北财经大学出版社,2009.

[13] 徐杰,田源.采购与仓储管理[M].北京:清华大学出版社,2004.

[14] 王炬香.采购管理实务[M].北京:电子工业出版社,2007.

[15] 王槐林.采购管理与库存控制[M].3版.北京:中国物资出版社,2008.

[16] 吴清一.物流管理[M].2版.北京:中国物资出版社,2005.

[17] 马士华.供应链管理[M].北京:机械工业出版社,2002.